수학 마스터

중학 수학의 첫 개념 학습

개념 α 알파

중학 수학 3·2

개념북

Structure / 이 책의 구성과 특징

1 개념북

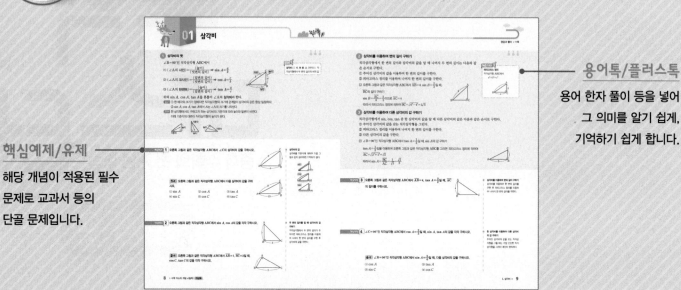

용어톡/플러스톡

용어 한자 풀이 등을 넣어
그 의미를 알기 쉽게,
기억하기 쉽게 합니다.

핵심예제/유제

해당 개념이 적용된 필수
문제로 교과서 등의
단골 문제입니다.

★**개념 학습과 예제&유제**

자세한 설명과 한눈에 보이는 개념 정리

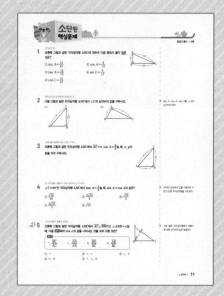

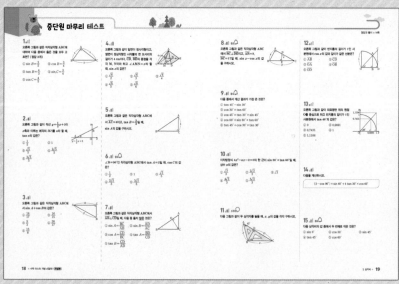

★**소단원 핵심문제**

소단원별 대표 문제 및 필수 유형 문제

★**중단원 마무리 테스트**

교과서와 기출 문제로 구성한 실전 문제

본 교재의 강의는 TV와 모바일, EBS 중학사이트(mid.ebs.co.kr)에서 무료로 제공됩니다.

발행일 2021. 9. 25. **1쇄 인쇄일** 2021. 9. 18.
신고번호 제2017-000193호 **펴낸곳** 한국교육방송공사 경기도 고양시 일산동구 한류월드로 281
기획 및 개발 박문서 김나진 윤영란 이상호 이원구 이재우 최영호
표지디자인 ㈜무닉 **편집** 더 모스트 **인쇄** ㈜테라북스
인쇄 과정 중 잘못된 교재는 구입하신 곳에서 교환하여 드립니다.

수학 마스터

교재의 난이도 및 활용 안내

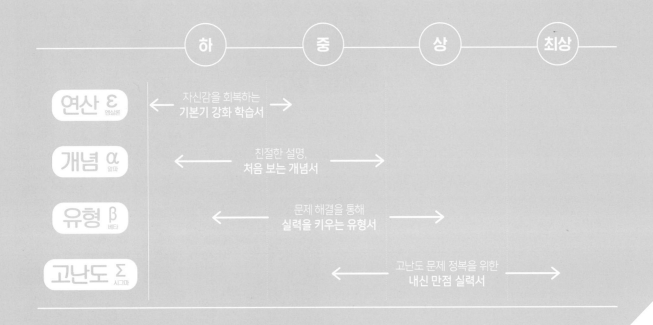

	하	중	상	최상
연산 ε 엡실론	← 자신감을 회복하는 기본기 강화 학습서 →			
개념 α 알파		← 친절한 설명, 처음 보는 개념서 →		
유형 β 베타			← 문제 해결을 통해 실력을 키우는 유형서 →	
고난도 Σ 시그마				← 고난도 문제 정복을 위한 내신 만점 실력서 →

수학 마스터

중학 수학의 첫 개념 학습

개념 α 알파

중학 수학 3·2

개념북

정답과 풀이는 EBS 중학사이트(mid.ebs.co.kr)에서 다운로드 받으실 수 있습니다.

교재 내용 문의	교재 내용 문의는 EBS 중학사이트 (mid.ebs.co.kr)의 교재 Q&A 서비스를 활용하시기 바랍니다.
교재 정오표 공지	발행 이후 발견된 정오 사항을 EBS 중학사이트 정오표 코너에서 알려 드립니다. **교재학습자료 → 교재 → 교재 정오표**
교재 정정 신청	공지된 정오 내용 외에 발견된 정오 사항이 있다면 EBS 중학사이트를 통해 알려 주세요. **교재학습자료 → 교재 → 교재 선택 → 교재 Q&A**

개념북

개념 학습과 예제&유제   자세한 설명과 한눈에 보이는 개념 정리
소단원 핵심문제   소단원별 대표 문제 및 필수 유형 문제
중단원 마무리 테스트   교과서와 기출문제로 구성한 실전 문제

워크북

소단원 드릴문제   개념 사용을 익숙하게 하기 위한 반복 연습 문제
소단원 핵심문제   개념북의 소단원 핵심문제와 연동한 유사 및 보충

정답과 풀이

2 워크북

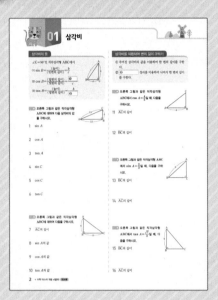

★소단원 드릴문제

개념 사용을 익숙하게 하기 위한 반복 연습 문제

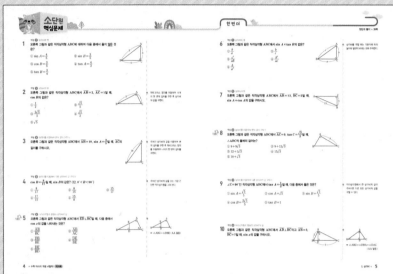

★소단원 핵심문제

개념북의 소단원 핵심문제와 연동한 유사 및 보충 문제

3 정답과 풀이

★빠른 정답

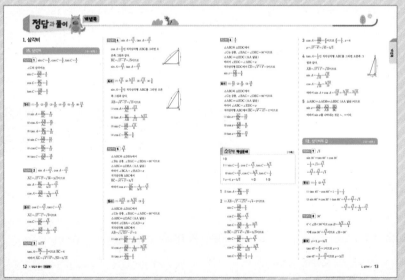

★정답과 풀이

자세하고 친절한 풀이

Contents / 이 책의 차례

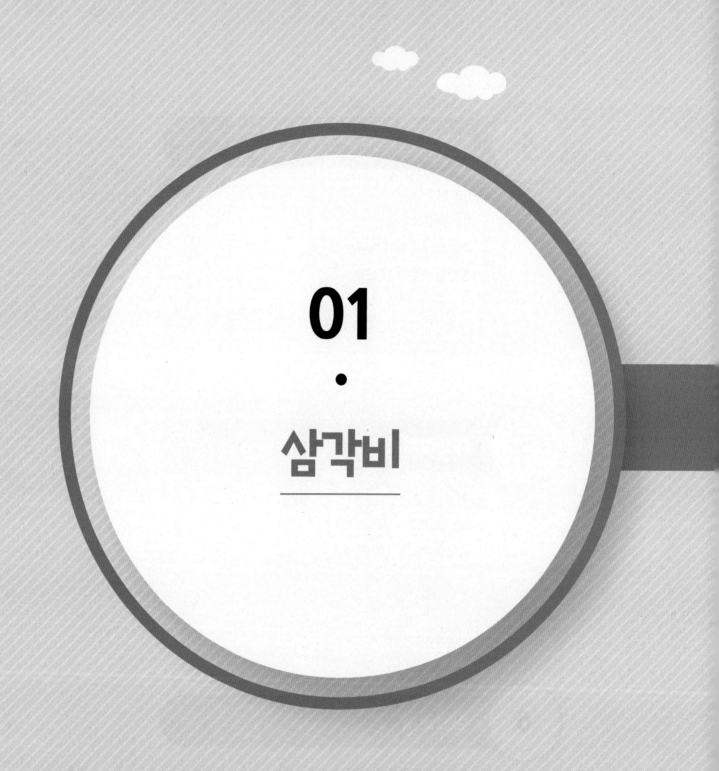

01

·

삼각비

이 단원의 학습 계통

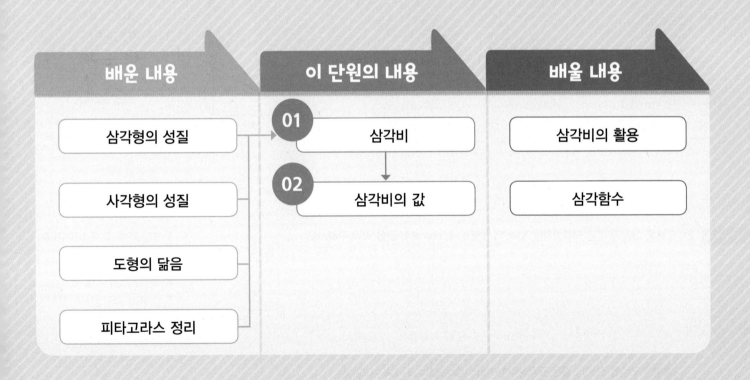

배운 내용	이 단원의 내용	배울 내용
삼각형의 성질	01 삼각비	삼각비의 활용
사각형의 성질	02 삼각비의 값	삼각함수
도형의 닮음		
피타고라스 정리		

01 삼각비

① 삼각비의 뜻

∠B=90°인 직각삼각형 ABC에서

(1) (∠A의 **사인**) = $\dfrac{(높이)}{(빗변의\ 길이)}$ ➡ $\sin A = \dfrac{a}{b}$

(2) (∠A의 **코사인**) = $\dfrac{(밑변의\ 길이)}{(빗변의\ 길이)}$ ➡ $\cos A = \dfrac{c}{b}$

(3) (∠A의 **탄젠트**) = $\dfrac{(높이)}{(밑변의\ 길이)}$ ➡ $\tan A = \dfrac{a}{c}$

위의 $\sin A$, $\cos A$, $\tan A$를 통틀어 ∠A의 **삼각비**라 한다.

> **용어특**
>
> **삼각비**(三 셋, 角 뿔, 比 견주다): 직각삼각형에서 두 변의 길이의 비의 값

참고 ① 한 예각의 크기가 정해지면 직각삼각형의 크기에 관계없이 삼각비의 값은 항상 일정하다.
　　② $\sin A$, $\cos A$, $\tan A$에서 A는 ∠A의 크기를 나타낸다.

주의 한 삼각형에서도 구하고자 하는 삼각비의 기준각에 따라 높이와 밑변이 바뀐다.
　　이때 기준각의 대변이 직각삼각형의 높이가 된다.

핵심예제 1 오른쪽 그림과 같은 직각삼각형 ABC에서 ∠C의 삼각비의 값을 구하시오.

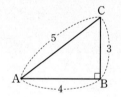

> **삼각비의 값**
> 삼각비를 기준각에 대하여 다음 그림과 같이 생각하면 기억하기 쉽다.
>
>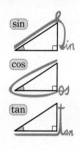

1-1 오른쪽 그림과 같은 직각삼각형 ABC에서 다음 삼각비의 값을 구하시오.

(1) $\sin A$　　(2) $\cos A$　　(3) $\tan A$

(4) $\sin C$　　(5) $\cos C$　　(6) $\tan C$

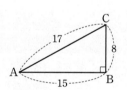

핵심예제 2 오른쪽 그림과 같은 직각삼각형 ABC에서 $\sin A$, $\cos A$의 값을 각각 구하시오.

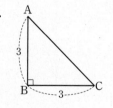

> **두 변의 길이를 알 때 삼각비의 값 구하기**
> 직각삼각형에서 두 변의 길이가 주어지면 피타고라스 정리를 이용하여 나머지 한 변의 길이를 구한 후 삼각비의 값을 구한다.

2-1 오른쪽 그림과 같은 직각삼각형 ABC에서 $\overline{AB}=1$, $\overline{BC}=2$일 때, $\cos C$, $\tan C$의 값을 각각 구하시오.

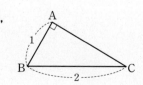

2 삼각비를 이용하여 변의 길이 구하기

직각삼각형에서 한 변의 길이와 삼각비의 값을 알 때 나머지 두 변의 길이는 다음과 같은 순서로 구한다.

① 주어진 삼각비의 값을 이용하여 한 변의 길이를 구한다.

② 피타고라스 정리를 이용하여 나머지 한 변의 길이를 구한다.

예 오른쪽 그림과 같은 직각삼각형 ABC에서 $\overline{AB}=6$, $\sin B=\dfrac{2}{3}$일 때,

$\overline{BC}$의 길이 구하기

$\sin B=\dfrac{\overline{AC}}{6}=\dfrac{2}{3}$이므로 $\overline{AC}=4$

따라서 피타고라스 정리에 의하여 $\overline{BC}=\sqrt{6^2-4^2}=2\sqrt{5}$

> **배운 내용 톡**
>
> **피타고라스 정리**
> 직각삼각형 ABC에서
> $$a^2+b^2=c^2$$
>
>

3 삼각비를 이용하여 다른 삼각비의 값 구하기

직각삼각형에서 sin, cos, tan 중 한 삼각비의 값을 알 때 다른 삼각비의 값은 다음과 같은 순서로 구한다.

① 주어진 삼각비의 값을 갖는 직각삼각형을 그린다.

② 피타고라스 정리를 이용하여 나머지 한 변의 길이를 구한다.

③ 다른 삼각비의 값을 구한다.

예 $\angle B=90°$인 직각삼각형 ABC에서 $\tan A=\dfrac{1}{2}$일 때, $\sin A$의 값 구하기

$\tan A=\dfrac{1}{2}$임을 이용하여 오른쪽 그림과 같은 직각삼각형 ABC를 그리면 피타고라스 정리에 의하여

$\overline{AC}=\sqrt{2^2+1^2}=\sqrt{5}$

따라서 $\sin A=\dfrac{\overline{BC}}{\overline{AC}}=\dfrac{1}{\sqrt{5}}=\dfrac{\sqrt{5}}{5}$

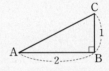

핵심예제 3 오른쪽 그림과 같은 직각삼각형 ABC에서 $\overline{AB}=4$, $\tan A=\dfrac{3}{2}$일 때, $\overline{AC}$의 길이를 구하시오.

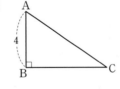

● **삼각비를 이용하여 변의 길이 구하기**
삼각비를 이용하여 한 변의 길이를 구한 후 피타고라스 정리를 이용하여 나머지 한 변의 길이를 구한다.

핵심예제 4 $\angle C=90°$인 직각삼각형 ABC에서 $\cos A=\dfrac{2}{3}$일 때, $\sin A$, $\tan A$의 값을 각각 구하시오.

● **한 삼각비를 이용하여 다른 삼각비의 값 구하기**
주어진 삼각비의 값을 갖는 직각삼각형을 그릴 때는 가장 간단한 직각삼각형을 그려야 계산이 편리하다.

4-1 $\angle B=90°$인 직각삼각형 ABC에서 $\sin A=\dfrac{5}{6}$일 때, 다음 삼각비의 값을 구하시오.

(1) $\cos A$ (2) $\tan A$

(3) $\sin C$ (4) $\cos C$

④ 직각삼각형의 닮음과 삼각비의 값

직각삼각형 ABC에서 $\overline{AD} \perp \overline{BC}$일 때, 직각삼각형의 닮음을 이용하여 삼각비의 값을 구할 때는 다음과 같은 순서로 구한다.

① 닮은 직각삼각형을 찾는다.
　➡ $\triangle ABC \backsim \triangle DBA \backsim \triangle DAC$ (AA 닮음)

② 대응각을 찾는다.
　➡ $\angle ABC = \angle DAC$, $\angle BCA = \angle BAD$

③ 닮은 직각삼각형에서 삼각비의 값을 구한다.

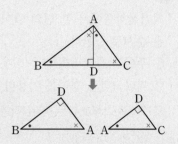
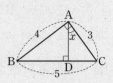

예 오른쪽 그림과 같은 직각삼각형 ABC에서 $\overline{AD} \perp \overline{BC}$이고, $\angle DAC = x$일 때, $\sin x$의 값 구하기
　$\triangle ABC \backsim \triangle DAC$ (AA 닮음)이므로 $\angle ABC = \angle DAC = x$
　따라서 $\sin x = \dfrac{\overline{AC}}{\overline{BC}} = \dfrac{3}{5}$

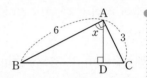

핵심예제 **5** 오른쪽 그림과 같은 직각삼각형 ABC에서 $\overline{AD} \perp \overline{BC}$이고 $\angle BAD = x$일 때, $\cos x$의 값을 구하시오.

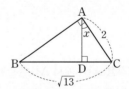

● **직각삼각형의 닮음과 삼각비의 값(1)**
　$\triangle ABD$에서는 삼각비를 구할 수 없으므로 $\triangle ABD$와 닮음인 삼각형에서 크기가 같은 대응각을 찾아 삼각비의 값을 구한다.

5-1 오른쪽 그림과 같은 직각삼각형 ABC에서 $\overline{AD} \perp \overline{BC}$이고 $\angle CAD = x$일 때, 다음 삼각비의 값을 구하시오.

(1) $\sin x$　　　　(2) $\cos x$　　　　(3) $\tan x$

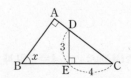

핵심예제 **6** 오른쪽 그림과 같은 직각삼각형 ABC에서 $\overline{BC} \perp \overline{DE}$이고 $\overline{DE} = 3$, $\overline{EC} = 4$일 때, $\sin x$의 값을 구하시오.

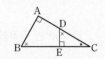

● **직각삼각형의 닮음과 삼각비의 값(2)**

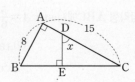

➡ $\triangle ABC \backsim \triangle EDC$ (AA 닮음)

6-1 오른쪽 그림과 같은 직각삼각형 ABC에서 $\overline{BC} \perp \overline{DE}$이고 $\overline{AB} = 8$, $\overline{AC} = 15$일 때, 다음 삼각비의 값을 구하시오.

(1) $\sin x$　　　　(2) $\cos x$　　　　(3) $\tan x$

1
삼각비의 값

오른쪽 그림과 같은 직각삼각형 ABC에 대하여 다음 중에서 옳지 <u>않은</u> 것은?

① $\sin A = \dfrac{12}{13}$ 　　② $\cos A = \dfrac{5}{13}$

③ $\tan A = \dfrac{12}{13}$ 　　④ $\sin C = \dfrac{5}{13}$

⑤ $\cos C = \dfrac{12}{13}$

2
변의 길이가 주어질 때 삼각비의 값

다음 그림과 같은 직각삼각형 ABC에서 ∠C의 삼각비의 값을 구하시오.

(1)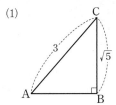

(2)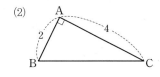

● $\sin A$, $\cos A$, $\tan A$를 ∠A의 삼각비라 한다.

3
삼각비를 이용하여 변의 길이 구하기

오른쪽 그림과 같은 직각삼각형 ABC에서 $\overline{AC}=9$, $\cos A=\dfrac{2}{3}$일 때, x, y의 값을 각각 구하시오.

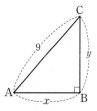

4
한 삼각비를 이용하여 다른 삼각비의 값 구하기

∠C=90°인 직각삼각형 ABC에서 $\tan A=\dfrac{1}{3}$일 때, $\sin A+\cos A$의 값은?

① $\dfrac{\sqrt{10}}{10}$ 　　　② $\dfrac{2\sqrt{10}}{5}$ 　　　③ $\dfrac{\sqrt{10}}{2}$

④ $\dfrac{2\sqrt{10}}{3}$ 　　　⑤ $\sqrt{10}$

● 주어진 삼각비의 값을 이용하여 가장 간단한 직각삼각형을 그려 본다.

 5
직각삼각형의 닮음과 삼각비

오른쪽 그림과 같은 직각삼각형 ABC에서 $\overline{AC}\perp\overline{BD}$이고 ∠ABD=$x$일 때, 다음 보기 에서 $\sin x$의 값을 나타내는 것을 모두 고른 것은?

보기

ㄱ. $\dfrac{\overline{BC}}{\overline{AC}}$ 　　ㄴ. $\dfrac{\overline{AD}}{\overline{AB}}$ 　　ㄷ. $\dfrac{\overline{BD}}{\overline{BC}}$ 　　ㄹ. $\dfrac{\overline{AB}}{\overline{BC}}$

① ㄱ 　　　② ㄱ, ㄴ 　　　③ ㄴ, ㄷ

④ ㄷ, ㄹ 　　　⑤ ㄱ, ㄴ, ㄹ

● 서로 닮은 직각삼각형에서 대응각에 대한 삼각비의 값은 일정하다.

02 삼각비의 값

5 30°, 45°, 60°의 삼각비의 값

삼각비 \ A	30°	45°	60°	
$\sin A$	$\dfrac{1}{2}$	$\dfrac{\sqrt{2}}{2}$	$\dfrac{\sqrt{3}}{2}$	— sin의 값은 증가한다.
$\cos A$	$\dfrac{\sqrt{3}}{2}$	$\dfrac{\sqrt{2}}{2}$	$\dfrac{1}{2}$	— cos의 값은 감소한다.
$\tan A$	$\dfrac{\sqrt{3}}{3}$	1	$\sqrt{3}$	— tan의 값은 증가한다.

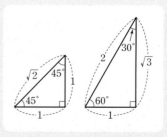

설명 (1) 오른쪽 그림과 같이 한 변의 길이가 1인 정사각형을 반으로 접은 직각삼각형 ABC에서

∠A=45°, ∠C=45°이고 $\overline{AC}=\sqrt{1^2+1^2}=\sqrt{2}$이므로

$$\sin 45°=\frac{1}{\sqrt{2}}=\frac{\sqrt{2}}{2},\ \cos 45°=\frac{1}{\sqrt{2}}=\frac{\sqrt{2}}{2},\ \tan 45°=\frac{1}{1}=1$$

(2) 오른쪽 그림과 같이 한 변의 길이가 2인 정삼각형을 반으로 접은 직각삼각형 ABD에서

∠BAD=30°, ∠B=60°이고 $\overline{AD}=\sqrt{2^2-1^2}=\sqrt{3}$이므로

$$\sin 30°=\frac{1}{2},\ \cos 30°=\frac{\sqrt{3}}{2},\ \tan 30°=\frac{1}{\sqrt{3}}=\frac{\sqrt{3}}{3}$$

$$\sin 60°=\frac{\sqrt{3}}{2},\ \cos 60°=\frac{1}{2},\ \tan 60°=\sqrt{3}$$

> **플러스 톡**
> • $\sin 30°=\cos 60°$
> • $\sin 45°=\cos 45°$
> • $\sin 60°=\cos 30°$
> • $\tan 30°=\dfrac{1}{\tan 60°}$

참고 $\sin^2 A=(\sin A)^2,\ \cos^2 A=(\cos A)^2,\ \tan^2 A=(\tan A)^2$

핵심예제 7 다음을 계산하시오.

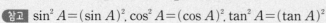

$$\sin 30° \times \tan 60° + \cos 30°$$

● **30°, 45°, 60°의 삼각비의 값**
주어진 식에 30°, 45°, 60°의 삼각비의 값을 대입하여 계산한다.

7-1 다음을 계산하시오.

(1) $\tan 45° - \cos 60°$

(2) $\sin 60° \times \cos 30° \div \tan 60°$

핵심예제 8 오른쪽 그림과 같이 ∠C=90°인 직각삼각형 ABC에서 $\overline{AB}=6$, $\overline{BC}=3\sqrt{3}$일 때, ∠B의 크기를 구하시오.

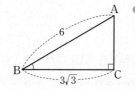

● **삼각비의 값을 이용하여 각의 크기, 변의 길이 구하기**
30°, 45°, 60°의 삼각비의 값을 이용하면 직각삼각형의 각의 크기 또는 변의 길이를 구할 수 있다.

8-1 오른쪽 그림과 같이 ∠C=90°인 직각삼각형 ABC에서 ∠B=45°, $\overline{BC}=3$일 때, x, y의 값을 각각 구하시오.

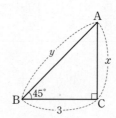

6 예각의 삼각비의 값

반지름의 길이가 1인 사분원에서 예각 x에 대하여
$\llcorner\ 0° < x < 90°$

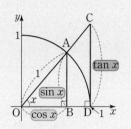

(1) $\sin x = \dfrac{\overline{AB}}{\overline{OA}} = \dfrac{\overline{AB}}{1} = \overline{AB}$

(2) $\cos x = \dfrac{\overline{OB}}{\overline{OA}} = \dfrac{\overline{OB}}{1} = \overline{OB}$

(3) $\tan x = \dfrac{\overline{CD}}{\overline{OD}} = \dfrac{\overline{CD}}{1} = \overline{CD}$

용어톡

사분원(四 넷, 分 나누다, 圓 동그라미): 한 원을 직교하는 두 지름으로 나눈 네 부분 중 하나

> 참고 $\sin$, $\cos$의 값은 빗변의 길이가 1인 직각삼각형을 이용하고, $\tan$의 값은 밑변의 길이가 1인 직각삼각형을 이용한다.

핵심예제 9 오른쪽 그림과 같이 반지름의 길이가 1인 사분원에서 다음 삼각비의 값과 길이가 같은 선분을 구하시오.

(1) $\sin x$ (2) $\cos y$

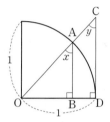

● 예각의 삼각비의 값

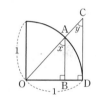

➡ $\overline{AB} /\!/ \overline{CD}$이므로
$\angle x = \angle y$ (동위각)

9-1 오른쪽 그림과 같이 반지름의 길이가 1인 사분원에서 다음 삼각비의 값과 길이가 같은 선분을 구하시오.

(1) $\cos x$ (2) $\tan x$

(3) $\cos y$ (4) $\sin z$

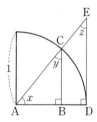

핵심예제 10 오른쪽 그림은 반지름의 길이가 1인 사분원을 원점 O를 중심으로 하는 좌표평면 위에 나타낸 것이다. 다음 삼각비의 값을 구하시오.

(1) $\sin 50°$ (2) $\tan 50°$

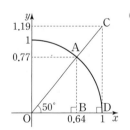

● 사분원에서 삼각비의 값 구하기

반지름의 길이가 1인 사분원에서 예각의 삼각비의 값은 분모가 되는 변의 길이가 1인 직각삼각형을 찾아서 구한다.

10-1 오른쪽 그림은 반지름의 길이가 1인 사분원을 원점 O를 중심으로 하는 좌표평면 위에 나타낸 것이다. 다음 삼각비의 값을 구하시오.

(1) $\sin 32°$ (2) $\cos 32°$

(3) $\sin 58°$ (4) $\cos 58°$

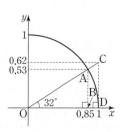

7 **0°, 90°의 삼각비의 값**

(1) $\sin 0° = 0$, $\cos 0° = 1$, $\tan 0° = 0$

(2) $\sin 90° = 1$, $\cos 90° = 0$, $\tan 90°$의 값은 정할 수 없다.

설명	직각삼각형 AOB에서		직각삼각형 COD에서
	∠AOB의 크기가 0°에 가까워지면 $\overline{AB}$의 길이는 0에, $\overline{OB}$의 길이는 1에 가까워진다.	∠AOB의 크기가 90°에 가까워지면 $\overline{AB}$의 길이는 1에, $\overline{OB}$의 길이는 0에 가까워진다.	∠COD의 크기가 0°에 가까워지면 $\overline{CD}$의 길이는 0에, ∠COD의 크기가 90°에 가까워지면 $\overline{CD}$의 길이는 한없이 길어진다.
	➡ $\sin 0° = 0$, $\cos 0° = 1$	➡ $\sin 90° = 1$, $\cos 90° = 0$	➡ $\tan 0° = 0$, $\tan 90°$의 값은 정할 수 없다.

8 **삼각비의 값의 대소 관계**

$0° \leq x \leq 90°$인 범위에서 x의 크기가 커지면

(1) $\sin x$의 값은 0에서 1까지 증가한다. ➡ $0 \leq \sin x \leq 1$

(2) $\cos x$의 값은 1에서 0까지 감소한다. ➡ $0 \leq \cos x \leq 1$

(3) $\tan x$의 값은 0에서 한없이 증가한다. (단, $x \neq 90°$) ➡ $\tan x \geq 0$

> **플러스 톡**
> ① $0° \leq x < 45°$일 때, $\sin x < \cos x$
> ② $x = 45°$일 때, $\sin x = \cos x < \tan x$
> ③ $45° < x < 90°$일 때, $\cos x < \sin x < \tan x$

핵심예제 11 다음을 계산하시오.

(1) $\tan 0° - \sin 90°$

(2) $2 \sin 0° + \cos 90° - \tan 0°$

> ● **0°, 90°의 삼각비의 값**
> 0°, 90°의 삼각비의 값과 특수각 (30°, 45°, 60°)의 삼각비의 값을 주어진 식에 대입하여 계산한다.

11-1 다음을 계산하시오.

(1) $\sin 0° + \cos 90°$

(2) $\sin 90° \times \cos 0°$

(3) $\tan 0° \div \cos 0°$

(4) $\cos 0° + \sin 90° \times \tan 45°$

핵심예제 12 다음 보기에서 옳은 것을 모두 고르시오.

> 보기
> ㄱ. $\sin 20° < \sin 40°$
> ㄴ. $\cos 20° < \cos 40°$
> ㄷ. $\sin 55° < \cos 55°$
> ㄹ. $\cos 70° < \tan 70°$

> ● **삼각비의 값의 대소 관계**
> sin, cos, tan의 값 사이의 대소 관계는 45°를 기준으로 달라진다.

9 삼각비의 표

(1) 삼각비의 표

0°에서 90°까지의 각을 1° 간격으로 나누어서 이들의 삼각비의 값을 반올림하여 소수점 아래 넷째 자리까지 구하여 나타낸 표

> 참고 삼각비의 표에 있는 값은 대부분 어림한 값이지만 보통 '='를 사용하여 나타낸다.

(2) 삼각비의 표 보는 방법

삼각비의 표에서 각도의 가로줄과 sin, cos, tan의 세로줄이 만나는 곳에 있는 수를 읽는다.

예 오른쪽 삼각비의 표에서

sin 32°=0.5299, cos 33°=0.8387, tan 34°=0.6745

각도	사인 (sin)	코사인 (cos)	탄젠트 (tan)
⋮	⋮	⋮	⋮
32°	0.5299	0.8480	0.6249
33°	0.5446	0.8387	0.6494
34°	0.5592	0.8290	0.6745
⋮	⋮	⋮	⋮

핵심예제 13 다음 삼각비의 표를 이용하여 $\sin x=0.7431$, $\cos y=0.6947$을 만족시키는 x, y의 크기를 각각 구하시오.

● 삼각비의 표를 이용하여 각도 구하기
삼각비의 표에서 주어진 삼각비의 값을 찾아 왼쪽의 각도를 읽는다.

각도	사인 (sin)	코사인 (cos)	탄젠트 (tan)
45°	0.7071	0.7071	1.0000
46°	0.7193	0.6947	1.0355
47°	0.7314	0.6820	1.0724
48°	0.7431	0.6691	1.1106

13-1 아래 삼각비의 표를 이용하여 다음 삼각비의 값을 구하시오.

각도	사인 (sin)	코사인 (cos)	탄젠트 (tan)
61°	0.8746	0.4848	1.8040
62°	0.8829	0.4695	1.8807
63°	0.8910	0.4540	1.9626
64°	0.8988	0.4384	2.0503

(1) $\sin 63°$

(2) $\tan 62°$

(3) $\sin 63°+\tan 62°$

핵심예제 14 오른쪽 그림과 같이 $\angle B=90°$인 직각삼각형 ABC에서 $\angle A=35°$, $\overline{AC}=10$일 때, 다음 삼각비의 표를 이용하여 $\overline{AB}$의 길이를 구하시오.

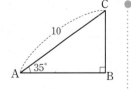

● 삼각비의 표를 이용하여 변의 길이 구하기
길이가 주어진 변과 길이를 구하는 변 사이의 관계를 삼각비를 이용하여 나타낸다.

각도	사인 (sin)	코사인 (cos)	탄젠트 (tan)
34°	0.5592	0.8290	0.6745
35°	0.5736	0.8192	0.7002
36°	0.5878	0.8090	0.7265

기출 1 30°, 45°, 60°의 삼각비를 이용하여 변의 길이 구하기

오른쪽 그림과 같은 △ABC에서 $\overline{AD} \perp \overline{BC}$이고 ∠B=60°, ∠C=45°, $\overline{AB}$=6일 때, x, y의 값을 각각 구하시오.

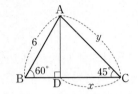

● 기준각에 대하여 주어진 변과 구하는 변의 관계가
① 빗변과 높이이면 ➡ sin 이용
② 빗변과 밑변이면 ➡ cos 이용
③ 밑변과 높이이면 ➡ tan 이용

2 사분원에서 예각에 대한 삼각비의 값

오른쪽 그림과 같이 좌표평면 위의 원점 O를 중심으로 하고 반지름의 길이가 1인 사분원에서 $\tan 54° + \cos 36°$의 값을 구하시오.

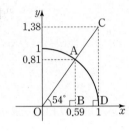

● sin, cos의 값은 빗변의 길이가 1인 직각삼각형을, tan의 값은 밑변의 길이가 1인 직각삼각형을 이용한다.

3 0°, 30°, 45°, 60°, 90°의 삼각비의 값

다음을 계산하시오.

(1) $\tan 60° \times \cos 30° - \sin 30°$

(2) $\sin 90° \times \cos 30° + \cos 0° \times \tan 45°$

4 삼각비의 값의 대소 관계

다음 삼각비의 값 중에서 가장 큰 것은?

① $\tan 50°$ ② $\sin 55°$ ③ $\sin 70°$

④ $\cos 80°$ ⑤ $\cos 90°$

5 삼각비의 표를 이용하여 변의 길이 구하기

오른쪽 그림과 같이 반지름의 길이가 1인 사분원에서 ∠AOB=38°일 때, 다음 삼각비의 표를 이용하여 $\overline{AB}$, $\overline{OB}$의 길이를 각각 구하시오.

각도	사인 (sin)	코사인 (cos)	탄젠트 (tan)
37°	0.6018	0.7986	0.7536
38°	0.6157	0.7880	0.7813
39°	0.6293	0.7771	0.8098

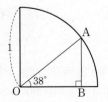

● $\overline{OA}$의 길이는 사분원의 반지름의 길이와 같다.

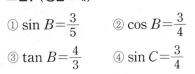
1.

오른쪽 그림과 같은 직각삼각형 ABC에 대하여 다음 중에서 옳은 것을 모두 고르면? (정답 2개)

① $\sin B = \dfrac{3}{5}$ 　② $\cos B = \dfrac{3}{4}$

③ $\tan B = \dfrac{4}{3}$ 　④ $\sin C = \dfrac{3}{4}$

⑤ $\cos C = \dfrac{4}{5}$

2.

오른쪽 그림과 같이 직선 $y = \dfrac{1}{2}x + 3$이 x축과 이루는 예각의 크기를 a라 할 때, $\tan a$의 값은?

① $\dfrac{1}{2}$ 　② 1

③ $\dfrac{\sqrt{5}}{5}$ 　④ $\dfrac{2\sqrt{5}}{5}$

⑤ $\dfrac{3\sqrt{5}}{5}$

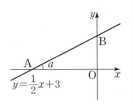

3.

오른쪽 그림과 같은 직각삼각형 ABC에서 $\sin A + \cos B$의 값은?

① $\dfrac{16}{17}$ 　② $\dfrac{16}{15}$

③ $\dfrac{5}{3}$ 　④ $\dfrac{30}{17}$

⑤ $\dfrac{15}{8}$

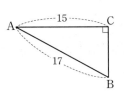

4.

오른쪽 그림과 같이 밑면이 정사각형이고, 옆면이 정삼각형인 사각뿔의 한 모서리의 길이가 4 cm이다. $\overline{CD}$, $\overline{BE}$의 중점을 각각 M, N이라 하고 $\angle AMN = x$라 할 때, $\sin x$의 값은?

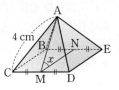

① $\dfrac{\sqrt{6}}{2}$ 　② $\dfrac{\sqrt{6}}{3}$ 　③ $\dfrac{\sqrt{6}}{4}$

④ $\dfrac{\sqrt{6}}{5}$ 　⑤ $\dfrac{\sqrt{6}}{6}$

5.

오른쪽 그림과 같은 직각삼각형 ABC에서 $\overline{AC} = 4$이고, $\tan B = \dfrac{2}{3}$일 때, $\sin A$의 값을 구하시오.

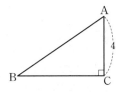

6. 중요

$\angle B = 90°$인 직각삼각형 ABC에서 $\tan A = 2$일 때, $\cos C$의 값은?

① $\dfrac{1}{2}$ 　② 1 　③ $\dfrac{\sqrt{5}}{5}$

④ $\dfrac{2\sqrt{5}}{5}$ 　⑤ $\dfrac{3\sqrt{5}}{5}$

7.

오른쪽 그림과 같은 직각삼각형 ABC에서 $\overline{AB} \perp \overline{CD}$일 때, 다음 중 옳지 <u>않은</u> 것은?

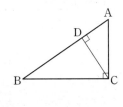

① $\sin A = \dfrac{\overline{BC}}{\overline{AB}}$ 　② $\sin B = \dfrac{\overline{AD}}{\overline{AC}}$

③ $\cos A = \dfrac{\overline{CD}}{\overline{BC}}$ 　④ $\tan A = \dfrac{\overline{BD}}{\overline{CD}}$

⑤ $\tan B = \dfrac{\overline{CD}}{\overline{AD}}$

8 .ıl 중요🔔

오른쪽 그림과 같은 직각삼각형 ABC 에서 $\overline{BC} \perp \overline{DE}$이고, $\overline{AB}=8$, $\overline{BC}=17$일 때, $\sin x - \cos x$의 값을 구하시오.

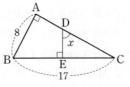

9 .ıl 중요🔔

다음 중에서 계산 결과가 가장 큰 것은?

① $\tan 45° - \sin 30°$

② $\cos 30° \times \tan 60°$

③ $\cos 45° \times \tan 30° \times \sin 45°$

④ $\cos 60° + \sin 60° \times \tan 60°$

⑤ $\tan 45° \div \cos 30° \times \tan 30°$

10 .ıl

이차방정식 $4x^2 - ax - 2 = 0$의 한 근이 $\sin 30° \times \tan 60°$일 때, 상수 a의 값은?

① $\dfrac{\sqrt{3}}{3}$
② $\dfrac{2\sqrt{3}}{3}$
③ $\sqrt{3}$

④ $\dfrac{4\sqrt{3}}{3}$
⑤ $\dfrac{5\sqrt{3}}{3}$

11 .ıl 신유형↻

다음 그림과 같이 두 삼각자를 놓을 때, x, y의 값을 각각 구하시오.

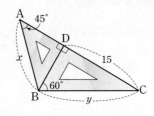

12 .ıl

오른쪽 그림과 같이 반지름의 길이가 1인 사분원에서 $\cos x$의 값과 길이가 같은 선분은?

① $\overline{AB}$
② $\overline{CD}$
③ $\overline{OA}$
④ $\overline{OB}$
⑤ $\overline{OD}$

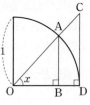

13 .ıl

오른쪽 그림과 같이 좌표평면 위의 원점 O를 중심으로 하고 반지름의 길이가 1인 사분원에서 $\tan 48°$의 값은?

① 0
② 0.6691
③ 0.7431
④ 1
⑤ 1.1106

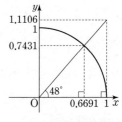

14 .ıl

다음을 계산하시오.

$$(3 - \cos 90°) \times \sin 60° + 4 \tan 30° \times \cos 60°$$

15 .ıl 중요🔔

다음 삼각비의 값 중에서 두 번째로 작은 것은?

① $\sin 0°$
② $\cos 30°$
③ $\sin 45°$
④ $\tan 45°$
⑤ $\cos 60°$

16 .ıl

$0° \le A \le 90°$일 때, 다음 중에서 옳지 <u>않은</u> 것은?

① A의 크기가 커지면 $\sin A$의 값도 커진다.

② A의 크기가 커지면 $\cos A$의 값은 작아진다.

③ $\sin A$의 가장 큰 값은 1이다.

④ $\cos A$의 가장 작은 값은 0이다.

⑤ $\tan A$의 가장 큰 값은 1이다.

17 .ıl

다음 삼각비의 표를 이용하여 $\cos 28° - \sin 26°$의 값을 구하면?

각도	사인 (sin)	코사인 (cos)	탄젠트 (tan)
26°	0.4384	0.8988	0.4877
27°	0.4540	0.8910	0.5095
28°	0.4695	0.8829	0.5317

① 0.0933 ② 0.4134 ③ 0.4293

④ 0.4445 ⑤ 0.4604

18 .ıl 신유형 ↻

어느 건물의 지붕의 경사도가 다음 그림과 같다. 직각삼각형 ABC에서 $\overline{AB}=3$ m, $\overline{BC}=1.8$ m일 때, x의 크기를 구하시오.

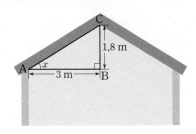

각도	사인 (sin)	코사인 (cos)	탄젠트 (tan)
31°	0.52	0.86	0.60
32°	0.53	0.85	0.62
33°	0.54	0.84	0.65

19 .ıl

오른쪽 그림과 같이 $\angle B = 90°$인 직각삼각형 ABC에서 $\overline{AC}=10$ cm, $\sin A = \dfrac{3}{5}$ 일 때, 다음 물음에 답하시오.

(단, 풀이 과정을 자세히 쓰시오.)

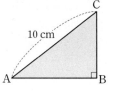

(1) $\overline{BC}$의 길이를 구하시오.

(2) $\overline{AB}$의 길이를 구하시오.

(3) $\triangle ABC$의 넓이를 구하시오.

풀이 과정

(1)

(2)

(3)

답 | (1)   (2)   (3)

20 .ıl

세 내각의 크기의 비가 $1 : 2 : 3$인 삼각형에서 가장 작은 내각의 크기를 A라 할 때, 다음 물음에 답하시오.

(단, 풀이 과정을 자세히 쓰시오.)

(1) $\angle A$의 크기를 구하시오.

(2) $\sin A \times \cos A \times \tan A$의 값을 구하시오.

풀이 과정

(1)

(2)

답 | (1)   (2)

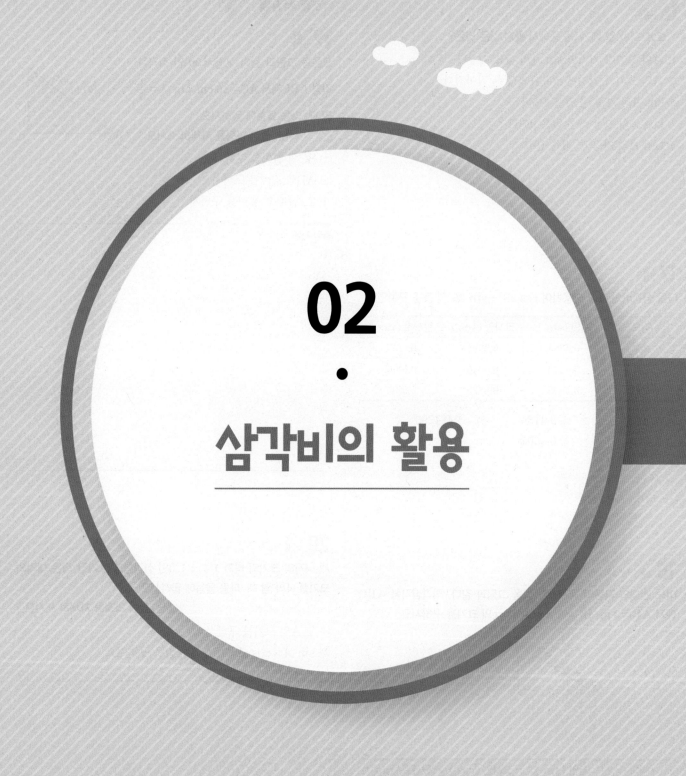

02
.
삼각비의 활용

이 단원의 학습 계통

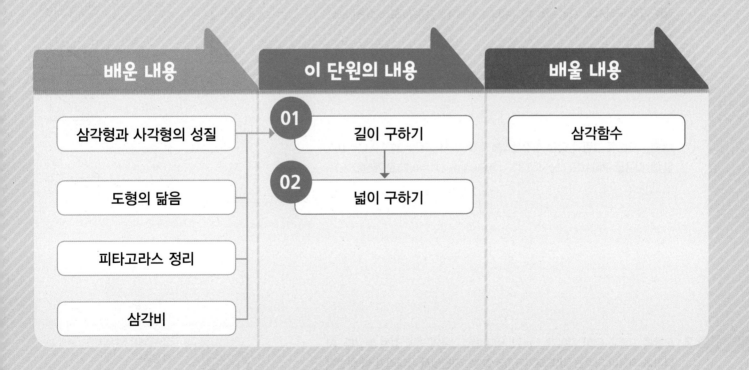

배운 내용	이 단원의 내용	배울 내용
삼각형과 사각형의 성질	01 길이 구하기	삼각함수
도형의 닮음	02 넓이 구하기	
피타고라스 정리		
삼각비		

01 길이 구하기

1 직각삼각형의 변의 길이

직각삼각형에서 한 예각의 크기와 한 변의 길이를 알면 삼각비를 이용하여 나머지 두 변의 길이를 구할 수 있다.

∠B=90°인 직각삼각형 ABC에서

(1) ∠A의 크기와 빗변의 길이 b를 알 때
$$\Rightarrow a=b\sin A,\ c=b\cos A$$

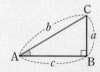

(2) ∠A의 크기와 밑변의 길이 c를 알 때
$$\Rightarrow a=c\tan A,\ b=\frac{c}{\cos A}$$

(3) ∠A의 크기와 높이 a를 알 때
$$\Rightarrow b=\frac{a}{\sin A},\ c=\frac{a}{\tan A}$$

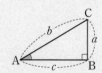

설명 $\sin A=\dfrac{a}{b}$이므로 $a=b\sin A$, $b=\dfrac{a}{\sin A}$

$\cos A=\dfrac{c}{b}$이므로 $c=b\cos A$, $b=\dfrac{c}{\cos A}$

$\tan A=\dfrac{a}{c}$이므로 $a=c\tan A$, $c=\dfrac{a}{\tan A}$

핵심예제 1 오른쪽 그림과 같은 직각삼각형 ABC에서 ∠B=40°, $\overline{AB}$=6일 때, x, y의 값을 각각 구하시오. (단, sin 40°=0.64, cos 40°=0.77로 계산한다.)

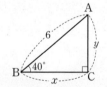

직각삼각형의 변의 길이

기준각에 대하여 주어진 변과 구하는 변이

① 빗변, 높이이면
   ➡ sin 이용

② 빗변, 밑변이면
   ➡ cos 이용

③ 밑변, 높이이면
   ➡ tan 이용

1-1 오른쪽 그림과 같은 직각삼각형 ABC에서 ∠C=37°, $\overline{AC}$=16 일 때, 다음을 구하시오. (단, cos 37°=0.80, tan 37°=0.75로 계산한다.)

(1) $\overline{AB}$의 길이   (2) $\overline{BC}$의 길이

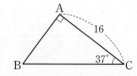

핵심예제 2 오른쪽 그림과 같이 길이가 4 m인 사다리를 건물의 벽에 걸쳐 놓았다. 사다리와 지면이 이루는 각의 크기가 58°일 때, 지면에서 사다리가 벽에 걸쳐진 곳까지의 높이 $\overline{AC}$를 구하시오. (단, sin 58°=0.85로 계산한다.)

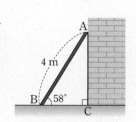

실생활에서 직각삼각형의 변의 길이의 활용

주어진 실생활의 그림에서 직각삼각형을 찾은 후 삼각비를 이용하여 변의 길이를 구한다.

② 일반 삼각형의 변의 길이

일반 삼각형에서 두 변의 길이와 그 끼인각의 크기를 알면 나머지 한 변의 길이는 다음과 같은 순서로 구할 수 있다.

(1) △ABC에서 두 변의 길이 a, c와 그 끼인각 ∠B의 크기를 알 때

① $\overline{AH}$를 긋는다.─ 꼭짓점 A에서 그 대변에 수선을 긋는다.

② 직각삼각형 ABH에서

$\overline{AH}=c \sin B$, $\overline{BH}=c \cos B$이므로 $\overline{CH}=a-c \cos B$

③ 직각삼각형 AHC에서

➡ $\overline{AC}=\sqrt{\overline{AH}^2+\overline{CH}^2}$
$=\sqrt{(c \sin B)^2+(a-c \cos B)^2}$

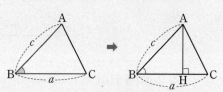

(2) △ABC에서 한 변의 길이 a와 그 양 끝 각 ∠B, ∠C의 크기를 알 때

① $\overline{BH}$를 긋는다.

② 직각삼각형 BCH에서

$\overline{BH}=a \sin C$

③ 직각삼각형 ABH에서

➡ $\overline{AB}=\dfrac{\overline{BH}}{\sin A}=\dfrac{a \sin C}{\sin A}$
└ ∠A=180°-(∠B+∠C)

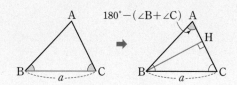

참고 일반 삼각형의 변의 길이를 구하는 공식을 암기하기보다는 구하는 과정을 이해하도록 한다.

핵심예제 **3** 다음은 △ABC에서 $\overline{AC}$의 길이를 구하는 과정이다. □ 안에 알맞은 것을 써넣으시오.

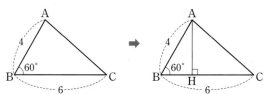

> 직각삼각형 ABH에서
>
> $\overline{AH}=\boxed{} \times \sin 60°=\boxed{}$, $\overline{BH}=4 \times \boxed{}=\boxed{}$
>
> $\overline{CH}=\overline{BC}-\overline{BH}=\boxed{}$이므로 직각삼각형 AHC에서
>
> $\overline{AC}=\sqrt{\overline{AH}^2+\overline{CH}^2}=\boxed{}$

● 일반 삼각형의 변의 길이 (1)

두 변의 길이와 그 끼인각의 크기를 아는 경우 일반 삼각형의 변의 길이를 구할 때는 수선을 그어 구하는 변을 빗변으로 하는 직각삼각형을 만든다.

3-1 다음 그림과 같은 △ABC에서 $\overline{AH} \perp \overline{BC}$일 때, $\overline{AC}$의 길이를 구하시오.

(1)
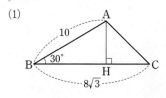

(2)
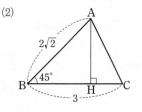

길이 구하기

핵심예제 4 다음은 △ABC에서 $\overline{AC}$의 길이를 구하는 과정이다. □ 안에 알맞은 수를 써넣으시오.

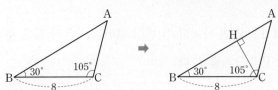

직각삼각형 HBC에서 $\overline{CH} = \boxed{} \times \sin 30° = \boxed{}$

$\angle A = 180° - (\boxed{}° + 105°) = \boxed{}°$이므로 직각삼각형 AHC에서

$\overline{AC} = \dfrac{\overline{CH}}{\sin 45°} = \dfrac{\boxed{}}{\sin 45°} = \boxed{}$

● **일반 삼각형의 변의 길이** (2)

한 변의 길이와 그 양 끝 각의 크기를 아는 경우 일반 삼각형에서 변의 길이를 구할 때는 30°, 45°, 60°의 삼각비를 이용할 수 있도록 한 꼭짓점에서 그 대변에 수선을 그어 직각삼각형을 만든다.

4-1 다음 그림과 같은 △ABC에서 $\overline{AB} \perp \overline{CH}$일 때, $\overline{AC}$의 길이를 구하시오.

(1)
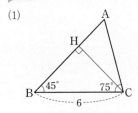

(2)
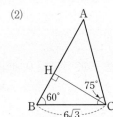

핵심예제 5 오른쪽 그림과 같이 호수의 양 끝 지점 A, B 사이의 거리를 구하기 위하여 호수 바깥에 있는 한 지점 C에서 측량하였더니 $\overline{AC} = 30\ m$, $\overline{BC} = 45\ m$, $\angle C = 60°$이었다. 두 지점 A, B 사이의 거리를 구하시오.

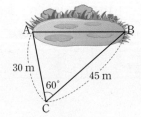

● **실생활에서 일반 삼각형의 변의 길이의 활용**

주어진 실생활의 그림에서 주어진 각의 삼각비를 이용할 수 있도록 한 꼭짓점에서 그 대변에 수선을 긋는다.

5-1 오른쪽 그림과 같이 두 지점 A, C 사이의 거리를 구하기 위하여 필요한 각의 크기와 거리를 측량하였더니 $\overline{AB} = 10\ m$, $\angle A = 75°$, $\angle B = 60°$이었다. 두 지점 A, C 사이의 거리를 구하시오.

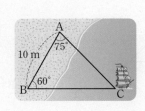

③ 삼각형의 높이

△ABC에서 한 변의 길이 a와 그 양 끝 각 ∠B, ∠C의 크기를 알면 삼각형의 높이 h를 구할 수 있다.

(1) 주어진 각이 모두 예각인 경우

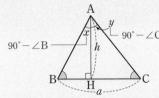

직각삼각형 ABH에서 $\overline{BH}=h\tan x$
직각삼각형 AHC에서 $\overline{CH}=h\tan y$
$\overline{BC}=\overline{BH}+\overline{CH}$이므로
$a=h\tan x+h\tan y$

➡ $h=\dfrac{a}{\tan x+\tan y}$

(2) 주어진 각 중 한 각이 둔각인 경우

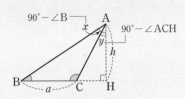

직각삼각형 ABH에서 $\overline{BH}=h\tan x$
직각삼각형 ACH에서 $\overline{CH}=h\tan y$
$\overline{BC}=\overline{BH}-\overline{CH}$이므로
$a=h\tan x-h\tan y$

➡ $h=\dfrac{a}{\tan x-\tan y}$

핵심예제 6 오른쪽 그림과 같은 △ABC에서 $\overline{AH}$의 길이를 구하시오.

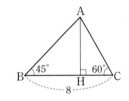

● **삼각형의 높이 (1)**
주어진 각이 모두 예각인 일반 삼각형의 높이를 구할 때는 한 꼭짓점에서 그 대변에 수선을 그어 두 개의 직각삼각형을 만든 후 tan의 값을 이용한다.

6-1 오른쪽 그림과 같은 △ABC에 대하여 다음 물음에 답하시오.
(1) $\overline{AH}$, $\overline{BH}$의 길이를 h에 대한 식으로 각각 나타내시오.
(2) h의 값을 구하시오.

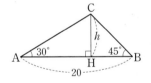

핵심예제 7 오른쪽 그림과 같은 △ABC에서 $\overline{AH}$의 길이를 구하시오.

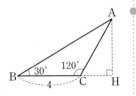

● **삼각형의 높이 (2)**
주어진 각 중 한 각이 둔각인 일반 삼각형의 높이를 구할 때는 한 꼭짓점에서 그 대변의 연장선에 수선을 그어 두 개의 직각삼각형을 만든 후 tan의 값을 이용한다.

7-1 오른쪽 그림과 같은 △ABC에 대하여 다음 물음에 답하시오.
(1) $\overline{BH}$, $\overline{CH}$의 길이를 h에 대한 식으로 각각 나타내시오.
(2) h의 값을 구하시오.

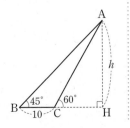

정답과 풀이 ★ 17쪽

직각삼각형의 변의 길이

1 오른쪽 그림과 같은 직각삼각형 ABC에서 ∠B=35°, $\overline{AC}$=7일 때, 다음 중에서 x의 값을 나타내는 것은?

① 7 sin 35° ② 7 cos 35°

③ 7 sin 55° ④ $\dfrac{7}{\sin 35°}$

⑤ $\dfrac{7}{\tan 55°}$

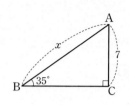

실생활에서 직각삼각형의 변의 길이의 활용

2 오른쪽 그림과 같이 등대에서 50 m 떨어진 지점에서 등대의 꼭대기를 올려다본 각의 크기가 40°일 때, 이 등대의 높이는?

(단, tan 40°=0.84로 계산한다.)

① 40 m ② 42 m ③ 44 m

④ 46 m ⑤ 48 m

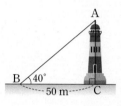

일반 삼각형의 변의 길이

3 오른쪽 그림과 같은 △ABC에서 $\overline{AB}=9\sqrt{2}$, $\overline{BC}=15$, ∠B=45°일 때, $\overline{AC}$의 길이를 구하시오.

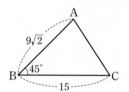

일반 삼각형에서 변의 길이를 구할 때는 구하는 변이 직각삼각형의 빗변이 되도록 수선을 그은 후 삼각비를 이용한다.

실생활에서 일반 삼각형의 변의 길이의 활용

기출 **4** 오른쪽 그림과 같이 두 지점 A, C 사이의 거리는 40 m이고, ∠A=45°, ∠C=105°일 때, 두 지점 A, B 사이의 거리를 구하시오.

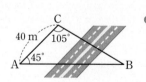

삼각비를 이용하여 변의 길이를 구할 때는
① 길이를 구하려는 변이 직각삼각형의 빗변이 되도록 한다.
② 30°, 45°, 60°의 각을 갖는 삼각형 2개가 만들어지도록 한다.

삼각형의 높이

5 오른쪽 그림과 같은 △ABC에서 $\overline{AH}\perp\overline{BC}$이고 $\overline{BC}=8$, ∠B=45°, ∠C=40°일 때, 다음 중에서 $\overline{AH}$의 길이를 나타내는 것은?

① 8(1+tan 50°) ② 8(1−tan 40°)

③ $\dfrac{8}{1+\tan 40°}$ ④ $\dfrac{8}{\tan 50°-1}$

⑤ $\dfrac{8}{1+\tan 50°}$

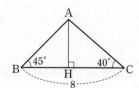

수선을 그어 만들어진 두 개의 직각삼각형에서 tan의 값을 이용하여 밑변의 길이를 높이를 이용한 식으로 나타내어 본다.

02 넓이 구하기

④ 삼각형의 넓이

△ABC에서 두 변의 길이 a, c와 그 끼인각 ∠B의 크기를 알면 삼각형의 넓이 S를 구할 수 있다.

(1) ∠B가 예각인 경우

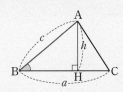

$S=\dfrac{1}{2}ah$에서 $h=c\sin B$이므로

➡ $S=\dfrac{1}{2}ac\sin B$

(2) ∠B가 둔각인 경우

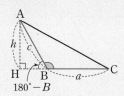

$S=\dfrac{1}{2}ah$에서 $h=c\sin(180°-B)$이므로

➡ $S=\dfrac{1}{2}ac\sin(180°-B)$

> **참고** △ABC에서 ∠B=90°인 경우 $\sin B=1$이므로 $S=\dfrac{1}{2}ac\sin B=\dfrac{1}{2}ac$이다.

⑤ 다각형의 넓이

① 보조선을 그어 다각형을 여러 개의 삼각형으로 나눈다.
  └ 모든 다각형은 삼각형으로 나눌 수 있다.
② 각 삼각형의 넓이를 구하여 더한다.

➡ $\square$ABCD$=\triangle$ABC$+\triangle$ACD$=\dfrac{1}{2}ab\sin B+\dfrac{1}{2}cd\sin D$

핵심예제 8 다음 그림과 같은 △ABC의 넓이를 구하시오.

(1)

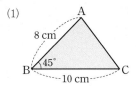

(2)

(그림) 6 cm, 9 cm, 120°

● **삼각형의 넓이**
삼각형에서 두 변의 길이와 그 끼인각의 크기를 알면 삼각형의 넓이를 구할 수 있다.

8-1 다음 그림과 같은 △ABC의 넓이를 구하시오.

(1)

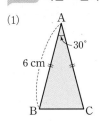

(2)

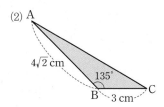

핵심예제 9 오른쪽 그림과 같은 $\square$ABCD의 넓이를 구하시오.

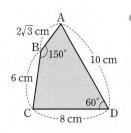

● **다각형의 넓이**
보조선을 그어 다각형을 여러 개의 삼각형으로 나눌 때, 각각의 삼각형의 넓이를 구할 수 있도록 두 변의 길이와 그 끼인각의 크기를 알 수 있게 나눈다.

넓이 구하기

6 **평행사변형의 넓이**

평행사변형 ABCD에서 이웃하는 두 변의 길이 a, b와 그 끼인각 x의 크기를 알면 평행사변형의 넓이 S를 구할 수 있다.

(1) x가 예각인 경우

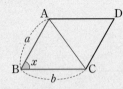

$S = \triangle ABC + \triangle CDA = 2\underline{\triangle ABC}$이므로

$\Rightarrow S = ab \sin x$ $\underset{\llcorner \triangle ABC = \frac{1}{2}ab\sin x}{}$

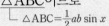

(2) x가 둔각인 경우

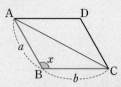

$S = \triangle ABC + \triangle CDA = 2\underline{\triangle ABC}$이므로

$\Rightarrow S = ab \sin(180° - x)$ $\underset{\llcorner \triangle ABC = \frac{1}{2}ab\sin(180°-x)}{}$

핵심예제 10 다음 그림과 같은 평행사변형 ABCD의 넓이를 구하시오.

(1)

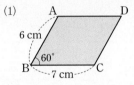

(2)

● **평행사변형의 넓이**
평행사변형에서 이웃하는 두 변의 길이와 그 끼인각의 크기를 알면 평행사변형의 넓이를 구할 수 있다.

10-1 다음 그림과 같은 평행사변형 ABCD의 넓이를 구하시오.

(1)

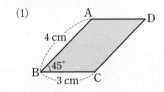

(2)

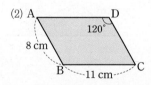

10-2 오른쪽 그림과 같이 한 변의 길이가 10 cm이고 ∠B=30°인 마름모 ABCD의 넓이를 구하시오.

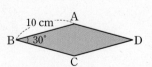

10-3 오른쪽 그림과 같은 평행사변형 ABCD의 넓이가 $27\sqrt{3}$ cm²일 때, ∠B의 크기를 구하시오. (단, ∠B는 예각이다.)

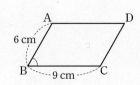

7 사각형의 넓이

사각형 ABCD에서 두 대각선의 길이 a, b와 두 대각선이 이루는 각 x의 크기를 알면 사각형의 넓이 S를 구할 수 있다.

(1) x가 예각인 경우

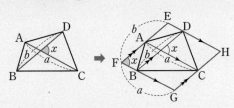

$$\square ABCD = \frac{1}{2} \underset{\text{평행사변형}}{\square EFGH} \text{이므로}$$

➡ $S = \dfrac{1}{2} ab \sin x$

참고 $\overline{AD}=a$, $\overline{BC}=b$, $\overline{AB}=c$인 사다리꼴 ABCD의 넓이 S는
$$S = \frac{1}{2}(a+b)h = \frac{1}{2}(a+b)c \sin B$$

(2) x가 둔각인 경우

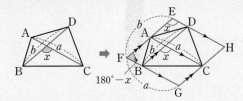

$$\square ABCD = \frac{1}{2} \underset{\text{평행사변형}}{\square EFGH} \text{이므로}$$

➡ $S = \dfrac{1}{2} ab \sin (180° - x)$

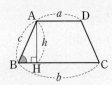

핵심예제 11 다음 그림과 같은 사각형 ABCD의 넓이를 구하시오.

(1)
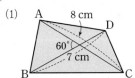

(2)
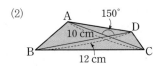

● **사각형의 넓이**
사각형에서 두 대각선의 길이와 두 대각선이 이루는 각의 크기를 알면 사각형의 넓이를 구할 수 있다.

11-1 다음 그림과 같은 사각형 ABCD의 넓이를 구하시오.

(1)
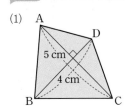

(2)
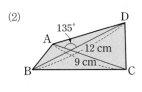

11-2 오른쪽 그림의 □ABCD에서 $\overline{AC}=11$ cm, $\overline{BD}=4$ cm이고 □ABCD의 넓이가 $11\sqrt{2}$ cm²일 때, x의 크기를 구하시오.
(단, x는 예각이다.)

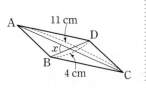

정답과 풀이 ★ 18쪽

1 삼각형의 넓이 ⑴

오른쪽 그림과 같이 $\overline{AB}=6$ cm, $\overline{BC}=7$ cm, ∠B=30°인
△ABC의 넓이는?

① $\dfrac{21}{2}$ cm²   ② $\dfrac{21\sqrt{2}}{2}$ cm²

③ $\dfrac{21\sqrt{3}}{2}$ cm²   ④ 21 cm²

⑤ $21\sqrt{2}$ cm²

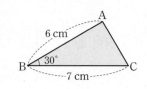

2 삼각형의 넓이 ⑵

오른쪽 그림과 같이 $\overline{AC}=8$ cm, ∠C=135°인 △ABC의 넓이가
36 cm²일 때, $\overline{BC}$의 길이는?

① 8 cm   ② 9 cm

③ $7\sqrt{2}$ cm   ④ $8\sqrt{2}$ cm

⑤ $9\sqrt{2}$ cm

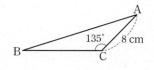

3 다각형의 넓이

오른쪽 그림에서 $\overline{BC}=6$ cm, $\overline{CD}=4$ cm이고 ∠B=90°,
∠BAC=45°, ∠ACD=60°일 때, □ABCD의 넓이를 구하시오.

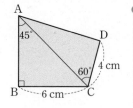

● 다각형의 넓이는 삼각형의 넓이의
합으로 구한다.

4 평행사변형의 넓이

오른쪽 그림과 같이 $\overline{AB}=6$ cm, $\overline{BC}=10$ cm, ∠ADC=120°인 평
행사변형 ABCD에서 점 O가 두 대각선의 교점일 때, 다음 물음에 답
하시오.

⑴ 평행사변형 ABCD의 넓이를 구하시오.

⑵ △ABO의 넓이를 구하시오.

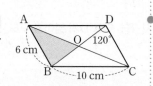

● 평행사변형의 한 대각선은 평행사
변형의 넓이를 이등분한다.

5 사각형의 넓이

오른쪽 그림과 같은 등변사다리꼴 ABCD에서 두 대각선이 이루는 각의
크기가 120°이고 □ABCD의 넓이가 $9\sqrt{3}$ cm²일 때, $\overline{AC}$의 길이를 구
하시오.

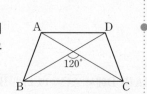

● 등변사다리꼴의 두 대각선의 길이
는 같다.

중단원 마무리 테스트

정답과 풀이 ★ 19쪽

1. 📊 중요🔔

오른쪽 그림과 같은 직각삼각형 ABC에서 $\overline{AC}=3$, $\angle C=52°$일 때, 다음 중에서 $\overline{AB}$의 길이를 나타내는 것을 모두 고르면?

(정답 2개)

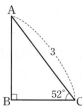

① $3 \sin 38°$ 　　② $3 \cos 38°$

③ $3 \tan 38°$ 　　④ $3 \sin 52°$

⑤ $3 \cos 52°$

2. 📊

오른쪽 그림과 같이 $\overline{AB}=10$, $\angle B=33°$인 직각삼각형 ABC의 둘레의 길이를 구하시오. (단, $\sin 33°=0.54$, $\cos 33°=0.84$로 계산한다.)

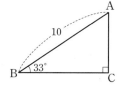

3. 📊

오른쪽 그림과 같이 모선 AB의 길이가 3 cm인 원뿔이 있다. $\angle ABH=60°$일 때, 이 원뿔의 높이는?

① $\dfrac{\sqrt{3}}{2}$ cm 　　② $\dfrac{2\sqrt{3}}{3}$ cm

③ $\sqrt{3}$ cm 　　④ $\dfrac{4\sqrt{3}}{3}$ cm

⑤ $\dfrac{3\sqrt{3}}{2}$ cm

4. 📊

오른쪽 그림과 같이 지후의 손에서 연까지의 거리는 10 m이고, 손의 위치에서 연을 올려다본 각의 크기는 43°이다. 지면에서 지후의 손까지의 높이가 1.5 m일 때, 지면에서 연까지의 높이를 구하시오.

(단, $\sin 43°=0.68$로 계산한다.)

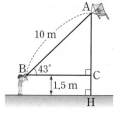

5. 📊 신유형↩

다음은 어느 스키장의 슬로프 경사도 안내 표지판이다. 초급 코스와 상급 코스의 지면으로부터의 높이는 각각 얼마인지 구하시오.

(단, $\sin 7°=0.12$로 계산한다.)

[안내]		
	슬로프 길이	경사도
초급	550 m	7°
상급	960 m	30°

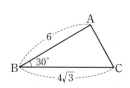

6. 📊 중요🔔

오른쪽 그림과 같은 △ABC에서 $\overline{AB}=6$, $\overline{BC}=4\sqrt{3}$, $\angle B=30°$일 때, $\overline{AC}$의 길이는?

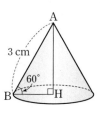

① $\sqrt{3}$ 　　② 2

③ 3 　　④ $2\sqrt{3}$

⑤ $3\sqrt{3}$

7 ..ı 중요🔔

오른쪽 그림과 같은 △ABC에서 $\overline{BC}=4$, ∠B=55°, ∠C=50°일 때, 다음 중에서 $\overline{AC}$의 길이를 나타내는 것은?

① 4sin 55°
② 4sin 75°
③ $\dfrac{4\sin 75°}{\sin 55°}$
④ $\dfrac{4\sin 50°}{\sin 75°}$
⑤ $\dfrac{4\sin 55°}{\sin 75°}$

8 ..ı

오른쪽 그림과 같이 120 m 떨어진 두 지점 A, B에서 C 지점에 있는 배를 바라본 각의 크기가 ∠A=95°, ∠B=30°이었다. 두 지점 A, C 사이의 거리를 구하시오.

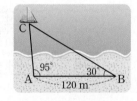

(단, sin 55°=0.8, cos 55°=0.6으로 계산한다.)

9 ..ı

오른쪽 그림과 같은 △ABC에서 $\overline{AH}\perp\overline{BC}$이고 $\overline{BC}=6$, ∠B=45°, ∠C=30°일 때, $\overline{AH}$의 길이는?

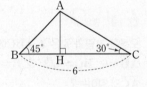

① $2(\sqrt{3}-1)$
② $3(\sqrt{3}-1)$
③ $2(\sqrt{3}+1)$
④ $3(\sqrt{3}+1)$
⑤ $4(\sqrt{3}+1)$

10 ..ı

오른쪽 그림과 같이 4 m 떨어진 두 지점 B, C에서 국기 게양대의 꼭대기를 올려다본 각의 크기가 각각 30°, 45°일 때, 국기 게양대의 높이를 구하시오.

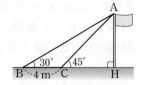

11 ..ı

오른쪽 그림과 같이 $\overline{AB}=\overline{AC}=6$ cm, ∠B=75°인 이등변삼각형 ABC의 넓이는?

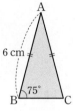

① 9 cm²
② 10 cm²
③ 11 cm²
④ 12 cm²
⑤ 13 cm²

12 ..ı 중요🔔

오른쪽 그림과 같이 $\overline{AB}=5\sqrt{2}$ cm, $\overline{BC}=4$ cm인 △ABC의 넓이가 10 cm²일 때, ∠B의 크기를 구하시오. (단, ∠B는 둔각이다.)

13 ..ı 신유형🔄

소율이네 화장실 타일은 다음 그림과 같은 정육각형 모양이다. 이 타일 한 개의 넓이를 구하시오.

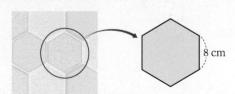

14 .ıl

오른쪽 그림과 같이 $\overline{AB}=7$ cm,
$\overline{BC}=10$ cm, $\angle A=135°$인 평행사변
형 ABCD의 넓이는?

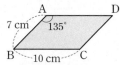

① 35 cm²   ② $35\sqrt{2}$ cm²   ③ $35\sqrt{3}$ cm²
④ 70 cm²   ⑤ $70\sqrt{2}$ cm²

15 .ıl 중요🔔

오른쪽 그림과 같이 $\overline{AC}=6$ cm,
$\angle AOD=135°$인 □ABCD의 넓이
가 24 cm²일 때, $\overline{BD}$의 길이는?

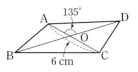

① $4\sqrt{2}$ cm   ② $5\sqrt{2}$ cm   ③ $6\sqrt{2}$ cm
④ $7\sqrt{2}$ cm   ⑤ $8\sqrt{2}$ cm

16 .ıl

오른쪽 그림과 같이 두 대각선의 길이가 각
각 5, 7인 □ABCD의 넓이 중 가장 큰 값
은?

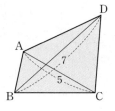

① $\dfrac{35}{2}$ ② $\dfrac{35\sqrt{2}}{2}$

③ $\dfrac{35\sqrt{3}}{2}$ ④ 35

⑤ $35\sqrt{2}$

 기출 서술형 ✏️

17 .ıl

오른쪽 그림과 같이 지면에 수직으로 서
있던 나무가 부러져서 꼭대기 부분이 지
면에 닿았다. $\overline{BC}=6$ m, $\angle BCA=30°$
일 때, 다음 물음에 답하시오.

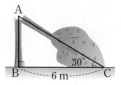

(단, 풀이 과정을 자세히 쓰시오.)

(1) $\overline{AB}$의 길이를 구하시오.
(2) $\overline{AC}$의 길이를 구하시오.
(3) 부러지기 전 나무의 높이를 구하시오.

풀이 과정

(1)

(2)

(3)

답 | (1)   (2)   (3)

18 .ıl

오른쪽 그림과 같은 평행사변형 ABCD
에서 점 M은 $\overline{BC}$의 중점이다.
$\overline{AB}=8$ cm, $\overline{AD}=12$ cm, $\angle D=60°$
일 때, 다음 물음에 답하시오.

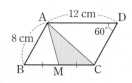

(단, 풀이 과정을 자세히 쓰시오.)

(1) 평행사변형 ABCD의 넓이를 구하시오.
(2) △AMC의 넓이를 구하시오.

풀이 과정

(1)

(2)

답 | (1)   (2)

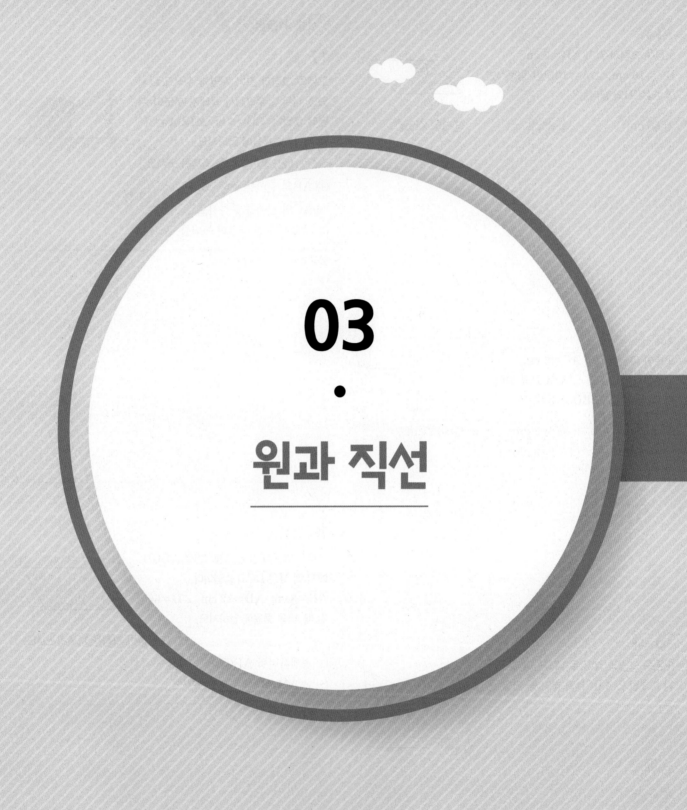

03

원과 직선

이 단원의 학습 계통

배운 내용	이 단원의 내용	배울 내용
원과 부채꼴	**01** 원의 현	원주각
삼각형과 사각형의 성질	**02** 원의 접선	원의 방정식
도형의 닮음		
피타고라스 정리		

01 원의 현

① 현의 수직이등분선

(1) 원의 중심에서 현에 내린 수선은 그 현을 이등분한다.
➡ $\overline{AB} \perp \overline{OM}$이면 $\overline{AM} = \overline{BM}$

(2) 원에서 현의 수직이등분선은 그 원의 중심을 지난다.

용어톡

현(弦 활시위): 원 위의 두 점을 이은 선분

설명 (1) 오른쪽 그림과 같이 원 O의 중심에서 현 AB에 내린 수선의 발을 M이라 하면
△OAM과 △OBM에서
∠OMA = ∠OMB = 90°, $\overline{OA} = \overline{OB}$ (반지름), $\overline{OM}$은 공통이므로
△OAM ≡ △OBM (RHS 합동)
따라서 $\overline{AM} = \overline{BM}$

(2) 오른쪽 그림과 같은 원 O에서 현 AB의 수직이등분선을 l이라 하면 두 점 A, B로부터 같은 거리에 있는 점들은 모두 직선 l 위에 있다.
이때 원의 중심 O도 두 점 A, B로부터 같은 거리에 있으므로 직선 l 위에 있다.
따라서 원에서 현의 수직이등분선은 그 원의 중심을 지난다.

배운내용톡

직각삼각형의 합동 조건
① RHA 합동: 빗변의 길이와 한 예각의 크기가 각각 같은 두 직각삼각형은 합동이다.
② RHS 합동: 빗변의 길이와 다른 한 변의 길이가 각각 같은 두 직각삼각형은 합동이다.

핵심예제 **1** 오른쪽 그림의 원 O에서 다음을 구하시오.
(1) $\overline{AM}$의 길이
(2) $\overline{AB}$의 길이

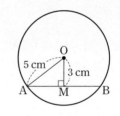

● 현의 수직이등분선 (1)
현의 수직이등분선의 성질을 이용하여 선분의 길이를 구할 때는 피타고라스 정리를 이용한다.

1-1 다음 그림의 원 O에서 x의 값을 구하시오.

(1)

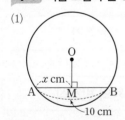

(2)

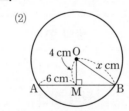

핵심예제 **2** 오른쪽 그림의 원에서 $\overline{AB} \perp \overline{CD}$, $\overline{CM} = \overline{DM}$이고 $\overline{AB} = 12$ cm일 때, 이 원의 반지름의 길이를 구하시오.

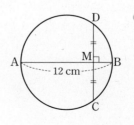

● 현의 수직이등분선 (2)
원의 중심을 지나는 현은 그 원의 지름이다.

② 현의 수직이등분선의 활용

(1) 원의 일부분이 주어진 경우

① 원의 중심을 찾아 반지름의 길이를 r로 놓는다.

② 피타고라스 정리를 이용한다.

➡ $r^2=(r-a)^2+b^2$

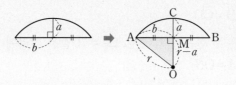

플러스 톡
현의 수직이등분선은 그 원의 중심을 지나므로 $\overline{\text{CM}}$의 연장선은 원의 중심 O를 지난다.

(2) 원의 일부분을 접은 경우

원주 위의 한 점 P가 원의 중심 O에 겹쳐지도록 원을 접은 경우

① $\overline{\text{AM}}=\overline{\text{BM}}$

② $\overline{\text{OM}}=\overline{\text{PM}}=\dfrac{1}{2}\overline{\text{OA}}$

③ 피타고라스 정리를 이용한다.

➡ $\overline{\text{OA}}^2=\overline{\text{AM}}^2+\overline{\text{OM}}^2$

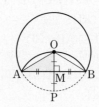

핵심예제 3 오른쪽 그림에서 $\widehat{\text{AB}}$는 원의 일부분이다. $\overline{\text{AB}}\perp\overline{\text{CD}}$이고 $\overline{\text{AD}}=\overline{\text{BD}}=10$, $\overline{\text{CD}}=5$일 때, 이 원의 반지름의 길이를 구하시오.

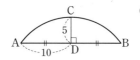

● 원의 일부분에서 현의 수직이등분선
원의 일부분이 주어지면 현의 수직이등분선을 연장하여 원의 중심을 찾고 원의 반지름을 빗변으로 하는 직각삼각형을 그린다.

3-1 오른쪽 그림에서 $\widehat{\text{AB}}$는 원의 일부분이다. $\overline{\text{AB}}\perp\overline{\text{CD}}$, $\overline{\text{AD}}=\overline{\text{BD}}$ 이고 $\overline{\text{AB}}=16$, $\overline{\text{CD}}=4$일 때, 이 원의 반지름의 길이를 구하시오.

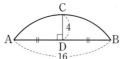

핵심예제 4 오른쪽 그림과 같이 반지름의 길이가 6 cm인 원 O의 원주 위의 한 점이 원의 중심 O에 겹쳐지도록 $\overline{\text{AB}}$를 접는 선으로 하여 접었을 때, $\overline{\text{AB}}$의 길이를 구하시오.

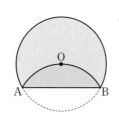

● 접은 원에서 현의 수직이등분선
접은 원이 주어지면 원의 중심에서 현에 수선을 긋고 원의 반지름을 빗변으로 하는 직각삼각형을 그린다.

4-1 오른쪽 그림과 같이 반지름의 길이가 8 cm인 원 O의 원주 위의 한 점이 원의 중심 O에 겹쳐지도록 $\overline{\text{AB}}$를 접는 선으로 하여 접었을 때, $\overline{\text{AB}}$의 길이를 구하시오.

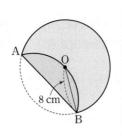

③ 원의 중심과 현의 길이

(1) 한 원에서 중심으로부터 같은 거리에 있는 두 현의 길이는 같다.

➡ $\overline{OM}=\overline{ON}$이면 $\overline{AB}=\overline{CD}$

(2) 한 원에서 길이가 같은 두 현은 원의 중심으로부터 같은 거리에 있다.

➡ $\overline{AB}=\overline{CD}$이면 $\overline{OM}=\overline{ON}$

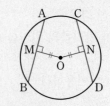

> **설명** (1) 오른쪽 그림의 △OAM과 △ODN에서
>
> $\angle OMA=\angle OND=90°$, $\overline{OA}=\overline{OD}$ (반지름), $\overline{OM}=\overline{ON}$이므로
>
> △OAM≡△ODN (RHS 합동)
>
> 따라서 $\overline{AM}=\overline{DN}$이므로 $\overline{AB}=\overline{CD}$
>
> $\overline{AB}=2\overline{AM}$ $\overline{CD}=2\overline{DN}$

> (2) 오른쪽 그림에서 $\overline{AB}\perp\overline{OM}$, $\overline{CD}\perp\overline{ON}$이므로
>
> $\overline{AM}=\overline{BM}$, $\overline{CN}=\overline{DN}$
>
> 그런데 $\overline{AB}=\overline{CD}$이므로 $\overline{AM}=\overline{DN}$
>
> △OAM과 △ODN에서
>
> $\angle OMA=\angle OND=90°$, $\overline{OA}=\overline{OD}$ (반지름), $\overline{AM}=\overline{DN}$이므로
>
> △OAM≡△ODN (RHS 합동)
>
> 따라서 $\overline{OM}=\overline{ON}$

핵심예제 5 다음 그림의 원 O에서 x의 값을 구하시오.

(1)
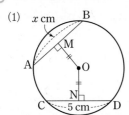

(2)
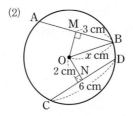

● **원의 중심과 현의 길이**
원의 중심으로부터 같은 거리에 있는 두 현의 길이는 같고, 길이가 같은 두 현은 원의 중심으로부터 같은 거리에 있다.

5-1 다음 그림의 원 O에서 x의 값을 구하시오.

(1)
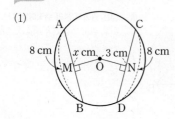

(2)
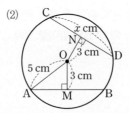

5-2 오른쪽 그림과 같이 원 O에 내접하는 △ABC에서 $\overline{OM}=\overline{ON}$일 때, △ABC는 어떤 삼각형인지 알아보려고 한다. ☐ 안에 알맞은 것을 써넣으시오.

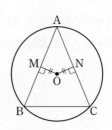

> 원 O에 내접하는 △ABC에서 $\overline{OM}=\overline{ON}$이므로 $\overline{AB}=$ ☐ 이다.
>
> 따라서 △ABC는 ☐ 이다.

소단원
핵심문제

정답과 풀이 ★ 21쪽

1 현의 수직이등분선 (1)

오른쪽 그림의 원 O에서 $\overline{AB} \perp \overline{OM}$이고 $\overline{OA} = 6$ cm, $\overline{OM} = 4$ cm일 때, $\overline{AB}$의 길이는?

① $2\sqrt{5}$ cm   ② $2\sqrt{10}$ cm

③ $3\sqrt{5}$ cm   ④ $3\sqrt{10}$ cm

⑤ $4\sqrt{5}$ cm

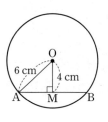

● 원의 중심에서 현에 내린 수선은 그 현을 이등분한다.

2 현의 수직이등분선 (2)

오른쪽 그림과 같이 지름이 $\overline{CD}$인 원 O에서 $\overline{AB} \perp \overline{CD}$이고 $\overline{CP} = 5$ cm, $\overline{DP} = 11$ cm일 때, $\overline{AB}$의 길이를 구하시오.

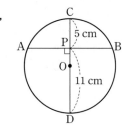

3 원의 일부분에서 현의 수직이등분선

기출

오른쪽 그림에서 $\overset{\frown}{AB}$는 반지름의 길이가 13 cm인 원의 일부분이다. $\overline{AB} \perp \overline{CD}$, $\overline{AD} = \overline{BD}$이고 $\overline{AB} = 24$ cm일 때, $\overline{CD}$의 길이는?

① 6 cm   ② 7 cm

③ 8 cm   ④ 9 cm

⑤ 10 cm

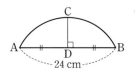

● 원의 일부분이 주어진 경우 먼저 원의 중심을 찾고, 원의 반지름을 빗변으로 하는 직각삼각형을 그린다.

4 원의 중심과 현의 길이

오른쪽 그림의 원 O에서 $\overline{AB} \perp \overline{OM}$, $\overline{CD} \perp \overline{ON}$이고 $\overline{OM} = \overline{ON}$이다. $\overline{AM} = 7$ cm일 때, $x + y$의 값을 구하시오.

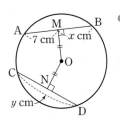

● 한 원에서 중심으로부터 같은 거리에 있는 두 현의 길이는 같다.

5 원의 중심과 현의 길이의 활용

오른쪽 그림의 원 O에서 $\overline{AB} \perp \overline{OM}$, $\overline{AC} \perp \overline{ON}$이고 $\overline{OM} = \overline{ON}$이다. $\angle A = 50°$일 때, $\angle ABC$의 크기는?

① $50°$ ② $55°$

③ $60°$ ④ $65°$

⑤ $70°$

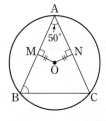

● 원에 내접하는 삼각형에서 중심으로부터 두 변에 이르는 거리가 같으면
➡ 두 변의 길이가 같다.
➡ 내접하는 삼각형은 이등변삼각형이다.

02 원의 접선

4 원의 접선의 성질

(1) 원의 접선의 길이

① 원 O 밖의 한 점 P에서 이 원에 그을 수 있는 접선은 2개이다.

② 점 P에서 원 O의 접점까지의 거리를 점 P에서 원 O에 그은 접선의 길이라 한다.

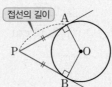

(2) 원의 접선의 성질

원 밖의 한 점에서 그 원에 그은 두 접선의 길이는 같다.

➡ $\overline{PA} = \overline{PB}$

설명 △PAO와 △PBO에서

∠PAO = ∠PBO = 90°, $\overline{PO}$는 공통, $\overline{OA} = \overline{OB}$ (반지름)이므로

△PAO ≡ △PBO (RHS 합동)

따라서 $\overline{PA} = \overline{PB}$

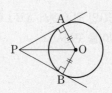

> **배운 내용 톡**
>
> **원의 접선과 반지름**
>
> 원의 접선은 그 접점을 지나는 원의 반지름에 수직이다. ➡ $\overline{OT} \perp l$
>
>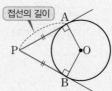

핵심예제 **6** 오른쪽 그림에서 점 A는 점 P에서 원 O에 그은 접선의 접점이다. $\overline{PO} = 13$ cm, $\overline{PA} = 12$ cm일 때, 원 O의 반지름의 길이를 구하시오.

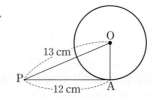

● **원의 접선과 반지름**

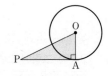

➡ △PAO는 직각삼각형

6-1 다음 그림에서 점 A는 점 P에서 원 O에 그은 접선의 접점일 때, x의 값을 구하시오.

(1)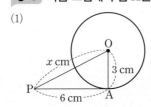

(2)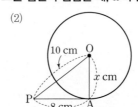

핵심예제 **7** 오른쪽 그림에서 두 점 A, B는 점 P에서 원 O에 그은 두 접선의 접점일 때, x의 값을 구하시오.

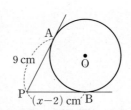

● **원의 접선의 성질(1)**

원 밖의 한 점에서 그 원에 그은 두 접선의 길이는 같다.

7-1 다음 그림에서 두 점 A, B는 점 P에서 원 O에 그은 두 접선의 접점일 때, x의 값을 구하시오.

(1)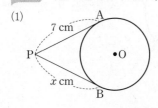

(2)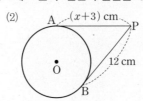

핵심예제 8 오른쪽 그림에서 두 점 A, B는 점 P에서 원 O에 그은 두 접선의 접점이다. ∠PAB=70°일 때, ∠APB의 크기를 구하시오.

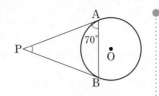

8-1 오른쪽 그림에서 두 점 A, B는 점 P에서 원 O에 그은 두 접선의 접점이다. ∠APB=52°일 때, ∠x의 크기를 구하시오.

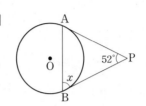

8-2 오른쪽 그림에서 두 점 A, B는 점 P에서 원 O에 그은 두 접선의 접점이다. ∠AOB=120°일 때, ∠APB의 크기를 구하시오.

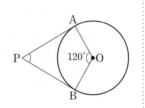

● **원의 접선의 성질(1)**
원 밖의 한 점 P에서 원 O에 그은 두 접선의 접점을 A, B라 하면

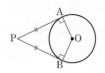

① $\overline{PA}=\overline{PB}$
② ∠PAO=∠PBO=90°
③ ∠APB+∠AOB=180°

핵심예제 9 오른쪽 그림에서 두 점 A, B는 점 P에서 원 O에 그은 두 접선의 접점이다. $\overline{PO}$=10 cm, $\overline{OA}$=5 cm일 때, $\overline{PB}$의 길이를 구하시오.

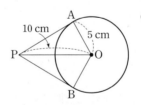

9-1 오른쪽 그림에서 두 점 A, B는 점 P에서 원 O에 그은 두 접선의 접점이다. $\overline{PO}$=17 cm, $\overline{PB}$=15 cm일 때, 다음을 구하시오.
(1) $\overline{PA}$의 길이
(2) $\overline{OA}$의 길이

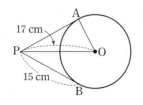

9-2 오른쪽 그림에서 두 점 A, B는 점 P에서 원 O에 그은 두 접선의 접점이다. $\overline{OB}$=3 cm, $\overline{PC}$=4 cm일 때, $\overline{AP}$의 길이를 구하시오.

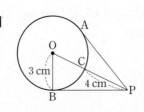

● **원의 접선의 성질(2)**

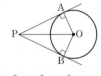

➡ $\overline{PO}^2=\overline{PA}^2+\overline{AO}^2$
$=\overline{PB}^2+\overline{BO}^2$

5 삼각형의 내접원

반지름의 길이가 r인 원 O가 △ABC의 내접원이고 세 점 D, E, F가 접점일 때

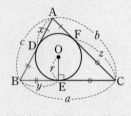

용어특

내접원(內 안, 接 잇다, 圓 동그라미): 다각형의 모든 변에 접하는 원

(1) $\overline{AD}=\overline{AF}$, $\overline{BD}=\overline{BE}$, $\overline{CE}=\overline{CF}$

(2) (△ABC의 둘레의 길이) $=a+b+c=2(x+y+z)$

(3) $\triangle ABC=\dfrac{1}{2}r\underline{(a+b+c)}$
    └ △ABC의 둘레의 길이

설명 $\triangle ABC=\triangle ABO+\triangle BCO+\triangle CAO$
$$=\dfrac{1}{2}cr+\dfrac{1}{2}ar+\dfrac{1}{2}br$$
$$=\dfrac{1}{2}r(a+b+c)$$

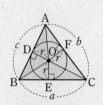

6 직각삼각형의 내접원

$\angle C=90°$인 직각삼각형 ABC의 내접원 O의 반지름의 길이가 r이고 세 점 D, E, F가 접점일 때

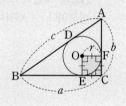

(1) □OECF는 한 변의 길이가 r인 정사각형이다.
    └ $\overline{OE}=\overline{OF}$인 직사각형이므로 □OECF는 정사각형이다.

(2) $\triangle ABC=\dfrac{1}{2}r(a+b+c)=\dfrac{1}{2}ab$

핵심예제 10 오른쪽 그림에서 원 O는 △ABC의 내접원이고 세 점 D, E, F는 접점일 때, $\overline{AB}$의 길이를 구하시오.

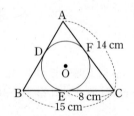

● 삼각형의 내접원

10-1 다음 그림에서 원 O는 △ABC의 내접원이고 세 점 D, E, F는 접점일 때, x의 값을 구하시오.

(1)

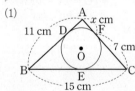

(2)

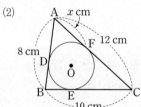

핵심예제 11 오른쪽 그림에서 원 O는 $\angle C=90°$인 직각삼각형 ABC의 내접원이고 세 점 D, E, F는 접점이다. $\overline{AB}=10$ cm, $\overline{BC}=6$ cm, $\overline{AC}=8$ cm일 때, 원 O의 반지름의 길이를 구하시오.

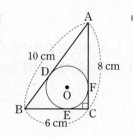

● 직각삼각형의 내접원

원 O의 반지름의 길이를 r cm로 놓고 $\overline{OE}$, $\overline{OF}$를 그으면 □OECF는 한 변의 길이가 r cm인 정사각형이다.

7 원에 외접하는 사각형의 성질

(1) 원에 외접하는 사각형의 두 쌍의 대변의 길이의 합은 같다.

➡ $\overline{AB}+\overline{CD}=\overline{AD}+\overline{BC}$

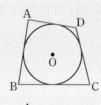

용어톡

대변(對 마주하다, 邊 가장자리): 다 각형에서 한 각이나 한 변과 마주 보 는 변

설명 원 O에 외접하는 □ABCD의 네 접점을 각각 P, Q, R, S라 하면

$$\begin{aligned}\overline{AB}+\overline{CD}&=(\overline{AP}+\overline{BP})+(\overline{DR}+\overline{CR})\\&=(\overline{AS}+\overline{BQ})+(\overline{DS}+\overline{CQ})\\&=(\overline{AS}+\overline{DS})+(\overline{BQ}+\overline{CQ})\\&=\overline{AD}+\overline{BC}\end{aligned}$$

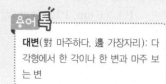

(2) 두 쌍의 대변의 길이의 합이 같은 사각형은 원에 외접한다.

주의 '대변의 길이의 합'을 이웃하는 변의 길이의 합으로 생각하지 않도록 주의한다.

핵심예제 **12** 오른쪽 그림과 같이 □ABCD가 원 O에 외접할 때, x의 값을 구하시오.

● 원에 외접하는 사각형의 성질(1)

사각형이 원에 외접할 때, 사각형의 두 쌍의 대변의 길이의 합은 같다.

12-1 오른쪽 그림과 같이 □ABCD가 원 O에 외접할 때, $\overline{AD}+\overline{BC}$의 길이를 구하시오.

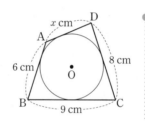

핵심예제 **13** 오른쪽 그림에서 ∠B=90°인 □ABCD가 원 O에 외접하고 네 점 E, F, G, H는 접점일 때, x의 값을 구하시오.

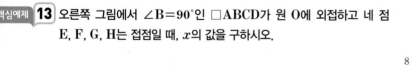

● 원에 외접하는 사각형의 성질(2)

원 O에 외접하는 □ABCD에서 ∠C=90°일 때, 색칠한 사각형은 한 변의 길이가 원의 반지름의 길이 와 같은 정사각형이다.

13-1 오른쪽 그림과 같이 반지름의 길이가 4 cm인 원 O에 외접하는 □ABCD에서 네 점 E, F, G, H는 접점이다. ∠C=90°이고 $\overline{AB}$=9 cm, $\overline{BC}$=11 cm일 때, $\overline{AH}$의 길이를 구하시오.

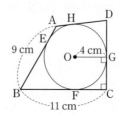

1 원의 접선과 반지름

오른쪽 그림에서 점 A는 점 P에서 원 O에 그은 접선의 접점이다. $\overline{PA}=6$ cm, $\overline{PB}=3$ cm일 때, 원 O의 반지름의 길이는?

① 4 cm   ② $\dfrac{9}{2}$ cm

③ 5 cm   ④ $\dfrac{11}{2}$ cm

⑤ 6 cm

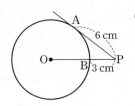

● 원 밖의 한 점 P에서 원 O에 그은 접선의 접점을 A라 하면

① ∠PAO=90°
② $\overline{PO}^2=\overline{PA}^2+\overline{AO}^2$

 2 원의 접선의 성질

오른쪽 그림에서 두 점 A, B는 점 P에서 원 O에 그은 두 접선의 접점이다. $\overline{PA}=5$ cm, ∠APB=60°일 때, $\overline{AB}$의 길이를 구하시오.

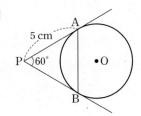

● 원 밖의 한 점에서 그 원에 그은 두 접선의 길이는 같음을 이용한다.

3 삼각형의 내접원

오른쪽 그림에서 원 O는 △ABC의 내접원이고 세 점 D, E, F는 접점이다. $\overline{AD}=3$ cm, $\overline{BE}=8$ cm, $\overline{CF}=9$ cm일 때, △ABC의 둘레의 길이는?

① 36 cm   ② 38 cm

③ 40 cm   ④ 42 cm

⑤ 44 cm

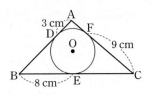

4 직각삼각형의 내접원

오른쪽 그림에서 원 O는 직각삼각형 ABC의 내접원이고 세 점 D, E, F는 접점이다. $\overline{BC}=15$ cm, $\overline{AC}=12$ cm일 때, 원 O의 반지름의 길이는?

① 2 cm   ② $\dfrac{5}{2}$ cm

③ 3 cm   ④ $\dfrac{7}{2}$ cm

⑤ 4 cm

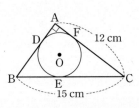

5 원에 외접하는 사각형의 성질 (1)

오른쪽 그림과 같이 □ABCD는 원 O에 외접하고 $\overline{AD}=6$ cm, $\overline{BC}=9$ cm일 때, □ABCD의 둘레의 길이를 구하시오.

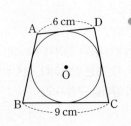

● 원에 외접하는 사각형의 두 쌍의 대변의 길이의 합은 같다.

중단원 마무리 테스트

정답과 풀이 ★ 23쪽

1. 📊 중요 🔔

오른쪽 그림의 원 O에서 $\overline{AB}\perp\overline{OM}$이고 $\overline{OA}=9$ cm, $\overline{AB}=12$ cm일 때, $\overline{OM}$의 길이는?

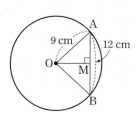

① $3\sqrt{2}$ cm ② $3\sqrt{3}$ cm

③ 6 cm ④ $3\sqrt{5}$ cm

⑤ $3\sqrt{6}$ cm

2. 📊

오른쪽 그림의 원 O에서 $\overline{AB}\perp\overline{CD}$이고 $\overline{AB}=14$ cm, $\overline{BM}=5$ cm일 때, $\overline{CD}$의 길이는?

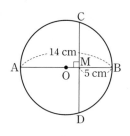

① $5\sqrt{3}$ cm ② $6\sqrt{3}$ cm

③ $6\sqrt{5}$ cm ④ $7\sqrt{3}$ cm

⑤ $7\sqrt{5}$ cm

3. 📊

오른쪽 그림의 원 O에서 $\overline{AB}\perp\overline{OC}$이고 $\overline{OA}=7$ cm, $\overline{OD}=3$ cm일 때, $\overline{BC}$의 길이는?

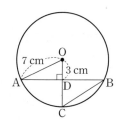

① $2\sqrt{6}$ cm ② $4\sqrt{2}$ cm

③ $2\sqrt{10}$ cm ④ $4\sqrt{3}$ cm

⑤ $2\sqrt{14}$ cm

4. 📊 신유형 ↩

아치형은 힘이 분산되어 튼튼하기 때문에 다리를 만들 때 많이 사용된다. 다음 그림의 다리에서 둥근 부분은 활꼴 모양이고 이 활꼴이 원 O의 일부라 할 때, 원 O의 반지름의 길이를 구하시오.

5. 📊

오른쪽 그림과 같이 원 O의 원주 위의 한 점이 원의 중심 O에 겹쳐지도록 $\overline{AB}$를 접는 선으로 하여 접었다. $\overline{OM}=6$ cm일 때, $\overline{AB}$의 길이는?

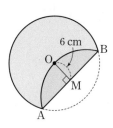

① 12 cm ② $12\sqrt{2}$ cm

③ $12\sqrt{3}$ cm ④ 24 cm

⑤ $12\sqrt{5}$ cm

6. 📊

오른쪽 그림과 같은 원 O에서 $\overline{AB}\perp\overline{OM}$, $\overline{CD}\perp\overline{ON}$이고 $\overline{AB}=\overline{CD}=10$ cm, $\overline{OC}=6$ cm일 때, $\overline{OM}$의 길이는?

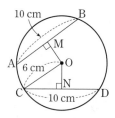

① $\sqrt{10}$ cm ② $\sqrt{11}$ cm

③ $2\sqrt{3}$ cm ④ $\sqrt{13}$ cm

⑤ $\sqrt{14}$ cm

7 📶

오른쪽 그림과 같이 원 O에 내접하는
△ABC에서 $\overline{AB}\perp\overline{OM}$, $\overline{AC}\perp\overline{ON}$이고
$\overline{OM}=\overline{ON}$이다. ∠ABC=50°일 때,
∠MON의 크기는?

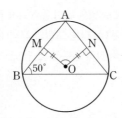

① 95°   ② 100°

③ 105°   ④ 110°

⑤ 115°

8 📶

오른쪽 그림에서 두 점 A, B는 점 P에
서 원 O에 그은 두 접선의 접점이다.
∠APB=62°일 때, ∠x의 크기를 구
하시오.

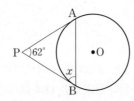

9 📶

오른쪽 그림에서 점 A는 점 P에서 원
O에 그은 접선의 접점이고
$\overline{OA}=5$ cm, $\overline{PB}=6$ cm일 때,
△OAP의 넓이는?

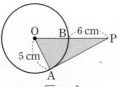

① $10\sqrt{6}$ cm²   ② $11\sqrt{6}$ cm²   ③ $12\sqrt{6}$ cm²

④ $13\sqrt{6}$ cm²   ⑤ $14\sqrt{6}$ cm²

10 📶 중요🔔

오른쪽 그림에서 $\overline{AD}$, $\overline{BC}$, $\overline{AF}$는 원 O
의 접선이고 세 점 D, E, F는 접점이다.
$\overline{AB}=7$ cm, $\overline{BC}=6$ cm, $\overline{AC}=5$ cm
일 때, $\overline{CF}$의 길이를 구하시오.

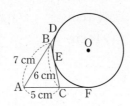

11 📶 신유형↻

어느 수영장에 오른쪽 그림과 같이 중심이 같
은 두 원으로 둘러싸인 유수풀이 있다. 큰 원
의 현 AB가 작은 원의 접선이고 $\overline{AB}=10$ m
일 때, 유수풀의 넓이를 구하시오.

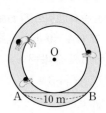

12 📶 중요🔔

오른쪽 그림에서 원 O는 △ABC의 내
접원이고 세 점 D, E, F는 접점이다.
$\overline{AB}=7$ cm, $\overline{BC}=8$ cm,
$\overline{CA}=6$ cm일 때, $\overline{AD}$의 길이는?

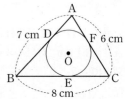

① 2 cm   ② $\dfrac{5}{2}$ cm

③ 3 cm   ④ $\dfrac{7}{2}$ cm

⑤ 4 cm

13 📶

오른쪽 그림에서 원 O는 △ABC의 내
접원이고 세 점 D, E, F는 접점이다.
$\overline{BE}=5$ cm, $\overline{CF}=6$ cm이고
△ABC의 둘레의 길이가 28 cm일
때, $\overline{AF}$의 길이를 구하시오.

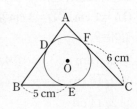

14

오른쪽 그림에서 원 O는 ∠B=90°인 직각삼각형 ABC의 내접원이고 세 점 D, E, F는 접점이다. $\overline{AF}$=4 cm, $\overline{CF}$=6 cm일 때, 원 O의 넓이는?

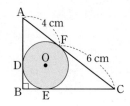

① π cm²   ② 2π cm²

③ 3π cm²   ④ 4π cm²

⑤ 5π cm²

15

오른쪽 그림과 같이 □ABCD가 원 O에 외접할 때, x의 값은?

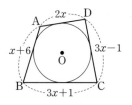

① 4   ② 5

③ 6   ④ 7

⑤ 8

16 중요🔔

오른쪽 그림과 같이 사다리꼴 ABCD가 반지름의 길이가 4 cm인 원 O에 외접한다. ∠C=∠D=90°, $\overline{AB}$=10 cm일 때, □ABCD의 넓이는?

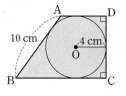

① 70 cm²   ② 72 cm²

③ 74 cm²   ④ 76 cm²

⑤ 78 cm²

기출 서술형

17

오른쪽 그림의 원 O에서 $\overline{AB}\perp\overline{OM}$, $\overline{CD}\perp\overline{ON}$이고 $\overline{OM}$=4 cm, $\overline{ON}$=3 cm, $\overline{CD}$=10 cm일 때, 다음 물음에 답하시오.

(단, 풀이 과정을 자세히 쓰시오.)

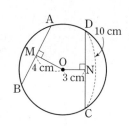

(1) 원 O의 반지름의 길이를 구하시오.

(2) $\overline{AM}$의 길이를 구하시오.

(3) 현 AB의 길이를 구하시오.

풀이 과정

(1)

(2)

(3)

답 | (1)   (2)   (3)

18

오른쪽 그림에서 $\overline{BC}$는 반원 O의 지름이고 $\overline{AB}$, $\overline{AD}$, $\overline{CD}$는 반원 O의 접선이다. $\overline{AB}$=4 cm, $\overline{CD}$=7 cm일 때, 다음 물음에 답하시오.

(단, 풀이 과정을 자세히 쓰시오.)

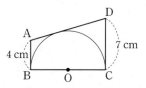

(1) $\overline{AD}$의 길이를 구하시오.

(2) $\overline{BC}$의 길이를 구하시오.

풀이 과정

(1)

(2)

답 | (1)   (2)

04
·
원주각

이 단원의 학습 계통

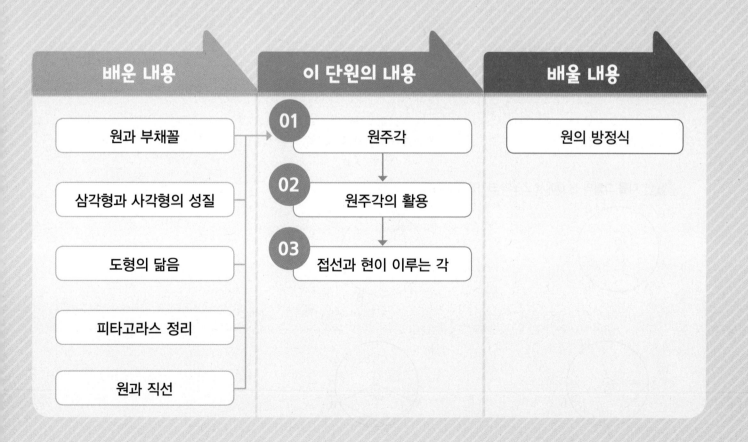

배운 내용	이 단원의 내용	배울 내용
원과 부채꼴	01 원주각	원의 방정식
삼각형과 사각형의 성질	02 원주각의 활용	
도형의 닮음	03 접선과 현이 이루는 각	
피타고라스 정리		
원과 직선		

01 원주각

1 원주각

원 O에서 호 AB 위에 있지 않은 원 위의 점 P에 대하여 ∠APB를 호 AB에 대한 **원주각**이라 한다.

[참고] 한 호에 대한 중심각은 하나이지만 원주각은 무수히 많다.

> **배운 내용 톡**
>
> **중심각**: 원 O에서 두 반지름 OA, OB가 이루는 각 ∠AOB를 호 AB에 대한 중심각이라 한다.

2 원주각과 중심각의 크기

원에서 한 호에 대한 원주각의 크기는 그 호에 대한 중심각의 크기의 $\frac{1}{2}$이다.

➡ $\underset{\text{원주각}}{\angle APB} = \frac{1}{2}\underset{\text{중심각}}{\angle AOB}$

[설명] $\overline{PO}$의 연장선과 원 O의 교점을 Q라 하면

∠OAP=∠OPA, ∠OBP=∠OPB이므로

∠AOB=∠AOQ+∠BOQ=2∠APQ+2∠BPQ

　　　=2(∠APQ+∠BPQ)=2∠APB

따라서 $\angle APB = \frac{1}{2}\angle AOB$

> **배운 내용 톡**
>
> 삼각형의 한 외각의 크기는 그와 이웃하지 않는 두 내각의 크기의 합과 같다.

핵심예제 1 다음 그림의 원 O에서 ∠x의 크기를 구하시오.

(1)
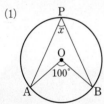

(2)
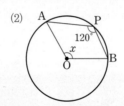

● **원주각과 중심각의 크기**

원에서 한 호에 대한

① (원주각의 크기)

　　$= \frac{1}{2} \times$(중심각의 크기)

② (중심각의 크기)

　　$= 2 \times$(원주각의 크기)

1-1 다음 그림의 원 O에서 ∠x의 크기를 구하시오.

(1)
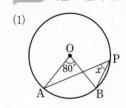

(2)
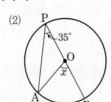

(3)
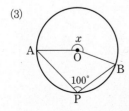

(4)
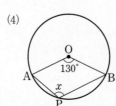

③ 원주각의 성질 (1)

원에서 한 호에 대한 원주각의 크기는 모두 같다.

➡ $\angle APB = \angle AQB = \angle ARB$

설명 원에서 한 호에 대한 원주각의 크기는 그 호에 대한 중심각의 크기의 $\frac{1}{2}$이므로 모두 같다.

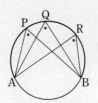

핵심예제 **2** 오른쪽 그림의 원 O에서 $\angle x$, $\angle y$의 크기를 각각 구하시오.

● 한 호에 대한 원주각의 성질

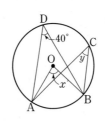

($\widehat{AB}$에 대한 원주각의 크기)
$= \angle APB = \angle AQB = \angle ARB$
$= \angle a$

2-1 다음 그림의 원에서 $\angle x$, $\angle y$의 크기를 각각 구하시오.

(1)
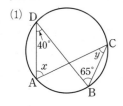

(2)

핵심예제 **3** 오른쪽 그림의 원에서 $\angle x$의 크기를 구하시오.

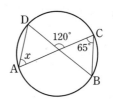

● 한 호에 대한 원주각의 성질의 응용

삼각형의 한 외각의 크기는 그와 이웃하지 않는 두 내각의 크기의 합과 같음을 이용한다.

3-1 다음 그림의 원에서 $\angle x$의 크기를 구하시오.

(1)
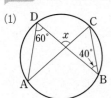

(2)
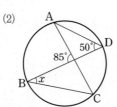

④ 원주각의 성질 (2)

반원에 대한 원주각의 크기는 $90°$이다.

➡ $\overline{AB}$가 원 O의 지름이면 $\angle APB=90°$

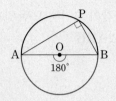

설명 반원에 대한 중심각의 크기가 $180°$이므로 반원에 대한 원주각의 크기는

$$\frac{1}{2}×180°=90°$$

핵심예제 4 오른쪽 그림에서 $\overline{AB}$는 원 O의 지름일 때, $\angle x$의 크기를 구하시오.

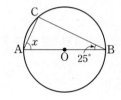

● 반원에 대한 원주각의 성질

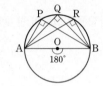

(반원에 대한 원주각의 크기)
$=\angle APB=\angle AQB=\angle ARB$
$=90°$

4-1 다음 그림에서 $\overline{AB}$는 원 O의 지름일 때, $\angle x$의 크기를 구하시오.

(1)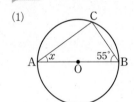

(2)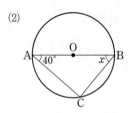

핵심예제 5 오른쪽 그림에서 $\overline{AB}$는 원 O의 지름일 때, $\angle x$, $\angle y$의 크기를 각각 구하시오.

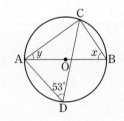

● 원주각의 성질

원에서
① 한 호에 대한 원주각의 크기는 모두 같다.
② 반원에 대한 원주각의 크기는 $90°$이다.

5-1 오른쪽 그림에서 $\overline{AB}$는 원 O의 지름일 때, $\angle x$, $\angle y$의 크기를 각각 구하시오.

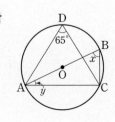

5 원주각의 크기와 호의 길이

한 원 또는 합동인 두 원에서

(1) 길이가 같은 호에 대한 원주각의 크기는 같다.

  ➡ $\overarc{AB}=\overarc{CD}$이면 $\angle APB=\angle CQD$

(2) 크기가 같은 원주각에 대한 호의 길이는 같다.

  ➡ $\angle APB=\angle CQD$이면 $\overarc{AB}=\overarc{CD}$

(3) 호의 길이는 그 호에 대한 원주각의 크기에 정비례한다.

  설명 (1) $\overarc{AB}=\overarc{CD}$이면 $\angle AOB=\angle COD$이므로

    $\angle APB=\angle CQD$

  (2) $\angle APB=\angle CQD$이면 $\angle AOB=\angle COD$이므로

    $\overarc{AB}=\overarc{CD}$

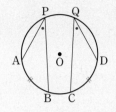

플러스 톡
한 원에서 모든 호에 대한 원주각의 크기의 합은 180°이다.

배운 내용 톡
한 원에서 중심각의 크기가 같은 두 부채꼴의 호의 길이는 같다.

 핵심예제 **6** 다음 그림의 원에서 x의 값을 구하시오.

(1)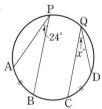

(2)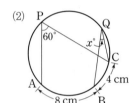

● 원주각의 크기와 호의 길이
한 원 또는 합동인 두 원에서
① 두 호의 길이가 같으면
  ➡ 두 원주각의 크기도 같다.
② 두 원주각의 크기가 같으면
  ➡ 두 호의 길이도 같다.
③ 호의 길이가 2배, 3배, 4배, …가 되면
  ➡ 원주각의 크기도 2배, 3배, 4배, …가 된다.

 6-1 다음 그림의 원에서 x의 값을 구하시오.

(1)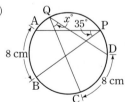

(2)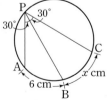

(3)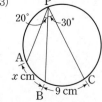

(4)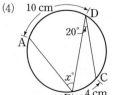

원주각과 중심각의 크기

1 오른쪽 그림의 원 O에서 $\widehat{APB}$에 대한 중심각의 크기가 210°일 때, $\angle x$의 크기를 구하시오.

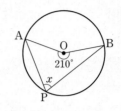

● 원에서 한 호에 대한
(원주각의 크기)
$= \dfrac{1}{2} \times$ (중심각의 크기)

원주각과 중심각의 크기

2 오른쪽 그림의 원 O에서 $\angle ACE = 30°$, $\angle EDB = 25°$일 때, 다음을 구하시오.

(1) $\angle AOE$의 크기

(2) $\angle EOB$의 크기

(3) $\angle AOB$의 크기

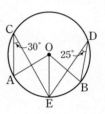

한 호에 대한 원주각의 성질

3 오른쪽 그림의 원에서 $\angle DBC = 20°$, $\angle DEC = 58°$일 때, $\angle x$, $\angle y$의 크기를 각각 구하시오.

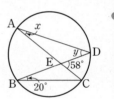

● 삼각형의 한 외각의 크기는 그와 이웃하지 않는 두 내각의 크기의 합과 같다.

반원에 대한 원주각의 성질

기출 **4** 오른쪽 그림에서 $\overline{AC}$는 원 O의 지름이고 $\angle ACD = 35°$일 때, $\angle DBC$의 크기를 구하시오.

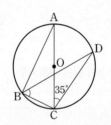

● (반원에 대한 원주각의 크기)
$= 90°$

원주각의 크기와 호의 길이

5 오른쪽 그림의 원 O에서 $\angle APC = 60°$, $\angle BQC = 40°$이고 $\widehat{AB} = 4$ cm일 때, x의 값을 구하시오.

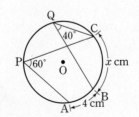

● 호의 길이는 그 호에 대한 원주각의 크기에 정비례하므로 호의 길이와 원주각의 크기에 대한 비례식을 세울 수 있다.

02 원주각의 활용

6 네 점이 한 원 위에 있을 조건

두 점 C, D가 직선 AB에 대하여 같은 쪽에 있을 때,
∠ACB=∠ADB이면 네 점 A, B, C, D는 한 원 위에 있다.

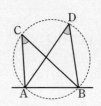

배운내용 톡
일직선 위에 있지 않은 세 점 A, B, C를 지나는 원은 항상 그릴 수 있다.

참고 네 점 A, B, C, D가 한 원 위에 있으면
① ∠ACB=∠ADB ― $\overarc{AB}$에 대한 원주각
② □ABDC는 원에 내접하는 사각형이다.

주의 두 점 C, D가 직선 AB에 대하여 다른 쪽에 있으면 ∠ACB=∠ADB이어도 네 점 A, B, C, D가 한 원 위에 있다고 할 수 없다.

핵심예제 **7** 다음 중 네 점 A, B, C, D가 한 원 위에 있는 것은 ○표, 한 원 위에 있지 않은 것은 ×표를 ( ) 안에 써넣으시오.

(1) 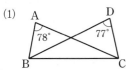 ( )

(2) 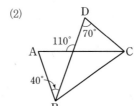 ( )

● 네 점이 한 원 위에 있는지 판별하기
① 두 점 A, B를 지나는 직선을 찾는다.
② 그 직선에 대하여 같은 쪽에서 ∠ACB=∠ADB인지 확인한다.

7-1 다음 중 네 점 A, B, C, D가 한 원 위에 있는 것은 ○표, 한 원 위에 있지 않은 것은 ×표를 ( ) 안에 써넣으시오.

(1) 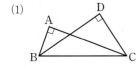 ( )

(2) 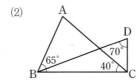 ( )

핵심예제 **8** 오른쪽 그림에서 네 점 A, B, C, D는 한 원 위에 있을 때, ∠x의 크기를 구하시오.

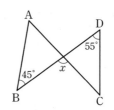

● 네 점이 한 원 위에 있을 조건
기준이 되는 직선에 대하여 같은 쪽에 있는 두 각의 크기가 같다.

8-1 다음 그림에서 네 점 A, B, C, D는 한 원 위에 있을 때, ∠x의 크기를 구하시오.

(1)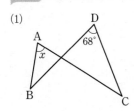

(2)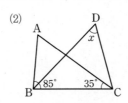

원주각의 활용

7 원에 내접하는 사각형의 성질

원에 내접하는 사각형에서

(1) 한 쌍의 대각의 크기의 합은 180°이다.

└ 마주 보고 있는 각

➡ ∠A + ∠C = 180°, ∠B + ∠D = 180°

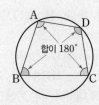

> **설명** ∠BAD = $\frac{1}{2}$∠x, ∠BCD = $\frac{1}{2}$∠y이고 ∠x + ∠y = 360°이므로
>
> $$∠BAD + ∠BCD = \frac{1}{2}∠x + \frac{1}{2}∠y = \frac{1}{2}(∠x + ∠y)$$
>
> $$= \frac{1}{2} × 360° = 180°$$

(2) 한 외각의 크기는 그와 이웃한 내각의 대각의 크기와 같다.

➡ ∠DCE = ∠A

> **설명** ∠A + ∠BCD = 180°에서
>
> ∠A = 180° − ∠BCD = ∠DCE

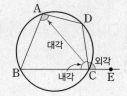

핵심예제 9 다음 그림에서 □ABCD는 원 O에 내접할 때, ∠x, ∠y의 크기를 각각 구하시오.

(1)

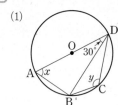

(2)

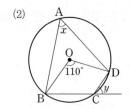

● 원에 내접하는 사각형의 성질

①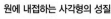

∠A + ∠C = ∠B + ∠D

= 180°

②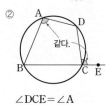

∠DCE = ∠A

9-1 다음 그림에서 □ABCD는 원에 내접할 때, ∠x, ∠y의 크기를 각각 구하시오.

(1)

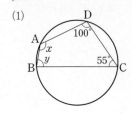

(2)

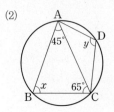

(3)

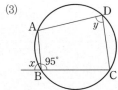

(4)

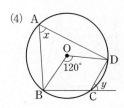

56 ★ 수학 마스터 개념 α(알파) **개념북**

8 사각형이 원에 내접하기 위한 조건

(1) 한 쌍의 대각의 크기의 합이 180°인 사각형은 원에 내접한다.
➡ ∠A+∠C=180°, ∠B+∠D=180°이면 □ABCD는 원에 내접한다.

참고 직사각형, 정사각형, 등변사다리꼴은 항상 원에 내접한다.

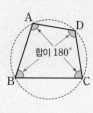

(2) 한 외각의 크기가 그와 이웃한 내각의 대각의 크기와 같은 사각형은 원에 내접한다.
➡ ∠DCE=∠A이면 □ABCD는 원에 내접한다.

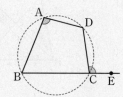

(3) 사각형의 한 변에 대하여 같은 쪽에 있는 두 각의 크기가 같은 사각형은 원에 내접한다.
➡ ∠BAC=∠BDC이면 □ABCD는 원에 내접한다.

심예제 **10** 다음 보기 에서 □ABCD가 원에 내접하는 것을 고르시오.

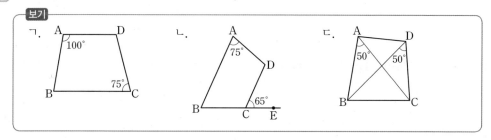

● 원에 내접하는 사각형 판별하기
① (한 쌍의 대각의 크기의 합)=180°인지 확인한다.
② (한 외각의 크기)=(그 내각의 대각의 크기)인지 확인한다.
③ 한 변에 대하여 같은 쪽에 있는 두 각의 크기가 같은지 확인한다.

심예제 **11** 오른쪽 그림에서 □ABCD가 원에 내접하도록 하는 ∠x의 크기를 구하시오.

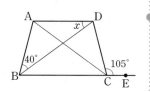

● 사각형이 원에 내접하기 위한 조건

∠A+∠C=180°, ∠B+∠D=180°

11-1 다음 그림에서 □ABCD가 원에 내접하도록 하는 ∠x의 크기를 구하시오.

(1) 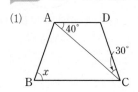 (2)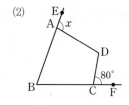

∠DCE=∠A

소**단원**
핵심문제

네 점이 한 원 위에 있는지 판별하기

1 다음 중에서 네 점 A, B, C, D가 한 원 위에 있는 것을 모두 고르면? (정답 2개)

①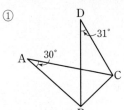

②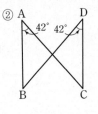

③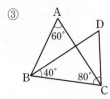

∠ACB＝∠ADB이면 네 점 A, B, C, D는 한 원 위에 있다.

④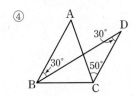

⑤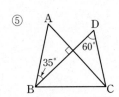

원에 내접하는 사각형의 성질

2 오른쪽 그림에서 □ABCD는 원 O에 내접할 때, ∠x의 크기를 구하시오.

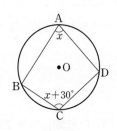

원에 내접하는 사각형의 성질

3 오른쪽 그림에서 □ABCD는 원 O에 내접하고 $\overline{BD}$는 원 O의 지름이다. ∠ADB＝50°, ∠DBC＝45°일 때, ∠ABE의 크기를 구하시오.

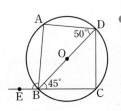

원에 내접하는 사각형에서 한 외각의 크기는 그와 이웃한 내각의 대각의 크기와 같다.

4 오른쪽 그림에서 오각형 ABCDE는 원 O에 내접하고 ∠COD＝70°, ∠AED＝110°일 때, ∠x의 크기는?

① 85°　　　② 90°
③ 95°　　　④ 100°
⑤ 105°

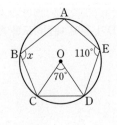

원에 내접하는 다각형
① 보조선을 그어 원에 내접하는 사각형을 만든다.
② 원에 내접하는 사각형에서 한 쌍의 대각의 크기의 합이 180°임을 이용한다.

사각형이 원에 내접하기 위한 조건

5 다음 중에서 항상 원에 내접하는 사각형이라 할 수 <u>없는</u> 것을 모두 고르면? (정답 2개)

① 정사각형　　　② 마름모　　　③ 직사각형
④ 평행사변형　　　⑤ 등변사다리꼴

한 쌍의 대각의 크기의 합이 180°인 사각형은 원에 내접한다.

03 접선과 현이 이루는 각

정답과 풀이 ★ 28쪽

9 접선과 현이 이루는 각

원의 접선과 그 접점을 지나는 현이 이루는 각의 크기는 그 각의
내부에 있는 호에 대한 원주각의 크기와 같다.

➡ ∠BAT＝∠BCA

참고 원 O에서 ∠BAT＝∠BCA이면 직선 AT는 원 O의 접선이다.

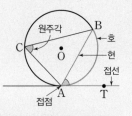

 용어톡

접선(接 잇다, 線 줄): 원과 한 점에
서 만나는 직선

설명

① ∠BAT가 직각인 경우	② ∠BAT가 예각인 경우	③ ∠BAT가 둔각인 경우
$\overline{AB}$가 원 O의 지름이므로 $\angle BCA=90°$ 따라서 $\angle BAT=\angle BCA$	$\angle BAT=90°-\angle DAB$ $=90°-\angle DCB$ $=\angle BCA$	$\angle BAT=90°+\angle BAD$ $=90°+\angle BCD$ $=\angle BCA$
	$\underset{\overline{BD}에 대한 원주각}{}$	$\underset{\overline{BD}에 대한 원주각}{}$

핵심예제 **12** 오른쪽 그림에서 $\overleftrightarrow{AT}$는 원의 접선이고 점 A는 접점일 때, $\angle x$의 크기를 구하
시오.

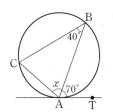

● 접선과 현이 이루는 각

$\angle BAT=\angle BCA$

12-1 다음 그림에서 $\overleftrightarrow{AT}$는 원의 접선이고 점 A는 접점일 때, $\angle x$의 크기를 구하시오.

(1)
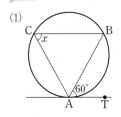

(2)
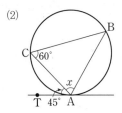

12-2 오른쪽 그림에서 $\overleftrightarrow{AT}$는 원 O의 접선이고 점 A는 접점일 때, $\angle x$의 크
기를 구하시오.

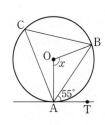

접선과 현이 이루는 각

핵심예제 13 오른쪽 그림에서 $\overleftrightarrow{AT}$는 원의 접선이고 점 A는 접점일 때, 다음을 구하시오.

(1) ∠DAB의 크기

(2) ∠BDA의 크기

(3) ∠x의 크기

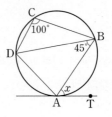

● 접선과 현이 이루는 각의 응용 (1)
 – 원에 내접하는 사각형

① ∠C+∠DAB=180°
② ∠BAT=∠BDA

13-1 다음 그림에서 $\overleftrightarrow{AT}$는 원의 접선이고 점 A는 접점일 때, ∠x의 크기를 구하시오.

(1)
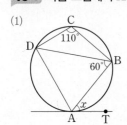

(2)
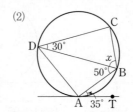

핵심예제 14 오른쪽 그림에서 $\overleftrightarrow{AT}$는 원 O의 접선이고 점 A는 접점이다. $\overline{BC}$는 원 O의 지름일 때, ∠x의 크기를 구하시오.

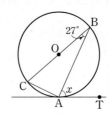

● 접선과 현이 이루는 각의 응용 (2)
 – 원의 중심을 지나는 현

반원에 대한 원주각의 크기는 90°임을 이용한다.

14-1 다음 그림에서 $\overleftrightarrow{AT}$는 원 O의 접선이고 점 A는 접점이다. $\overline{BC}$는 원 O의 지름일 때, ∠x의 크기를 구하시오.

(1)
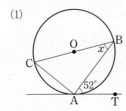

(2)
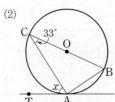

14-2 오른쪽 그림에서 $\overrightarrow{PA}$는 원 O의 접선이고 점 A는 접점이다. $\overline{PB}$는 원 O의 중심을 지날 때, 다음을 구하시오.

(1) ∠CAB의 크기

(2) ∠CBA의 크기

(3) ∠x의 크기

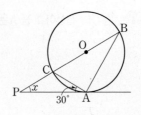

10 두 원에서 접선과 현이 이루는 각

$\overleftrightarrow{PQ}$는 두 원 O, O′의 공통인 접선이고 점 T는 접점일 때

(1) ∠BAT=∠BTQ=∠DTP=∠DCT

　　 맞꼭지각 · 엇각

➡ $\overline{AB}\,/\!/\,\overline{CD}$

(2) ∠BAT=∠BTQ=∠CDT

　　 동위각

➡ $\overline{AB}\,/\!/\,\overline{CD}$

핵심예제 15 오른쪽 그림에서 $\overleftrightarrow{PQ}$는 두 원의 공통인 접선이고 점 T는 접점일 때, 다음을 구하시오.

(1) ∠ATP의 크기

(2) ∠CTQ의 크기

(3) ∠CDT의 크기

(4) $\overline{AB}$와 평행한 선분

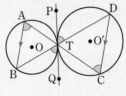

● 두 원에서 접선과 현이 이루는 각 (1)

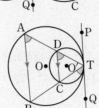

15-1 오른쪽 그림에서 $\overleftrightarrow{PQ}$는 두 원의 공통인 접선이고 점 T는 접점일 때, ∠x, ∠y의 크기를 각각 구하시오.

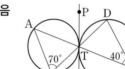

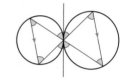

핵심예제 16 오른쪽 그림에서 $\overleftrightarrow{PQ}$는 두 원의 공통인 접선이고 점 T는 접점일 때, 다음을 구하시오.

(1) ∠BTQ의 크기

(2) ∠CDT의 크기

(3) $\overline{AB}$와 평행한 선분

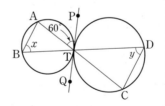

● 두 원에서 접선과 현이 이루는 각 (2)

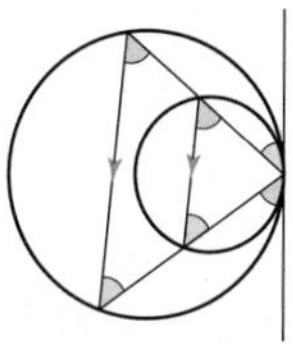

16-1 오른쪽 그림에서 $\overleftrightarrow{PQ}$는 두 원의 공통인 접선이고 점 T는 접점일 때, ∠x, ∠y의 크기를 각각 구하시오.

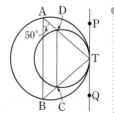

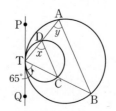

접선과 현이 이루는 각

1 오른쪽 그림에서 $\overrightarrow{AT}$는 원 O의 접선이고 점 A는 접점이다. $\overline{AC}=\overline{BC}$이고 $\angle BAT=50°$일 때, $\angle x$의 크기를 구하시오.

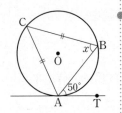

● 원의 접선과 그 접점을 지나는 현이 이루는 각의 크기는 그 각의 내부에 있는 호에 대한 원주각의 크기와 같다.

접선과 현이 이루는 각의 응용 (1) – 원에 내접하는 사각형

2 오른쪽 그림에서 □ABCD는 원에 내접하고 $\overleftrightarrow{PQ}$는 원의 접선이다. $\angle DAP=60°$, $\angle BAQ=35°$일 때, $\angle x+\angle y$의 크기는?

① 100°   ② 110°

③ 120°   ④ 130°

⑤ 140°

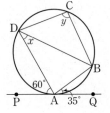

접선과 현이 이루는 각의 응용 (2) – 원의 중심을 지나는 현

기출 3 오른쪽 그림에서 $\overrightarrow{PT}$는 원 O의 접선이고 점 A는 접점이다. $\overline{PB}$는 원 O의 중심을 지나고 $\angle BAT=68°$일 때, 다음을 구하시오.

⑴ $\angle BCA$의 크기

⑵ $\angle CBA$의 크기

⑶ $\angle x$의 크기

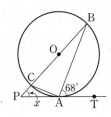

● (반원에 대한 원주각의 크기) $=90°$

두 원에서 접선과 현이 이루는 각

4 오른쪽 그림에서 $\overleftrightarrow{PQ}$는 두 원의 공통인 접선이고 점 T는 접점이다. $\angle TDC=80°$, $\angle TCD=45°$일 때, $\angle x$의 크기를 구하시오.

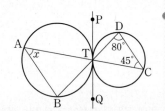

● $\angle x$와 크기가 같은 각을 찾는다.

두 원에서 접선과 현이 이루는 각

5 오른쪽 그림에서 $\overleftrightarrow{PQ}$는 두 원의 공통인 접선이고 점 T는 접점이다. $\angle BAT=75°$, $\angle ATP=40°$일 때, $\angle x+\angle y$의 크기를 구하시오.

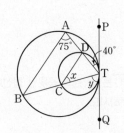

중단원 마무리 테스트

정답과 풀이 ★ 29쪽

1.ₐₗₗ 신유형

오른쪽 그림과 같이 원 모양의 시계가 4시를 나타내고 있을 때, ∠APB의 크기는?

① 40° ② 50°

③ 60° ④ 70°

⑤ 80°

2.ₐₗₗ

오른쪽 그림에서 두 점 A, B는 점 P에서 원 O에 그은 두 접선의 접점이다. ∠APB=70°일 때, ∠x의 크기를 구하시오.

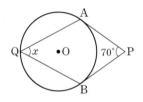

3.ₐₗₗ

오른쪽 그림의 원 O에서 ∠APB=25°, ∠BOC=60°일 때, ∠x의 크기는?

① 55° ② 60°

③ 65° ④ 70°

⑤ 75°

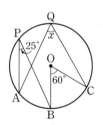

4.ₐₗₗ 중요

오른쪽 그림에서 $\overline{AB}$는 원 O의 지름이고 ∠CBA=25°일 때, ∠x의 크기는?

① 45° ② 50°

③ 55° ④ 60°

⑤ 65°

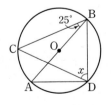

5.ₐₗₗ

오른쪽 그림에서 $\overline{AB}$, $\overline{CD}$가 모두 원 O의 지름이고 ∠APC=20°일 때, ∠x의 크기는?

① 20° ② 22°

③ 24° ④ 26°

⑤ 28°

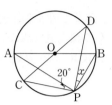

6.ₐₗₗ

오른쪽 그림에서 $\overset{\frown}{AC}=\overset{\frown}{BD}$이고 ∠ABC=36°일 때, ∠APD의 크기는?

① 84° ② 90°

③ 96° ④ 102°

⑤ 108°

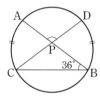

7.ₐₗₗ 중요

오른쪽 그림의 원 O에서 $\overset{\frown}{AB}=4$ cm, $\overset{\frown}{BC}=8$ cm이고 ∠BOC=120°일 때, ∠x의 크기는?

① 85° ② 90°

③ 95° ④ 100°

⑤ 105°

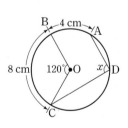

8 .ıll

오른쪽 그림에서 네 점 A, B, C, D가 한
원 위에 있고 ∠ABD=45°,
∠BDC=70°일 때, ∠x의 크기는?

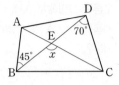

① 95°　　　　② 100°

③ 105°　　　　④ 110°

⑤ 115°

9 .ıll 신유형

오른쪽 그림과 같이 원에 내접하는 사각형 모
양으로 디자인한 귀걸이에서 ∠x의 크기를
구하시오.

10 .ıll

오른쪽 그림에서 □ABCD는 원에
내접하고 점 P는 $\overline{AB}$, $\overline{CD}$의 연장선
의 교점이다. ∠DPA=35°,
∠DAB=95°일 때, ∠CBE의 크
기를 구하시오.

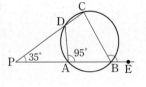

11 .ıll 중요

오른쪽 그림에서 오각형 ABCDE는 원 O에
내접하고 ∠BOC=70°, ∠EDC=100°일
때, ∠x의 크기는?

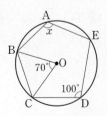

① 100°　　　　② 105°

③ 110°　　　　④ 115°

⑤ 120°

12 .ıll

오른쪽 그림에서 두 원이 두 점 P, Q에
서 만나고 ∠ABQ=105°일 때,
∠x+∠y의 크기는?

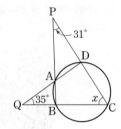

① 120°　　　　② 130°

③ 140°　　　　④ 150°

⑤ 160°

13 .ıll

오른쪽 그림에서 □ABCD는 원에 내접하
고 ∠APD=31°, ∠AQB=35°일 때,
∠x의 크기를 구하시오.

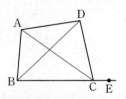

14 .ıll

다음 보기 에서 오른쪽 그림의 □ABCD
가 원에 내접하도록 하는 조건인 것을 모
두 고르시오.

보기

ㄱ. ∠ABC=∠ADC

ㄴ. ∠BAD=∠DCE

ㄷ. ∠CBD=∠CAD

ㄹ. ∠BAD+∠BCD=180°

ㅁ. ∠BAD+∠DCE=180°

15 ▪️

오른쪽 그림의 원 O는 △ABC의 외접원이고 $\widehat{AB} : \widehat{BC} : \widehat{CA} = 4 : 3 : 5$이다. $\overleftrightarrow{AT}$는 원 O의 접선이고 점 A는 접점일 때, ∠BAT의 크기를 구하시오.

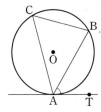

16 ▪️

오른쪽 그림에서 □ABCD는 원에 내접하고 $\overleftrightarrow{PQ}$는 원의 접선이다. ∠ADB=35°, ∠DAP=40°일 때, ∠x의 크기는?

① 70° ② 75°
③ 80° ④ 85°
⑤ 90°

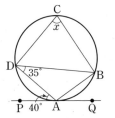

17 ▪️ 중요🔔

오른쪽 그림에서 원 O는 △ABC의 내접원인 동시에 △DEF의 외접원이다. ∠A=70°, ∠DFE=55°일 때, ∠x의 크기를 구하시오.

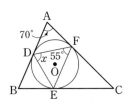

18 ▪️

오른쪽 그림에서 $\overleftrightarrow{PQ}$는 두 원의 공통인 접선이고 점 T는 접점이다.
∠ABT=60°, ∠DTC=55°일 때, ∠x의 크기를 구하시오.

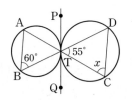

19 ▪️

오른쪽 그림과 같이 반지름의 길이가 6 cm인 원 O에서 ∠APB=75°일 때, 다음을 구하시오.

(단, 풀이 과정을 자세히 쓰시오.)

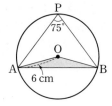

⑴ ∠AOB의 크기
⑵ △OAB의 넓이

풀이 과정

⑴

⑵

답 | ⑴   ⑵

20 ▪️

오른쪽 그림에서 $\overrightarrow{PT}$는 원 O의 접선이고 점 A는 접점이다. $\overline{PB}$는 원 O의 중심을 지나고 ∠BAT=58°일 때, 다음을 구하시오.

(단, 풀이 과정을 자세히 쓰시오.)

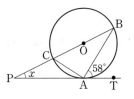

⑴ ∠BCA의 크기
⑵ ∠CBA의 크기
⑶ ∠x의 크기

풀이 과정

⑴

⑵

⑶

답 | ⑴   ⑵   ⑶

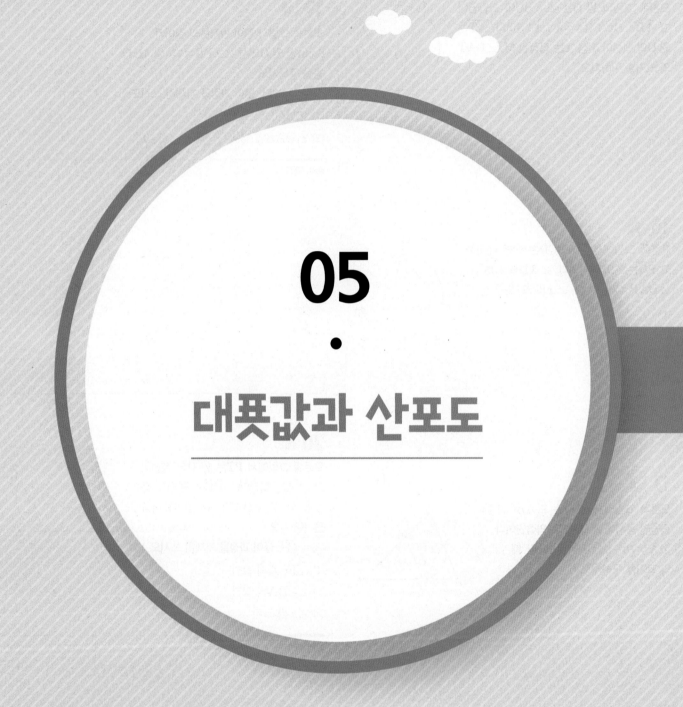

05
·
대폿값과 산포도

이 단원의 학습 계통

배운 내용	이 단원의 내용	배울 내용
자료의 정리와 해석	**01** 대푯값 **02** 산포도	확률분포 통계적 추정

01 대푯값

1 대푯값

자료 전체의 중심 경향이나 특징을 대표적으로 나타내는 값을 그 자료의 **대푯값**이라 한다.

참고 대푯값에는 평균, 중앙값, 최빈값 등이 있다.

변량: 자료를 수량으로 나타낸 값

2 평균

변량의 총합을 변량의 개수로 나눈 값

➡ $(평균) = \dfrac{(변량의\ 총합)}{(변량의\ 개수)}$

예 11, 12, 13, 14, 15의 평균

➡ $\dfrac{11+12+13+14+15}{5} = \dfrac{65}{5} = 13$

참고 일반적으로 평균이 대푯값으로 가장 많이 사용되지만 자료의 값 중에서 극단적인 값, 즉 매우 크거나 매우 작은 값이 있는 경우에는 평균이 대푯값으로 적절하지 않다.

핵심예제 **1** 오른쪽 줄기와 잎 그림은 학생 8명이 통학하는 데 걸리는 시간을 조사하여 나타낸 것이다. 이 자료의 평균을 구하시오.

(0|9는 9분)

줄기			잎		
0	9				
1	1	1	2	5	8
2	0	4			

● 평균

$(평균) = \dfrac{(변량의\ 총합)}{(변량의\ 개수)}$

1-1 다음은 현수네 어항에서 키우는 물고기 6마리의 몸의 길이를 조사하여 나타낸 자료이다. 이 자료의 평균을 구하시오.

(단위: cm)

3	8	7	4	6	2

핵심예제 **2** 다음은 준우네 모둠 학생 6명의 일주일 동안의 컴퓨터 사용 시간을 조사하여 나타낸 자료이다. 컴퓨터 사용 시간의 평균이 6시간일 때, x의 값을 구하시오.

(단위: 시간)

4	6	8	x	5	7

● 평균이 주어질 때, 변량 구하기

$(평균) = \dfrac{(변량의\ 총합)}{(변량의\ 개수)}$ 임을 이용하여 식을 세운다.

2-1 민정이의 5회에 걸친 수학 시험 성적이 각각 82점, 86점, 93점, x점, 90점이고 평균이 88점일 때, x의 값을 구하시오.

3 중앙값

(1) **중앙값**: 자료를 작은 값부터 크기순으로 나열할 때, 한가운데 있는 값

(2) 중앙값은 자료를 작은 값부터 크기순으로 나열할 때

① 자료의 개수가 홀수이면 ➡ 한가운데 있는 값

② 자료의 개수가 짝수이면 ➡ 한가운데 있는 두 값의 평균

예 ① 4, 3, 7, 6, 1 ─── 크기순으로 나열 ───> 1, 3, 4, 6, 7 ➡ (중앙값)=4

② 5, 9, 2, 8, 9, 6 ─── 크기순으로 나열 ───> 2, 5, 6, 8, 9, 9 ➡ (중앙값)=$\dfrac{6+8}{2}$=7

4 최빈값

(1) **최빈값**: 자료의 값 중에서 가장 많이 나타나는 값

(2) 자료의 값의 개수가 가장 큰 값이 한 개 이상 있으면 그 값이 모두 최빈값이다.

예 ① 3, 4, 6, 6, 5, 4, 6, 7 ➡ 6이 가장 많으므로 ➡ (최빈값)=6

② 1, 4, 3, 3, 9, 6, 1, 8, 7 ➡ 1과 3이 가장 많으므로 ➡ (최빈값)=1, 3

참고 ① 일반적으로 자료에 매우 크거나 매우 작은 값이 있는 경우에는 중앙값이, 수로 나타낼 수 없는 자료나 변량의 개수가 많고 변량에 같은 값이 많은 자료는 최빈값이 대푯값으로 유용하다.

② 최빈값은 자료에 따라 2개 이상일 수도 있다.

> **용어 특**
>
> **중앙**(中 가운데, 央 가운데)**값**: 자료를 크기순으로 나열할 때, 한가운데 있는 값
>
> **최빈**(最 가장, 頻 자주)**값**: 가장 자주 나타나는 자료의 값

> **플러스 특**
>
> 중앙값은 자료를 작은 값부터 크기순으로 나열하였을 때, 자료의 개수 n이
>
> ┌ 홀수 ➡ $\dfrac{n+1}{2}$번째 자료의 값
> └ 짝수 ➡ $\dfrac{n}{2}$번째와 $\left(\dfrac{n}{2}+1\right)$번째 자료의 값의 평균

핵심예제 3 다음은 학생 6명이 제기차기를 한 횟수를 조사하여 나타낸 자료이다. 이 자료의 중앙값을 구하시오.

(단위: 회)

| 1 | 8 | 6 | 3 | 13 | 21 |

> ● **중앙값**
> ❶ 자료를 작은 값부터 크기순으로 나열한다.
> ❷ 자료의 개수가
> ┌ 홀수 ➡ 한가운데 있는 값
> └ 짝수 ➡ 한가운데 있는 두 값의 평균

3-1 다음 자료의 중앙값을 구하시오.

(1) 137, 168, 196, 146, 98, 116, 120

(2) 35, 42, 40, 36, 55, 28, 54, 48

핵심예제 4 다음은 상우네 반 학생 8명의 신발 크기를 조사하여 나타낸 자료이다. 이 자료의 최빈값을 구하시오.

(단위: mm)

| 260 | 270 | 265 | 255 | 265 | 260 | 275 | 265 |

> ● **최빈값**
> 변량 중에서 가장 많이 나타나는 값을 찾는다.

4-1 다음 자료의 최빈값을 구하시오.

(1) 8, 6, 7, 4, 5, 3, 5, 8, 5

(2) 21, 26, 40, 36, 21, 29, 40, 48

(3) 귤, 바나나, 수박, 딸기, 배, 사과, 복숭아, 수박

평균이 주어질 때 변량 구하기

1 다음 표는 예나의 기말고사 성적을 조사하여 나타낸 것이다. 5과목의 성적의 평균이 90점일 때, 수학 성적을 구하시오.

과목	국어	영어	수학	사회	과학
성적(점)	90	84		92	96

> $(평균) = \dfrac{(변량의 총합)}{(변량의 개수)}$

대푯값 구하기

2 다음은 학생 9명의 줄넘기 2단 뛰기 횟수를 조사하여 나타낸 자료이다. 물음에 답하시오.

(단위: 회)

> 7   2   2   8   10   77   4   10   6

(1) 평균을 구하시오.

(2) 중앙값을 구하시오.

(3) 평균과 중앙값 중에서 대푯값으로 더 적절한 것을 말하시오.

> 자료에 극단적인 값이 있을 때는 평균보다 중앙값이 대푯값으로 더 적절하다.

최빈값

3 다음 표는 현지네 반 학생 30명의 혈액형을 조사하여 나타낸 것이다. 이 자료의 최빈값을 구하시오.

혈액형	A형	B형	O형	AB형	합계
학생 수	7	8	12	3	30

중앙값과 최빈값

4 오른쪽 줄기와 잎 그림은 어느 반 학생 12명이 1년 동안 읽은 책의 수를 조사하여 나타낸 것이다. 다음 물음에 답하시오.

(1) 중앙값을 구하시오.

(2) 최빈값을 구하시오.

(0│3은 3권)

줄기	잎
0	3 4
1	0 3 3 5 9
2	1 2 6 7
3	4

최빈값이 주어질 때 변량 구하기

기출 **5** 다음 자료의 최빈값이 5일 때, 물음에 답하시오.

> 3   9   7   8   5 a

(1) a의 값을 구하시오.

(2) 이 자료의 중앙값을 구하시오.

> 최빈값이 주어질 때는 미지수인 변량이 최빈값이 되는 경우를 확인한다.

02 산포도

정답과 풀이 ★ 31쪽

5 산포도

(1) **산포도**: 자료의 변량이 흩어져 있는 정도를 하나의 수로 나타낸 값

(2) 자료의 변량이 대푯값을 중심으로 모여 있을수록 산포도는 작아지고, 대푯값으로부터 멀리 흩어져 있을수록 산포도는 커진다.

> **용어톡**
> **산포도**(散 흩어지다, 布 펴다, 度 정도):
> 자료의 변량들이 자료의 중심으로부터 흩어져 퍼진 정도
> **편차**(偏 치우치다, 差 나머지): 자료의 변량에서 평균을 뺀 나머지

6 편차

(1) **편차**: 각 변량에서 평균을 뺀 값

➡ (편차)＝(변량)－(평균) — 편차를 구하려면 평균을 먼저 알아야 한다.

[예] 자료 2, 5, 4, 9에서 (평균)＝$\dfrac{2+5+4+9}{4}=\dfrac{20}{4}=5$이므로 각 변량의 편차는 순서대로

$2-5=-3$, $5-5=0$, $4-5=-1$, $9-5=4$

[참고] 편차는 주어진 변량과 단위가 같다.

(2) **편차의 성질**

① 편차의 합은 항상 0이다.

② 변량이 평균보다 크면 그 편차는 양수이고, 변량이 평균보다 작으면 그 편차는 음수이다.

③ 편차의 절댓값이 클수록 그 변량은 평균에서 멀리 떨어져 있고, 편차의 절댓값이 작을수록 그 변량은 평균 가까이에 있다.

핵심예제 5 다음은 학생 5명의 가족 수를 조사하여 나타낸 자료이다. 물음에 답하시오.

(단위: 명)

3	4	8	3	7

(1) 가족 수의 평균을 구하시오.

(2) 각 변량의 편차를 구하시오.

> ● **편차**
> (편차)＝(변량)－(평균)

5-1 다음 자료의 평균과 각 변량의 편차를 각각 구하시오.

(1) 13, 10, 9, 13, 15

(2) 25, 31, 29, 32, 27, 30

핵심예제 6 다음은 학생 5명이 일주일 동안 먹은 아이스크림의 개수의 편차를 나타낸 자료이다. x의 값을 구하시오.

(단위: 개)

-2	1	-5	x	3

> ● **편차의 성질**
> 편차의 합은 항상 0이다.

6-1 다음 표는 학생 5명의 몸무게의 편차를 조사하여 나타낸 것이다. x의 값을 구하시오.

학생	A	B	C	D	E
편차(kg)	1	x	4	-3	2

7 분산과 표준편차

(1) **분산**: 편차의 제곱의 총합을 변량의 개수로 나눈 값

$$ (분산) = \frac{\{(편차)^2의\ 총합\}}{(변량의\ 개수)} = \frac{[\{(변량)-(평균)\}^2의\ 총합]}{(변량의\ 개수)} $$ — 편차의 제곱의 평균

분산(分 나누다, 散 흩어지다): 자료의 변량들이 평균으로부터 나누어 흩어져 있는 정도

(2) **표준편차**: 분산의 음이 아닌 제곱근

$$ (표준편차) = \sqrt{(분산)} $$

[예] 자료 1, 4, 3, 8의 표준편차 구하기

① 평균 ➡ $\dfrac{1+4+3+8}{4}=4$

② 각 변량의 편차 ➡ $-3, 0, -1, 4$

③ (편차)²의 총합 ➡ $(-3)^2+0^2+(-1)^2+4^2=26$

④ 분산 ➡ $\dfrac{26}{4}=6.5$

⑤ 표준편차 ➡ $\sqrt{6.5}$

[참고] 분산은 단위가 없고 표준편차는 주어진 변량과 단위가 같다.

핵심예제 7 어떤 자료의 편차가 다음과 같을 때, 이 자료의 분산을 구하시오.

2	−5	−1	1	3

● 분산

$$ (분산) = \frac{\{(편차)^2의\ 총합\}}{(변량의\ 개수)} $$

7-1 어떤 자료의 편차가 다음과 같을 때, 이 자료의 분산을 구하시오.

−2	1	2	4	−1	−4

핵심예제 8 다음은 학생 5명의 수면 시간을 조사하여 나타낸 자료이다. 물음에 답하시오.

(단위: 시간)

6	7	9	8	10

(1) 분산을 구하시오.

(2) 표준편차를 구하시오.

● 표준편차를 구하는 순서
❶ 평균
❷ 편차
❸ (편차)²의 총합
❹ 분산
❺ 표준편차

8-1 다음 자료의 분산과 표준편차를 각각 구하시오.

(1) 20, 18, 16, 24, 22

(2) 9, 6, 11, 9, 8, 11

8 산포도와 자료의 분포 상태

분산과 표준편차는 평균을 중심으로 변량이 흩어져 있는 정도를 나타내는 산포도이다.

(1) 분산 또는 표준편차가 작다.	(2) 분산 또는 표준편차가 크다.
➡ 변량들이 평균을 중심으로 가까이 모여 있다. ➡ 자료의 분포 상태가 고르다.	➡ 변량들이 평균을 중심으로 넓게 흩어져 있다. ➡ 자료의 분포 상태가 고르지 않다.

핵심예제 9 오른쪽 표는 A, B, C 세 반의 학생들의 중간고사 성적의 평균과 표준편차를 나타낸 것이다. 다음 물음에 답하시오.

반	A	B	C
평균(점)	72	80	77
표준편차(점)	$\sqrt{7}$	$2\sqrt{3}$	3

(1) 성적이 가장 높은 반을 구하시오.

(2) 성적이 가장 고르게 분포된 반을 구하시오.

(3) 성적이 가장 고르지 않게 분포된 반을 구하시오.

● 자료의 분석
표준편차가 작으면 자료의 분포 상태가 고르고, 표준편차가 크면 자료의 분포 상태가 고르지 않다.

9-1 오른쪽 표는 수현, 인국, 은지의 한 달 동안의 주별 운동 시간의 평균과 표준편차를 나타낸 것이다. 다음 물음에 답하시오.

학생	수현	인국	은지
평균(시간)	7	9	6
표준편차(시간)	2.1	0.8	1.4

(1) 운동 시간이 가장 적은 사람을 말하시오.

(2) 운동 시간이 가장 규칙적인 사람을 말하시오.

(3) 운동 시간이 가장 불규칙적인 사람을 말하시오.

9-2 다음 표는 평가단 5명의 A, B 두 음식의 평점을 조사하여 나타낸 것이다. 물음에 답하시오.

음식 A	6	8	7	10	9
음식 B	7	10	6	7	10

(1) A, B 두 음식의 평점의 평균을 각각 구하시오.

(2) A, B 두 음식의 평점의 분산을 각각 구하시오.

(3) A, B 두 음식 중에서 평점이 더 고른 음식을 말하시오.

소단원
핵심문제

편차가 주어질 때 변량 구하기

1 다음 표는 5개 도시의 같은 시각 기온의 편차를 나타낸 것이다. 물음에 답하시오.

도시	광주	대구	대전	부산	서울
편차(℃)	-1	1	x	2	-3

(1) x의 값을 구하시오.

(2) 평균이 14 ℃일 때, 대전의 기온을 구하시오.

● (변량)＝(편차)＋(평균)

분산과 표준편차

2 오른쪽 줄기와 잎 그림은 6개의 사과의 당도를 조사하여 나타낸 것이다. 사과의 당도의 분산과 표준편차를 각각 구하시오.

(0|9는 9 Brix)

줄기	잎
0	9
1	1 2 5 7
2	0

● (분산)＝$\dfrac{\{(편차)^2의\ 총합\}}{(변량의\ 개수)}$

(표준편차)＝$\sqrt{(분산)}$

편차의 성질을 이용하여 표준편차 구하기

기출 3 다음은 학생 5명의 음악 실기 점수의 편차를 나타낸 자료이다. 이 자료의 표준편차는?

(단위: 점)

$$1 \quad -4 \quad 5 \quad x \quad -3$$

① $2\sqrt{2}$점 　② 3점 　③ $\sqrt{10}$점

④ $\sqrt{10.4}$점 　⑤ $\sqrt{10.8}$점

● 편차의 합은 항상 0이다.

분산과 표준편차

4 5개의 변량 7, 10, 9, 13, x의 평균이 9일 때, 분산은?

① 6 　　② 7 　　③ 8

④ 9 　　⑤ 10

자료의 분석

5 오른쪽 표는 A, B 두 영화의 평점의 평균과 표준편차를 나타낸 것이다. 다음 보기 에서 옳은 것을 모두 고르시오.

영화	A	B
평균(점)	7.5	9.1
표준편차(점)	4.3	6.8

보기
ㄱ. A 영화의 평점의 평균이 B 영화의 평점의 평균보다 크다.
ㄴ. B 영화의 평점의 분산이 A 영화의 평점의 분산보다 크다.
ㄷ. A 영화의 평점이 B 영화의 평점보다 더 고르다.

중단원 마무리 테스트

정답과 풀이 ★ 33쪽

1. ₀₁₁

다음은 재경이네 모둠 6명의 높이뛰기 기록을 조사하여 나타낸 자료이다. 이 자료의 평균을 구하시오.

(단위: cm)

112 98 104 113 120 101

2. ₀₁₁

승윤이의 4회에 걸친 영어 시험 점수가 75점, 82점, 86점, 90점이었다. 5회까지의 평균이 86점이 되려면 5회의 시험에서 몇 점을 받아야 하는지 구하시오.

3. ₀₁₁

다음 자료 중 중앙값이 가장 작은 것은?

① 14, 7, 3, 9, 5
② 1, 10, 8, 6, 4, 9
③ 21, 9, 4, 2, 7, 14
④ 14, 2, 24, 1, 8, 17
⑤ 9, 4, 7, 5, 3, 8, 6

4. ₀₁₁

다음은 한나네 모둠 6명 중에서 5명의 키를 작은 값부터 크기순으로 나열한 자료이다. 6명의 키의 중앙값이 159 cm일 때, 나머지 한 명의 키는?

(단위: cm)

154 155 161 163 165

① 157 cm   ② 158 cm   ③ 159 cm
④ 160 cm   ⑤ 161 cm

5. ₀₁₁ 신유형

다음은 우리나라 민속 음악에 널리 사용되는 자진모리장단의 부호와 구음이다. 자진모리장단의 구음의 최빈값을 구하시오.

부호:	①				○				○				○	
구음:	덩		덕	쿵	덕		쿵		덕	쿵	덕			

6. ₀₁₁ 중요

다음 자료의 최빈값이 90일 때, 중앙값을 구하시오.

85 90 80 85 90 x 95 80

7. ₀₁₁

다음 중에서 옳지 않은 것을 모두 고르면? (정답 2개)

① 평균은 대푯값 중 하나이다.
② 중앙값은 대푯값이 아니다.
③ 대푯값은 주어진 변량 중에 존재하지 않을 수도 있다.
④ 최빈값은 여러 개일 수 없다.
⑤ 매우 크거나 매우 작은 값이 있는 자료의 대푯값으로는 평균보다 중앙값이 더 적절하다.

8 .ıl

다음 세 자료 A, B, C에 대하여 보기 에서 옳은 것을 모두 고른 것은?

자료 A	6, 6, 8, 8, 8, 10, 12, 12
자료 B	3, 2, 5, 4, 2, 6, 100
자료 C	17, 21, 30, 44, 32, 12, 26

보기
ㄱ. 자료 A는 중앙값과 최빈값이 같다.
ㄴ. 자료 B는 평균을 대푯값으로 정하는 것이 가장 적절하다.
ㄷ. 자료 C는 중앙값과 평균이 같다.

① ㄱ   ② ㄴ   ③ ㄱ, ㄴ
④ ㄱ, ㄷ   ⑤ ㄱ, ㄴ, ㄷ

9 .ıl

다음 표는 민규의 블로그에 일주일 동안 방문한 방문자 수의 편차를 나타낸 것이다. $a+b$의 값은?

요일	월	화	수	목	금	토	일
편차(명)	−12	3	a	−9	5	b	6

① −1   ② 1   ③ 3
④ 5   ⑤ 7

10 .ıl 중요🔔

다음 표는 5명의 학생이 영화를 함께 관람한 후 매긴 영화의 평점의 편차를 나타낸 것이다. 평점의 평균이 6점일 때, 학생 B의 평점은?

학생	A	B	C	D	E
편차(점)	1		−5	4	3

① 3점   ② 5점   ③ 7점
④ 9점   ⑤ 11점

11 .ıl

다음 보기 에서 옳은 것을 모두 고른 것은?

보기
ㄱ. 편차의 제곱의 합은 항상 0이다.
ㄴ. 분산은 편차의 평균이다.
ㄷ. 평균보다 작은 변량의 편차는 음수이다.
ㄹ. 변량이 흩어져 있는 정도를 하나의 수로 나타낸 것을 산포도라 한다.

① ㄱ, ㄴ   ② ㄱ, ㄹ   ③ ㄴ, ㄷ
④ ㄴ, ㄹ   ⑤ ㄷ, ㄹ

12 .ıl

다음은 어느 동호회 회원 8명의 나이의 편차를 나타낸 자료이다. 이 자료의 분산을 구하시오.

(단위: 살)

−4	−1	1	0	2	−1	3	0

13 .ıl 신유형↻

다음은 학생 5명의 지난 학기 봉사 활동 시간을 조사하여 나타낸 자료이다. 바르게 설명한 학생을 모두 고르시오.

(단위: 시간)

19	13	21	12	15

다현: 평균은 16시간이야.
진우: 중앙값은 21시간이지.
유은: 분산은 12네.
진혁: 표준편차는 12시간이야.

14

3개의 변량 a, b, c의 평균이 6이고 분산이 9일 때, $a+2$, $b+2$, $c+2$의 평균과 분산을 각각 구하시오.

15

다음은 종민, 정훈, 세윤이가 각각 5발씩 사격을 마친 후의 표적판이다. 사격 점수가 가장 고른 사람을 고르시오.

[종민]　　　　[정훈]　　　　[세윤]

16 중요

다음 표는 어느 중학교 3학년 다섯 반의 학생들의 중간고사 성적의 평균과 표준편차를 나타낸 것이다. 옳은 것은?

반	1	2	3	4	5
평균(점)	71	69	73	70	68
표준편차(점)	1.5	2	1.8	2.1	1.6

① 5반의 학생 수가 가장 적다.
② 점수가 가장 높은 학생은 1반에 있다.
③ 2반에는 점수가 90점 이상인 학생이 없다.
④ 3반보다 5반의 성적이 더 고르다.
⑤ 성적이 가장 고른 반은 4반이다.

17

오른쪽 막대그래프는 어느 체험 낚시터에서 20명의 이용자가 잡은 물고기 수를 조사하여 나타낸 것이다. 이 자료의 중앙값을 a마리, 최빈값을 b마리라 할 때, 다음 물음에 답하시오.
　　　　(단, 풀이 과정을 자세히 쓰시오.)

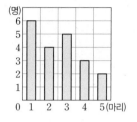

(1) a의 값을 구하시오.
(2) b의 값을 구하시오.
(3) $a+b$의 값을 구하시오.

풀이 과정
(1)

(2)

(3)

답 | (1)　　　　(2)　　　　(3)

18

다음 표는 어느 날 서울과 제주도의 시간대별 기온을 조사하여 나타낸 것이다. 물음에 답하시오. (단, 풀이 과정을 자세히 쓰시오.)

시각(시)	6	9	12	15	18
서울(℃)	6	6	9	11	8
제주도(℃)	12	13	15	17	13

(1) 서울의 기온의 평균과 분산을 각각 구하시오.
(2) 제주도의 기온의 평균과 분산을 각각 구하시오.
(3) 서울과 제주도 중에서 조사된 시간 동안 기온이 더 고른 지역을 구하시오.

풀이 과정
(1)

(2)

(3)

답 | (1)　　　　(2)　　　　(3)

06
.
상관관계

이 단원의 학습 계통

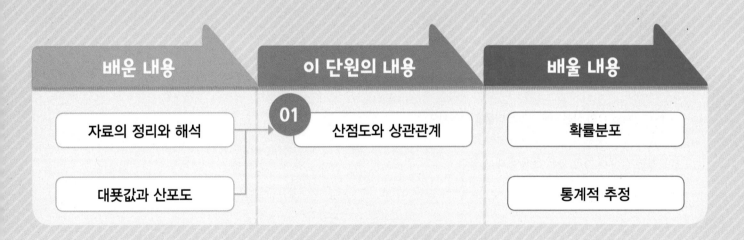

배운 내용	이 단원의 내용	배울 내용
자료의 정리와 해석	01 산점도와 상관관계	확률분포
대푯값과 산포도		통계적 추정

01 산점도와 상관관계

1 산점도

두 변량 x와 y 사이의 관계를 알아보기 위하여 순서쌍 (x, y)를 좌표로 하는 점을 좌표평면 위에 나타낸 그래프를 **산점도**라 한다.

용어톡
산점도(散 흩어지다, 點 점, 圖 그림): 흩어지는 점으로 나타낸 그림

예 아래 표는 학생 6명의 키와 멀리뛰기 기록을 조사하여 나타낸 것이다.

키를 x cm, 멀리뛰기 기록을 y cm라 할 때, x, y의 산점도는 다음 그림과 같다.

학생	키 (cm)	멀리뛰기 (cm)
A	165	205
B	170	190
C	175	210
D	160	190
E	155	195
F	170	215

➡

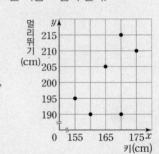

참고 산점도를 이용하면 두 변량 사이의 관계를 한눈에 쉽게 알 수 있으며, 관계성을 벗어나는 특이한 자료를 찾기도 쉽다.

핵심예제 1 오른쪽 그림은 승민이네 반 학생 10명이 과학 수행 평가에서 받은 태도 점수와 실험 점수에 대한 산점도이다. 다음 물음에 답하시오.

(1) 실험 점수가 8점인 학생 수를 구하시오.

(2) 태도 점수가 9점인 학생 수를 구하시오.

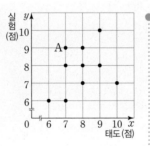

● 산점도
① 태도 점수가 a점인 학생 수
➡ 직선 $x=a$ 위의 점의 개수
② 실험 점수가 b점인 학생 수
➡ 직선 $y=b$ 위의 점의 개수

1-1 핵심예제 **1** 의 산점도에 대하여 다음을 구하시오.

(1) A와 태도 점수가 같은 학생 수

(2) 실험 점수가 가장 높은 학생의 태도 점수

1-2 오른쪽 그림은 학생 12명의 몸무게와 윗몸일으키기 횟수에 대한 산점도이다. 다음을 구하시오.

(1) A의 몸무게와 윗몸일으키기 횟수

(2) A와 몸무게가 같은 학생 수

(3) 윗몸일으키기 횟수가 30인 학생 수

(4) 몸무게가 세 번째로 적은 학생의 윗몸일으키기 횟수

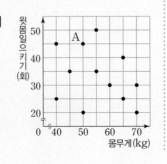

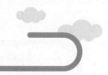

2 산점도의 이해

(1) 이상 또는 이하의 조건이 주어지면 ➡ 가로선 또는 세로선을 긋는다.
└ 기준선

① x는 a 이상/이하이다.

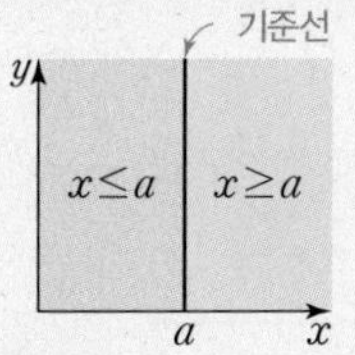

② y는 b 이상/이하이다.

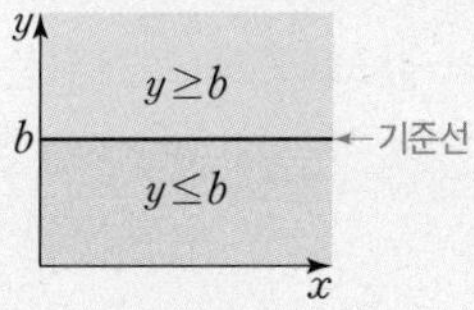

참고 이상 또는 이하는 기준선 위의 점을 포함하고, 초과 또는 미만은 기준선 위의 점을 포함하지 않는다.

(2) 두 변량을 비교하는 조건이 주어지면 ➡ 대각선을 긋는다.
└ ~와 같은, ~보다 큰, ~보다 작은 └ 기준선

① x와 y가 같다.

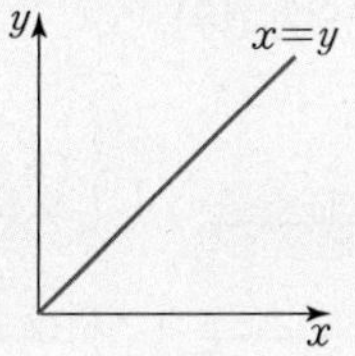

② x는 y보다 크다./작다.

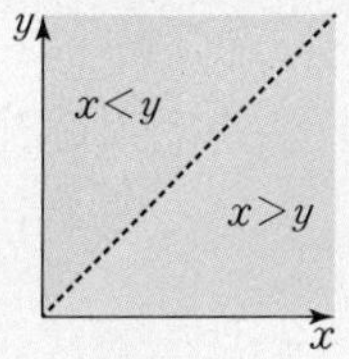

핵심예제 2 오른쪽 그림은 진주네 반 학생 12명의 국어 성적과 사회 성적에 대한 산점도이다. 다음을 구하시오.

(1) 국어 성적이 90점 이상인 학생 수

(2) 사회 성적이 85점 미만인 학생 수

(3) 국어 성적과 사회 성적이 모두 80점 이하인 학생 수

(4) 두 과목의 성적이 같은 학생 수

(5) 사회 성적이 국어 성적보다 높은 학생 수

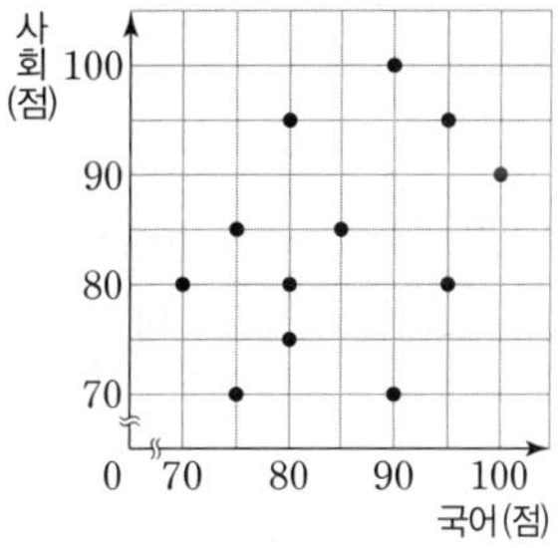

산점도의 이해

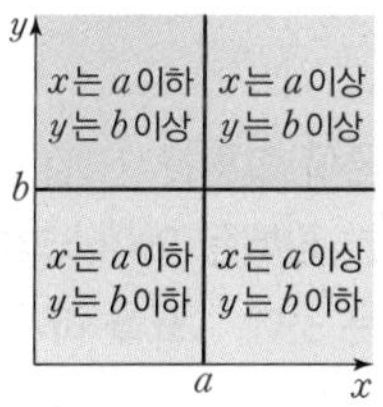

2-1 오른쪽 그림은 어느 반 학생 12명의 음악 과목의 실기 점수와 필기 점수에 대한 산점도이다. 다음을 구하시오.

(1) 실기 점수가 7점 초과인 학생 수

(2) 필기 점수가 7점 이상이고 9점 이하인 학생 수

(3) 실기 점수는 8점 초과이고 필기 점수는 8점 미만인 학생 수

(4) 실기 점수와 필기 점수가 같은 학생 수

(5) 실기 점수가 필기 점수보다 높은 학생 수

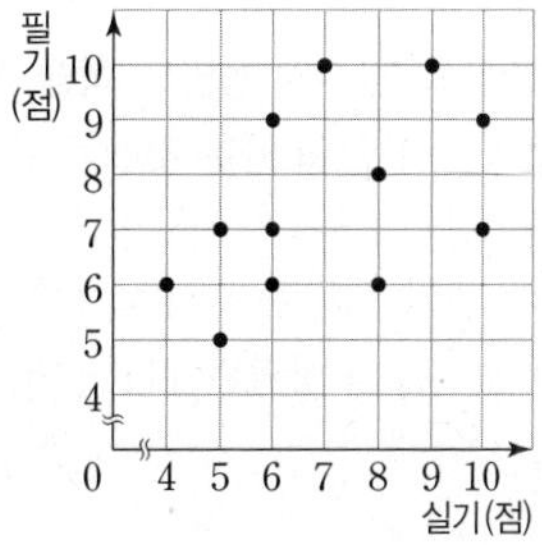

3 상관관계

(1) **상관관계**: 두 변량 x와 y 사이에 어떤 관계가 있을 때, 이 관계를 상관관계라 하고 두 변량 x와 y 사이에 상관관계가 있다고 한다.

(2) **상관관계의 종류**: 두 변량 x, y에 대하여

① 양의 상관관계: x의 값이 커짐에 따라 y의 값도 대체로 커지는 관계

　　예 키와 몸무게

② 음의 상관관계: x의 값이 커짐에 따라 y의 값이 대체로 작아지는 관계

　　예 해발고도와 기온

③ 상관관계가 없다.: x의 값이 커짐에 따라 y의 값이 커지는지 작아지는지 분명하지 않은 관계

　　예 지능 지수와 혈압

参考 양 또는 음의 상관관계가 있는 산점도에서

　　① 점들이 한 직선 가까이에 모여 있을수록 ➡ 상관관계가 강하다.

　　② 점들이 한 직선에서 멀리 흩어져 있을수록 ➡ 상관관계가 약하다.

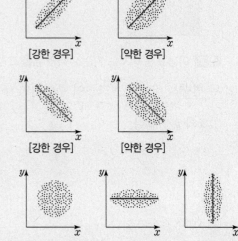

[강한 경우]　[약한 경우]

[강한 경우]　[약한 경우]

핵심예제 3 오른쪽 그림은 12일 동안의 최고 기온과 어느 편의점에서 그날 하루 동안 판매된 아이스커피의 개수에 대한 산점도이다. 다음 ( ) 안의 옳은 것에 ○표를 하시오.

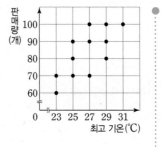

> 최고 기온이 높아짐에 따라 아이스커피의 판매량도 대체로 (증가, 감소)하므로 두 변량 사이에는 (양, 음)의 상관관계가 있다.

● 상관관계
한 변량이 증가할 때
① 다른 변량이 증가
　➡ 양의 상관관계
② 다른 변량이 감소
　➡ 음의 상관관계

3-1 오른쪽 그림은 학생 12명의 일주일 동안의 학습 시간과 게임 시간에 대한 산점도이다. 다음 ( ) 안의 옳은 것에 ○표를 하시오.

> 학습 시간이 길어짐에 따라 게임 시간은 대체로 (증가, 감소)하므로 두 변량 사이에는 (양, 음)의 상관관계가 있다.

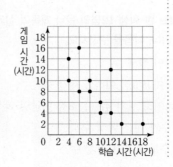

핵심예제 4 다음 보기 의 산점도 중에서 상관관계가 없는 것을 고르시오.

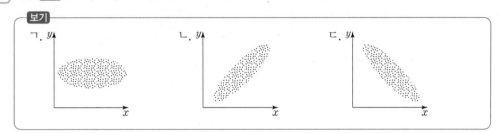

● 산점도와 상관관계

① 양의 상관관계

[강한 경우]   [약한 경우]

② 음의 상관관계

[강한 경우]   [약한 경우]

4-1 보기 의 산점도에 대하여 다음을 모두 고르시오.

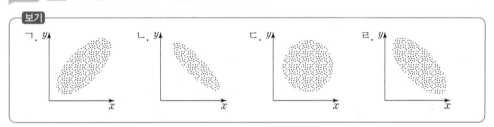

(1) 양의 상관관계를 나타내는 것

(2) 음의 상관관계를 나타내는 것

(3) 상관관계가 없는 것

(4) x의 값이 커짐에 따라 y의 값이 작아지는 경향이 가장 뚜렷한 것

핵심예제 5 오른쪽 그림은 여민이네 반 학생들의 하루 평균 SNS 이용 시간과 수면 시간에 대한 산점도이다. 다음 중 옳은 것은 ○표, 옳지 않은 것은 ×표를 ( ) 안에 써넣으시오.

(1) 하루 평균 SNS 이용 시간과 수면 시간 사이에는 음의 상관관계가 있다. ( )

(2) 하루 평균 SNS 이용 시간이 긴 학생이 수면 시간도 대체로 긴 편이다. ( )

(3) 학생 A는 학생 B보다 수면 시간이 짧다. ( )

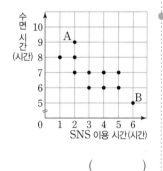

● 산점도의 분석

① 대각선의 위쪽에 있는 A
➡ A는 x의 값에 비하여 y의 값이 크다.

② 대각선의 아래쪽에 있는 B
➡ B는 x의 값에 비하여 y의 값이 작다.

5-1 오른쪽 그림은 어느 중학교 3학년 학생들의 키와 몸무게에 대한 산점도이다. 다음을 구하시오.

(1) 키와 몸무게 사이의 상관관계

(2) 학생 A, B, C, D 중에서 키에 비하여 몸무게가 가장 적은 학생

(3) 학생 A, B, C, D 중에서 키도 크고 몸무게도 많이 나가는 학생

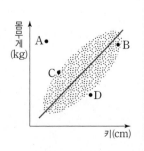

기출 1

산점도의 이해 – 이상, 이하, 초과, 미만

오른쪽 그림은 학생 12명의 한 달 용돈과 저금액에 대한 산점도이다. 다음 물음에 답하시오.

(1) 용돈이 7만 원 이상이고 저금액이 4만 원 이상인 학생 수를 구하시오.

(2) 용돈이 8만 원인 학생들의 저금액의 평균을 구하시오.

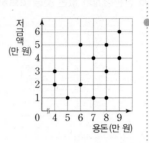

● 이상, 이하, 초과, 미만에 대한 문제
➡ 가로선, 세로선을 긋고 조건에 해당하는 부분의 점의 개수를 구한다.

2

산점도의 이해 – 비교

오른쪽 그림은 영화 12편의 관객 평점과 평론가 평점에 대한 산점도이다. 다음 물음에 답하시오.

(1) 관객 평점보다 평론가 평점이 높은 영화는 몇 편인지 구하시오.

(2) 관객 평점과 평론가 평점이 같은 영화는 전체의 몇 %인지 구하시오.

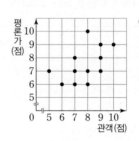

● 두 변량을 비교하는 문제
➡ 대각선을 긋고 조건에 해당하는 부분의 점의 개수를 구한다.

3

산점도와 상관관계

도시의 인구수를 x, 자동차 수를 y라 할 때, 다음 보기에서 도시의 인구수와 자동차 수의 상관관계를 나타내는 산점도를 고르시오.

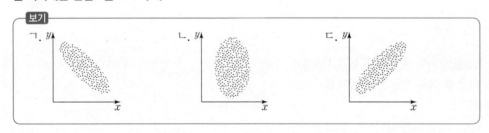

4

산점도의 분석

오른쪽 그림은 학생들의 독서량과 국어 성적에 대한 산점도이다. 학생 A, B, C, D, E 중에서 독서량에 비하여 국어 성적이 가장 좋은 학생은?

① A   ② B   ③ C

④ D   ⑤ E

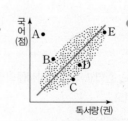

● 다른 변량에 비하여 가장 크거나 가장 작은 변량은 대각선을 중심으로 가장 멀리 떨어져 있다.

중단원 마무리 테스트

[1~3] 오른쪽 그림은 정은이네 반 학생 16명이 영어 수행 평가에서 받은 듣기 점수와 말하기 점수에 대한 산점도이다. 다음 물음에 답하시오.

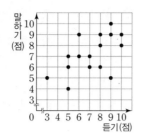

1.

듣기 점수가 가장 낮은 학생의 말하기 점수는?

① 4점   ② 5점   ③ 6점
④ 7점   ⑤ 8점

2.

듣기 점수와 말하기 점수가 모두 8점 이상인 학생은 몇 명인가?

① 3명   ② 4명   ③ 5명
④ 6명   ⑤ 7명

3.

다음 보기 에서 옳은 것을 모두 고른 것은?

보기
ㄱ. 말하기 점수가 9점인 학생은 4명이다.
ㄴ. 듣기 점수와 말하기 점수가 같은 학생은 3명이다.
ㄷ. 듣기 점수가 8점 초과이고 10점 미만인 학생은 8명이다.

① ㄱ   ② ㄴ   ③ ㄱ, ㄴ
④ ㄱ, ㄷ   ⑤ ㄱ, ㄴ, ㄷ

4. 중요

오른쪽 그림은 한 경기에서 농구 선수 10명이 넣은 2점 슛과 3점 슛의 개수에 대한 산점도이다. 2점 슛은 4개 이상, 3점 슛은 5개 이상을 넣은 선수는 전체의 몇 %인가?

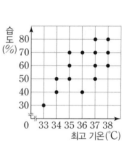

① 10 %   ② 20 %
③ 30 %   ④ 40 %
⑤ 50 %

5.

오른쪽 그림은 지난 여름 15일 동안의 최고 기온과 습도에 대한 산점도이다. 습도가 70 %인 날들의 최고 기온의 평균은?

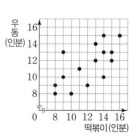

① 35 ℃   ② 35.5 ℃
③ 36 ℃   ④ 36.5 ℃
⑤ 37 ℃

6.

오른쪽 그림은 어느 분식점에서 15일 동안 판매한 떡볶이와 우동의 판매량에 대한 산점도이다. 떡볶이와 우동의 판매량이 같은 날수를 a, 우동보다 떡볶이의 판매량이 많은 날수를 b라 할 때, $a+b$의 값을 구하시오.

7 📶 중요 🔔

오른쪽 그림은 찬주네 반 학생 20명의 중간고사와 기말고사의 한자 성적에 대한 산점도이다. 다음 중 옳지 않은 것을 모두 고르면? (정답 2개)

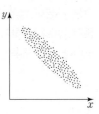

① 중간고사 성적이 60점 미만인 학생은 7명이다.

② 기말고사 성적과 중간고사 성적이 같은 학생은 5명이다.

③ 중간고사보다 기말고사 성적이 향상된 학생은 전체의 40 %이다.

④ 기말고사보다 중간고사를 더 잘 본 학생은 8명이다.

⑤ 기말고사 성적이 80점인 학생들의 중간고사 성적의 평균은 80점이다.

8 📶

다음 그림과 같은 산점도 중에서 x의 값이 커짐에 따라 y의 값도 커지는 경향이 가장 뚜렷한 것은?

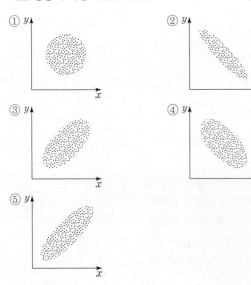

9 📶

다음 중에서 오른쪽 그림과 같은 산점도로 나타낼 수 있는 것은?

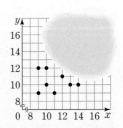

① 습도와 불쾌지수

② 강수량과 자동차 생산량

③ 시력과 몸무게

④ 해발고도와 산소의 양

⑤ 자동차 수와 석유 소비량

10 📶

다음 중에서 산점도와 상관관계에 대하여 바르게 설명한 학생을 모두 고르시오.

> 수원: 산점도를 이용하면 두 변량 사이의 관계를 파악할 수 있어.
> 민호: 한 변량의 값이 증가할수록 다른 변량의 값도 대체로 증가한다면 두 변량 사이에는 음의 상관관계가 있어.
> 서윤: 두 변량 사이에 양의 상관관계도 없고 음의 상관관계도 없으면 상관관계가 없다고 해.

11 📶 신유형 ↻

오른쪽 그림은 두 변량 x, y에 대한 산점도인데 일부에 얼룩이 묻어서 보이지 않는다. 얼룩진 부분의 자료가 다음과 같을 때, 두 변량 x와 y 사이에는 어떤 상관관계가 있는지 말하시오.

x	13	16	15	16	14
y	13	15	12	16	15

12 ▫️▪️ 신유형 ↻

다음은 8월의 최고 기온과 전기 사용량, 물놀이 사고 건수를 조사하여 나타낸 산점도를 보고 학생들이 나눈 대화이다. 바르게 설명한 학생을 모두 고르시오.

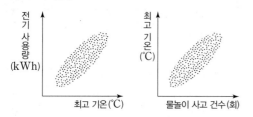

진솔: 최고 기온과 전기 사용량 사이에는 양의 상관관계가 있어.
은찬: 물놀이 사고 건수가 많을수록 대체로 최고 기온이 높구나.
아영: 전기 사용량과 물놀이 사이에도 양의 상관관계가 있어.
지성: 전기 사용량을 줄이면 물놀이 사고가 나지 않겠어.

13 ▫️▪️

오른쪽 그림은 어느 병원의 신생아들의 머리둘레와 키에 대한 산점도이다. 신생아 A, B, C, D, E 중에서 머리둘레에 비하여 키가 가장 큰 신생아는?

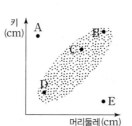

① A   ② B
③ C   ④ D
⑤ E

14 ▫️▪️ 중요 🔔

오른쪽 그림은 주행 거리와 중고 자동차 가격에 대한 산점도이다. 다음 중 옳지 않은 것은?

① A는 가격이 높은 편이다.
② B는 주행 거리가 짧고 가격도 낮다.
③ D는 C보다 주행 거리가 길다.
④ 주행 거리와 중고 자동차 가격 사이에는 음의 상관관계가 있다.
⑤ E는 B보다 주행 거리는 길지만 가격은 높다.

15 ▫️▪️

오른쪽 그림은 정국이네 반 학생 20명의 영어 성적과 수학 성적에 대한 산점도이다. 다음 물음에 답하시오.
(단, 풀이 과정을 자세히 쓰시오.)

(1) 영어 성적이 수학 성적보다 10점 높은 학생 수를 구하시오.
(2) 영어 성적이 수학 성적보다 10점 높은 학생은 전체의 몇 %인지 구하시오.

풀이 과정
(1)

(2)

답 | (1)   (2)

16 ▫️▪️

오른쪽 그림은 어느 과수원의 배나무 19그루의 나이와 수확량에 대한 산점도이다. 다음 물음에 답하시오.
(단, 풀이 과정을 자세히 쓰시오.)

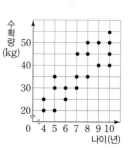

(1) 이 과수원의 배나무의 나이와 수확량 사이에는 어떤 상관관계가 있는지 말하시오.
(2) 수확량이 40 kg 이상인 배나무 나이의 평균을 구하시오.

풀이 과정
(1)

(2)

답 | (1)   (2)

삼각비의 표

각도	사인(sin)	코사인(cos)	탄젠트(tan)	각도	사인(sin)	코사인(cos)	탄젠트(tan)
0°	0.0000	1.0000	0.0000	45°	0.7071	0.7071	1.0000
1°	0.0175	0.9998	0.0175	46°	0.7193	0.6947	1.0355
2°	0.0349	0.9994	0.0349	47°	0.7314	0.6820	1.0724
3°	0.0523	0.9986	0.0524	48°	0.7431	0.6691	1.1106
4°	0.0698	0.9976	0.0699	49°	0.7547	0.6561	1.1504
5°	0.0872	0.9962	0.0875	50°	0.7660	0.6428	1.1918
6°	0.1045	0.9945	0.1051	51°	0.7771	0.6293	1.2349
7°	0.1219	0.9925	0.1228	52°	0.7880	0.6157	1.2799
8°	0.1392	0.9903	0.1405	53°	0.7986	0.6018	1.3270
9°	0.1564	0.9877	0.1584	54°	0.8090	0.5878	1.3764
10°	0.1736	0.9848	0.1763	55°	0.8192	0.5736	1.4281
11°	0.1908	0.9816	0.1944	56°	0.8290	0.5592	1.4826
12°	0.2079	0.9781	0.2126	57°	0.8387	0.5446	1.5399
13°	0.2250	0.9744	0.2309	58°	0.8480	0.5299	1.6003
14°	0.2419	0.9703	0.2493	59°	0.8572	0.5150	1.6643
15°	0.2588	0.9659	0.2679	60°	0.8660	0.5000	1.7321
16°	0.2756	0.9613	0.2867	61°	0.8746	0.4848	1.8040
17°	0.2924	0.9563	0.3057	62°	0.8829	0.4695	1.8807
18°	0.3090	0.9511	0.3249	63°	0.8910	0.4540	1.9626
19°	0.3256	0.9455	0.3443	64°	0.8988	0.4384	2.0503
20°	0.3420	0.9397	0.3640	65°	0.9063	0.4226	2.1445
21°	0.3584	0.9336	0.3839	66°	0.9135	0.4067	2.2460
22°	0.3746	0.9272	0.4040	67°	0.9205	0.3907	2.3559
23°	0.3907	0.9205	0.4245	68°	0.9272	0.3746	2.4751
24°	0.4067	0.9135	0.4452	69°	0.9336	0.3584	2.6051
25°	0.4226	0.9063	0.4663	70°	0.9397	0.3420	2.7475
26°	0.4384	0.8988	0.4877	71°	0.9455	0.3256	2.9042
27°	0.4540	0.8910	0.5095	72°	0.9511	0.3090	3.0777
28°	0.4695	0.8829	0.5317	73°	0.9563	0.2924	3.2709
29°	0.4848	0.8746	0.5543	74°	0.9613	0.2756	3.4874
30°	0.5000	0.8660	0.5774	75°	0.9659	0.2588	3.7321
31°	0.5150	0.8572	0.6009	76°	0.9703	0.2419	4.0108
32°	0.5299	0.8480	0.6249	77°	0.9744	0.2250	4.3315
33°	0.5446	0.8387	0.6494	78°	0.9781	0.2079	4.7046
34°	0.5592	0.8290	0.6745	79°	0.9816	0.1908	5.1446
35°	0.5736	0.8192	0.7002	80°	0.9848	0.1736	5.6713
36°	0.5878	0.8090	0.7265	81°	0.9877	0.1564	6.3138
37°	0.6018	0.7986	0.7536	82°	0.9903	0.1392	7.1154
38°	0.6157	0.7880	0.7813	83°	0.9925	0.1219	8.1443
39°	0.6293	0.7771	0.8098	84°	0.9945	0.1045	9.5144
40°	0.6428	0.7660	0.8391	85°	0.9962	0.0872	11.4301
41°	0.6561	0.7547	0.8693	86°	0.9976	0.0698	14.3007
42°	0.6691	0.7431	0.9004	87°	0.9986	0.0523	19.0811
43°	0.6820	0.7314	0.9325	88°	0.9994	0.0349	28.6363
44°	0.6947	0.7193	0.9657	89°	0.9998	0.0175	57.2900
45°	0.7071	0.7071	1.0000	90°	1.0000	0.0000	-

수학 마스터

중학 수학의 첫 개념 학습

개념 α 알파

중학 수학 3·2

워크북

Contents

01 삼각비

삼각비의 뜻

∠C=90°인 직각삼각형 ABC에서

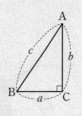

(1) $\sin B = \dfrac{(\text{높이})}{(\text{빗변의 길이})} = \dfrac{b}{c}$

(2) $\cos B = \dfrac{(\text{밑변의 길이})}{(\text{빗변의 길이})} = \dfrac{\boxed{\textbf{❶}}}{c}$

(3) $\tan B = \dfrac{(\text{높이})}{(\text{밑변의 길이})} = \dfrac{b}{\boxed{\textbf{❷}}}$

오른쪽 그림과 같은 직각삼각형 ABC에 대하여 다음 삼각비의 값을 구하시오.

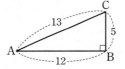

1 $\sin A$

2 $\cos A$

3 $\tan A$

4 $\sin C$

5 $\cos C$

6 $\tan C$

오른쪽 그림과 같은 직각삼각형 ABC에 대하여 다음을 구하시오.

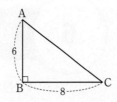

7 $\overline{AC}$의 길이

8 $\sin A$의 값

9 $\cos A$의 값

10 $\tan A$의 값

삼각비를 이용하여 변의 길이 구하기

① 주어진 삼각비의 값을 이용하여 한 변의 길이를 구한다.

② $\boxed{\textbf{❸}}$ 정리를 이용하여 나머지 한 변의 길이를 구한다.

오른쪽 그림과 같은 직각삼각형 ABC에서 $\cos A = \dfrac{4}{5}$일 때, 다음을 구하시오.

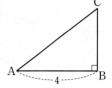

11 $\overline{AC}$의 길이

12 $\overline{BC}$의 길이

오른쪽 그림과 같은 직각삼각형 ABC에서 $\sin A = \dfrac{2}{3}$일 때, 다음을 구하시오.

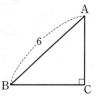

13 $\overline{BC}$의 길이

14 $\overline{AC}$의 길이

오른쪽 그림과 같은 직각삼각형 ABC에서 $\tan A = \dfrac{\sqrt{7}}{3}$일 때, 다음을 구하시오.

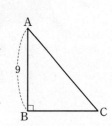

15 $\overline{BC}$의 길이

16 $\overline{AC}$의 길이

직각삼각형의 닮음과 삼각비의 값

(1) 삼각비는 닮음인 모든 직각삼각형에서 그 값이 일정하다.

(2) 직각삼각형 ABC에서
$\overline{AB}\perp\overline{CD}$일 때
$\triangle ABC \circlearrowleft \triangle ACD \circlearrowleft \triangle CBD$

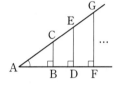

➡ $\triangle ABC$에서 $\sin x = \dfrac{\overline{BC}}{\overline{AB}}$

$\triangle ACD$에서 $\sin x = \dfrac{\overline{CD}}{\overline{AC}}$

$\triangle CBD$에서 $\sin x = \dfrac{❹}{\overline{CB}}$

● 오른쪽 그림을 보고 □ 안에 알맞은 것을 써넣으시오.

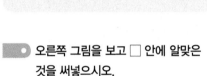

17 $\sin A = \dfrac{\boxed{}}{\overline{AC}} = \dfrac{\overline{DE}}{\boxed{}} = \dfrac{\boxed{}}{\overline{AG}}$

18 $\cos A = \dfrac{\overline{AB}}{\boxed{}} = \dfrac{\boxed{}}{\overline{AE}} = \dfrac{\overline{AF}}{\boxed{}}$

19 $\tan A = \dfrac{\boxed{}}{\overline{AB}} = \dfrac{\overline{DE}}{\boxed{}} = \dfrac{\boxed{}}{\overline{AF}}$

● 오른쪽 그림과 같은 직각삼각형 ABC에서 $\overline{AB}\perp\overline{CD}$일 때, □ 안에 알맞은 것을 써넣으시오.

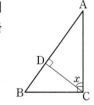

20 $\triangle ABC \circlearrowleft \triangle ACD \circlearrowleft \triangle \boxed{}$

21 $\sin x = \dfrac{\boxed{}}{\overline{AB}} = \dfrac{\overline{AD}}{\boxed{}} = \dfrac{\boxed{}}{\overline{CB}}$

22 $\cos x = \dfrac{\overline{BC}}{\boxed{}} = \dfrac{\boxed{}}{\overline{AC}} = \dfrac{\overline{BD}}{\boxed{}}$

23 $\tan x = \dfrac{\boxed{}}{\overline{BC}} = \dfrac{\overline{AD}}{\boxed{}} = \dfrac{\boxed{}}{\overline{BD}}$

● 오른쪽 그림과 같은 직각삼각형 ABC에서 $\overline{AD}\perp\overline{BC}$일 때, 다음을 구하시오.

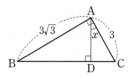

24 $\angle DAC$와 크기가 같은 각

25 $\overline{BC}$의 길이

26 $\sin x$의 값

27 $\cos x$의 값

28 $\tan x$의 값

● 오른쪽 그림과 같은 직각삼각형 ABC에서 $\overline{DE}\perp\overline{BC}$일 때, 다음을 구하시오.

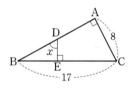

29 $\triangle ABC$와 닮은 삼각형

30 $\angle BDE$와 크기가 같은 각

31 $\overline{AB}$의 길이

32 $\sin x$의 값

33 $\cos x$의 값

34 $\tan x$의 값

1 개념 **1** 삼각비의 뜻

오른쪽 그림과 같은 직각삼각형 ABC에 대하여 다음 중에서 옳지 <u>않은</u> 것은?

① $\sin A = \dfrac{4}{5}$　　　　② $\sin B = \dfrac{3}{5}$

③ $\cos B = \dfrac{3}{5}$　　　　④ $\tan A = \dfrac{4}{3}$

⑤ $\tan B = \dfrac{3}{4}$

 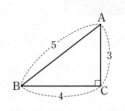

2 개념 **1** 삼각비의 뜻

오른쪽 그림과 같은 직각삼각형 ABC에서 $\overline{AB}=2$, $\overline{AC}=1$일 때, $\cos B$의 값은?

① $\dfrac{1}{2}$　　　　② $\dfrac{\sqrt{5}}{5}$

③ $\dfrac{2\sqrt{5}}{5}$　　　　④ $\dfrac{\sqrt{5}}{2}$

⑤ $\sqrt{5}$

피타고라스 정리를 이용하여 나머지 한 변의 길이를 구한 후 삼각비의 값을 구한다.

3 개념 **2** 삼각비를 이용하여 변의 길이 구하기

오른쪽 그림과 같은 직각삼각형 ABC에서 $\overline{AB}=10$, $\sin A = \dfrac{3}{5}$일 때, $\overline{AC}$의 길이를 구하시오.

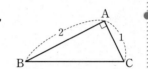

주어진 삼각비의 값을 이용하여 변의 길이를 구한 후 피타고라스 정리를 이용하여 나머지 한 변의 길이를 구한다.

4 개념 **3** 삼각비를 이용하여 다른 삼각비의 값 구하기

$\cos B = \dfrac{8}{17}$일 때, $\sin B$의 값은? (단, $0°<B<90°$)

① $\dfrac{8}{17}$　　　　② $\dfrac{8}{15}$　　　　③ $\dfrac{15}{17}$

④ $\dfrac{17}{15}$　　　　⑤ $\dfrac{15}{8}$

주어진 삼각비의 값을 갖는 가장 간단한 직각삼각형을 그려 본다.

 5 개념 **4** 직각삼각형의 닮음과 삼각비의 값

오른쪽 그림과 같은 직각삼각형 ABC에서 $\overline{ED} \perp \overline{BC}$일 때, 다음 중에서 $\cos x$의 값을 나타내는 것은?

① $\dfrac{\overline{AB}}{\overline{BC}}$　　　　② $\dfrac{\overline{AB}}{\overline{AC}}$

③ $\dfrac{\overline{DB}}{\overline{BE}}$　　　　④ $\dfrac{\overline{DE}}{\overline{BE}}$

⑤ $\dfrac{\overline{DE}}{\overline{BD}}$

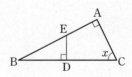 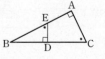

➡ $\triangle ABC \backsim \triangle DBE$ (AA 닮음)

개념 ① 삼각비의 뜻

6 오른쪽 그림과 같은 직각삼각형 ABC에서 $\sin A \times \tan B$의 값은?

① $\dfrac{b}{a}$ ② $\dfrac{b}{c}$

③ $\dfrac{c^2}{ab}$ ④ $\dfrac{b^2}{ac}$

⑤ $\dfrac{b}{a^2}$

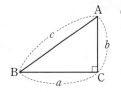

삼각비를 구할 때는 기준각에 따라 높이와 밑변이 바뀌는 것에 주의한다.

개념 ① 삼각비의 뜻

7 오른쪽 그림과 같은 직각삼각형 ABC에서 $\overline{AB}=13$, $\overline{BC}=5$일 때, $\sin A + \cos A$의 값을 구하시오.

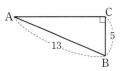

개념 ② 삼각비를 이용하여 변의 길이 구하기

8 오른쪽 그림과 같은 직각삼각형 ABC에서 $\overline{AC}=9$, $\tan C=\dfrac{\sqrt{3}}{3}$일 때, △ABC의 둘레의 길이는?

① $9+9\sqrt{3}$ ② $9+12\sqrt{3}$

③ $12+3\sqrt{3}$ ④ $15\sqrt{3}$

⑤ $18+\sqrt{3}$

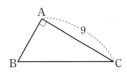

개념 ③ 삼각비를 이용하여 다른 삼각비의 값 구하기

9 $\angle C=90°$인 직각삼각형 ABC에서 $\tan A=\dfrac{1}{2}$일 때, 다음 중에서 옳은 것은?

① $\sin A=\dfrac{\sqrt{5}}{5}$ ② $\cos A=\sqrt{5}$ ③ $\sin B=\dfrac{\sqrt{5}}{5}$

④ $\cos B=\dfrac{2\sqrt{5}}{5}$ ⑤ $\tan B=1$

직각삼각형에서 한 삼각비의 값이 주어지면 다른 모든 삼각비의 값을 구할 수 있다.

개념 ④ 직각삼각형의 닮음과 삼각비의 값

10 오른쪽 그림과 같은 직각삼각형 ABC에서 $\overline{AD}\perp\overline{BC}$이고 $\overline{AB}=3$, $\overline{BC}=7$일 때, $\sin x$의 값을 구하시오.

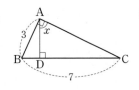

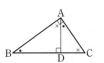

➡ △ABC∽△DBA∽△DAC (AA 닮음)

02 삼각비의 값

30°, 45°, 60°의 삼각비의 값

삼각비＼A	30°	45°	60°
sin A	$\dfrac{1}{2}$	$\dfrac{\sqrt{2}}{2}$	$\dfrac{\sqrt{3}}{2}$
cos A	❶	$\dfrac{\sqrt{2}}{2}$	$\dfrac{1}{2}$
tan A	$\dfrac{\sqrt{3}}{3}$	❷	$\sqrt{3}$

오른쪽 그림과 같은 직각삼각형 ABC를 보고 □ 안에 알맞은 것을 써넣으시오.

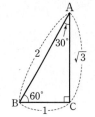

1 $\sin 30° = \dfrac{\Box}{\overline{AB}} = \dfrac{\Box}{2}$

2 $\cos 30° = \dfrac{\overline{AC}}{\Box} = \dfrac{\sqrt{3}}{\Box}$

3 $\tan 30° = \dfrac{\Box}{\overline{AC}} = \dfrac{\Box}{\sqrt{3}} = \dfrac{\Box}{3}$

다음을 계산하시오.

4 $\sin 30° + \cos 60°$

5 $\cos 30° + \tan 60°$

6 $\cos 60° - \tan 45°$

7 $\tan 60° - \sin 60°$

8 $\cos 45° \times \sin 60°$

9 $\sin 45° \times \tan 60°$

$0° < x < 90°$일 때, 다음을 만족시키는 x의 크기를 구하시오.

10 $\sin x = \dfrac{1}{2}$

11 $\cos x = \dfrac{\sqrt{2}}{2}$

12 $\tan x = 1$

13 $\sin x = \dfrac{\sqrt{3}}{2}$

14 $\tan x = \sqrt{3}$

15 $\cos x = \dfrac{1}{2}$

다음 그림의 직각삼각형에서 x의 값을 구하시오.

16

➡ $\sin 45° = \dfrac{4}{x} = \Box$ 이므로 $x = \Box$

17

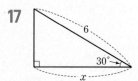

18

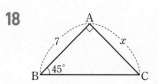

예각의 삼각비의 값

반지름의 길이가 1인 사분원에서
예각 x에 대하여

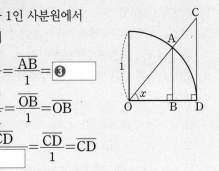

(1) $\sin x = \dfrac{\overline{\mathrm{AB}}}{\overline{\mathrm{OA}}} = \dfrac{\overline{\mathrm{AB}}}{1} = $ **❸**

(2) $\cos x = \dfrac{\overline{\mathrm{OB}}}{\overline{\mathrm{OA}}} = \dfrac{\overline{\mathrm{OB}}}{1} = \overline{\mathrm{OB}}$

(3) $\tan x = \dfrac{\overline{\mathrm{CD}}}{\boxed{\textbf{❹}}} = \dfrac{\overline{\mathrm{CD}}}{1} = \overline{\mathrm{CD}}$

◗ 오른쪽 그림과 같이 반지름의 길이가 1
인 사분원에서 다음 삼각비의 값과 길
이가 같은 선분을 보기 에서 찾아 기호
를 쓰시오.

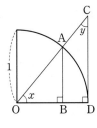

보기
ㄱ. $\overline{\mathrm{OA}}$　　ㄴ. $\overline{\mathrm{OB}}$　　ㄷ. $\overline{\mathrm{OC}}$
ㄹ. $\overline{\mathrm{AB}}$　　ㅁ. $\overline{\mathrm{BD}}$　　ㅂ. $\overline{\mathrm{CD}}$

19 $\sin x$ 　　　　　　　　(　　)

20 $\cos x$ 　　　　　　　　(　　)

21 $\tan x$ 　　　　　　　　(　　)

22 $\sin y$ 　　　　　　　　(　　)

23 $\cos y$ 　　　　　　　　(　　)

◗ 오른쪽 그림과 같은 반지름의 길이가
1인 사분원에 대하여 다음 중 옳은
것은 ○표, 옳지 않은 것은 ×표를
(　) 안에 써넣으시오.

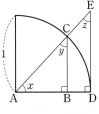

24 $\tan x = \overline{\mathrm{DE}}$ 　　　　　　　(　　)

25 $\sin y = \overline{\mathrm{AB}}$ 　　　　　　　(　　)

26 $\cos z = \overline{\mathrm{AD}}$ 　　　　　　　(　　)

◗ 오른쪽 그림과 같이 좌표평면 위의 원
점 O를 중심으로 하고 반지름의 길이
가 1인 사분원에서 다음 삼각비의 값
을 구하려고 한다. □ 안에 알맞은 것
을 써넣으시오.

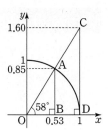

27 $\sin 58° = \dfrac{\boxed{}}{\overline{\mathrm{OA}}} = \boxed{}$

28 $\cos 58° = \dfrac{\boxed{}}{\overline{\mathrm{OA}}} = \boxed{}$

29 $\tan 58° = \dfrac{\boxed{}}{\overline{\mathrm{OD}}} = \boxed{}$

◗ 오른쪽 그림과 같이 좌표평면 위
의 원점 O를 중심으로 하고 반지
름의 길이가 1인 사분원에서 다음
삼각비의 값을 구하시오.

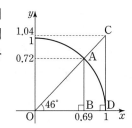

30 $\sin 46°$

31 $\cos 46°$

32 $\tan 46°$

33 $\sin 44°$

34 $\cos 44°$

삼각비의 값

0°, 90°의 삼각비의 값

삼각비 \ A	0°	90°
$\sin A$	0	❺
$\cos A$	1	0
$\tan A$	❻	정할 수 없다.

삼각비의 값의 대소 관계

(1) $0° \leq x \leq 90°$인 범위에서 x의 크기가 커지면
   ① $\sin x$의 값은 0에서 1까지 증가한다.
   ② $\cos x$의 값은 1에서 0까지 ❼◻◻◻한다.
   ③ $\tan x$의 값은 0에서 한없이 증가한다. (단, $x \neq 90°$)

(2) $\sin x$, $\cos x$, $\tan x$의 대소 관계
   ① $0° \leq x < 45°$ ➡ $\sin x$ ❽ $\cos x$
   ② $x = 45°$ ➡ $\sin x = \cos x < \tan x$
   ③ $45° < x < 90°$ ➡ $\cos x < \sin x < \tan x$

▶ 다음을 계산하시오.

35 $\sin 0° + \cos 0°$

36 $\cos 90° + \tan 0°$

37 $\tan 0° - \cos 0°$

38 $\sin 90° \times \cos 0°$

39 $\sin 0° + \cos 0° - \tan 0°$

40 $3 \cos 0° - 4 \sin 30°$

41 $\sin 90° - \cos 0° \times \tan 45°$

▶ 다음 ◯ 안에 >, < 중 알맞은 것을 써넣으시오.

42 $\sin 20°$ ◯ $\sin 50°$

43 $\cos 10°$ ◯ $\cos 40°$

44 $\tan 40°$ ◯ $\tan 70°$

45 $\sin 35°$ ◯ $\cos 35°$

46 $\sin 80°$ ◯ $\cos 80°$

47 $\sin 65°$ ◯ $\tan 65°$

48 $\cos 50°$ ◯ $\tan 50°$

삼각비의 표

삼각비의 표에서 삼각비의 값은 각도의 가로줄과 sin, cos, tan의 세로줄이 만나는 곳에 있는 수이다.

예

각도	사인 (sin)	코사인 (cos)	탄젠트 (tan)
61°	0.8746	0.4848	1.8040
62°	0.8829	0.4695	1.8807
63°	0.8910	0.4540	1.9626

➡ sin 63°=0.8910, cos 62°=❾ [   ],
tan 61°=1.8040

아래 삼각비의 표를 이용하여 다음 삼각비의 값을 구하시오.

각도	사인 (sin)	코사인 (cos)	탄젠트 (tan)
26°	0.4384	0.8988	0.4877
27°	0.4540	0.8910	0.5095
28°	0.4695	0.8829	0.5317
29°	0.4848	0.8746	0.5543

49 sin 27°

50 cos 26°

51 tan 28°

52 sin 29°

53 cos 28°

54 tan 26°

아래 삼각비의 표를 이용하여 다음 삼각비의 값을 만족시키는 x의 크기를 구하시오.

각도	사인 (sin)	코사인 (cos)	탄젠트 (tan)
54°	0.8090	0.5878	1.3764
55°	0.8192	0.5736	1.4281
56°	0.8290	0.5592	1.4826
57°	0.8387	0.5446	1.5399

55 sin x=0.8290

56 cos x=0.5878

57 tan x=1.5399

58 sin x=0.8387

59 cos x=0.5446

60 tan x=1.4281

61 sin x=0.8090

62 cos x=0.5736

기출 1 개념 5 30°, 45°, 60°의 삼각비의 값

오른쪽 그림에서 ∠ABC=∠BCD=90°, ∠BAC=60°, ∠BDC=45°이고 $\overline{AB}=\sqrt{2}$일 때, $\overline{BD}$의 길이를 구하시오.

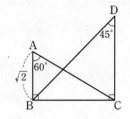

● 직각삼각형에서 30°, 45°, 60°의 삼각비의 값을 이용하면 삼각형의 변의 길이를 구할 수 있다.

2 개념 6 예각의 삼각비의 값

오른쪽 그림과 같이 좌표평면 위의 원점 O를 중심으로 하고 반지름의 길이가 1인 사분원에서 sin 53°−cos 53°의 값을 구하시오.

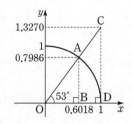

3 개념 5 30°, 45°, 60°의 삼각비의 값, 7 0°, 90°의 삼각비의 값

다음을 계산하시오.

(1) $(\sin 30° + \cos 60°) \times \tan 60°$

(2) $(\sin 30° + \cos 0°) \times (\sin 90° + \tan 0°)$

4 개념 8 삼각비의 값의 대소 관계

다음 보기 에서 옳은 것을 모두 고른 것은?

보기
ㄱ. $\cos 10° > \cos 70°$ ㄴ. $\tan 35° > \tan 50°$
ㄷ. $\tan 55° > \sin 65°$ ㄹ. $\sin 25° > \cos 25°$

① ㄱ   ② ㄹ   ③ ㄱ, ㄷ
④ ㄴ, ㄷ   ⑤ ㄱ, ㄷ, ㄹ

● 삼각비의 값의 대소 관계
① $0° \le x < 45°$
➡ $\sin x < \cos x$
② $45° < x < 90°$
➡ $\cos x < \sin x < \tan x$

5 개념 9 삼각비의 표

오른쪽 그림의 직각삼각형 ABC에서 ∠A=41°, $\overline{AB}=10$일 때, 다음 삼각비의 표를 이용하여 $\overline{BC}$의 길이를 구하시오.

각도	사인(sin)	코사인(cos)	탄젠트(tan)
40°	0.6428	0.7660	0.8391
41°	0.6561	0.7547	0.8693
42°	0.6691	0.7431	0.9004

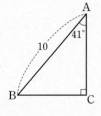

● 직각삼각형에서 직각이 아닌 한 각의 크기와 빗변의 길이가 주어진 경우 밑변은 cos, 높이는 sin을 이용하여 구한다.

개념 ❺ 30°, 45°, 60°의 삼각비의 값

6 다음 중에서 옳지 <u>않은</u> 것은?

① $\sin 30° + \tan 45° = \dfrac{3}{2}$　　② $\cos 30° - \sin 60° = 0$

③ $\tan 30° \times \sin 60° = \dfrac{1}{2}$　　④ $\sin 45° \div \cos 45° = 1$

⑤ $\cos 60° + \sqrt{2}\sin 45° = 1$

개념 ❻ 예각의 삼각비의 값

7 오른쪽 그림은 반지름의 길이가 1인 사분원을 원점 O를 중심으로 하는 좌표평면 위에 나타낸 것이다. 다음 중에서 옳지 <u>않은</u> 것을 모두 고르면?

(정답 2개)

① $\sin 48° = 0.6691$　　② $\cos 48° = 0.6691$

③ $\tan 48° = 1.1106$　　④ $\sin 42° = 0.7431$

⑤ $\cos 42° = 0.7431$

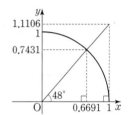

● sin, cos은 빗변의 길이가 1인 직각삼각형을, tan는 밑변의 길이가 1인 직각삼각형을 이용한다.

개념 ❼ 0°, 90°의 삼각비의 값

8 다음 중 계산 결과가 나머지 넷과 <u>다른</u> 하나는?

① $\sin 90° + \tan 0°$　　② $(\sin 0° + \tan 45°) \times \cos 0°$

③ $2\tan 45° \times \cos 60°$　　④ $\sqrt{2}\sin 45° + \tan 0°$

⑤ $\sin 30° \times \cos 90° - \tan 0°$

개념 ❽ 삼각비의 값의 대소 관계

기출 9 다음 삼각비의 값을 작은 것부터 차례로 나열하시오.

$\sin 15°,\ \tan 48°,\ \cos 40°,\ \sin 90°$

● $0° \le x < 90°$일 때 $\sin x$, $\cos x$, $\tan x$의 값은 증가하거나 감소하며 대소 관계는 45°를 기준으로 달라진다.

개념 ❾ 삼각비의 표

10 아래 삼각비의 표를 보고 오른쪽 그림과 같은 직각삼각형 ABC에서 ∠A의 크기를 구하시오.

각도	사인 (sin)	코사인 (cos)	탄젠트 (tan)
31°	0.5150	0.8572	0.6009
32°	0.5299	0.8480	0.6249
33°	0.5446	0.8387	0.6494
34°	0.5592	0.8290	0.6745

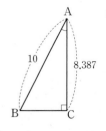

● 주어진 두 변의 길이 사이의 관계를 삼각비를 이용하여 나타낸다.

01 길이 구하기

$\angle B = 90°$인 직각삼각형 ABC에서

(1) $\sin A = \dfrac{a}{b}$이므로

$a = b \sin A$, $b = \dfrac{\boxed{❶}}{\sin A}$

(2) $\cos A = \dfrac{c}{b}$이므로

$c = b \cos A$, $b = \dfrac{c}{\boxed{❷}}$

(3) $\tan A = \dfrac{a}{\boxed{❸}}$이므로 $a = c \tan A$, $c = \dfrac{a}{\tan A}$

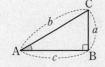

$\triangle ABC$에서 두 변의 길이와 그 끼인각의 크기를 알 때

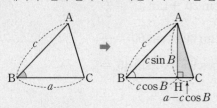

직각삼각형 AHC에서

$\overline{AC} = \sqrt{\overline{AH}^2 + \boxed{❹}^2}$

$= \sqrt{(c \sin B)^2 + (a - c \cos B)^2}$

🏷 다음 그림의 직각삼각형 ABC에서 x, y의 값을 각각 $\angle B$의 삼각비를 이용하여 나타내시오.

1

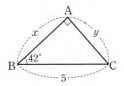

2

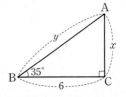

🏷 다음 그림의 직각삼각형 ABC에서 주어진 삼각비의 값을 이용하여 x의 값을 구하시오.

3

$\sin 50° = 0.77$
$\cos 50° = 0.64$
$\tan 50° = 1.19$

4

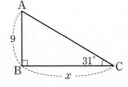

$\sin 31° = 0.52$
$\cos 31° = 0.86$
$\tan 31° = 0.60$

🏷 다음 그림의 $\triangle ABC$에서 x의 값을 구하시오.

5

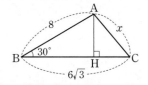

➡ $\overline{AH} = \boxed{} \sin 30° = \boxed{}$

$\overline{BH} = \boxed{} \cos 30° = \boxed{}$

$\overline{CH} = \overline{BC} - \overline{BH} = \boxed{}$ 이므로 직각삼각형 AHC에서

$x = \sqrt{\boxed{}^2 + (2\sqrt{3})^2} = \boxed{}$

6

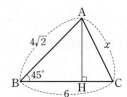

7

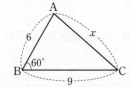

8

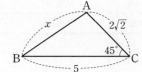

정답과 풀이 ★ 42쪽

일반 삼각형의 변의 길이 (2)

△ABC에서 한 변의 길이와 그 양 끝 각의 크기를 알 때

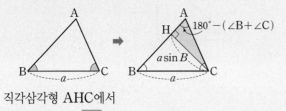

$180° - (\angle B + \angle C)$

직각삼각형 AHC에서

$$\overline{AC} = \frac{\overline{CH}}{❺\boxed{}} = \frac{a \sin B}{❻\boxed{}}$$

삼각형의 높이

△ABC에서 한 변의 길이와 그 양 끝 각의 크기가 주어질 때

(1) 모두 예각이 주어진 경우   (2) 둔각이 주어진 경우

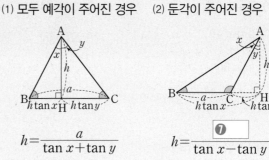

$$h = \frac{a}{\tan x + \tan y}$$

$$h = \frac{❼\boxed{}}{\tan x - \tan y}$$

▶ 다음 그림의 △ABC에서 x의 값을 구하시오.

9

➡ 직각삼각형 HBC에서 $\overline{CH} = \boxed{} \sin 45° = \boxed{}$

  $\angle A = \boxed{}°$이므로 직각삼각형 AHC에서

  $x = \dfrac{\overline{CH}}{\sin 60°} = \boxed{}$

10

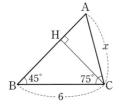

11

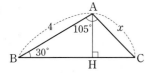

12

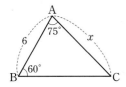

▶ 다음 그림의 △ABC에서 h의 값을 구하시오.

13

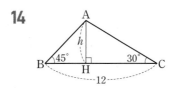

14

15

16

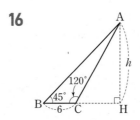

1 개념 ❶ 직각삼각형의 변의 길이

오른쪽 그림과 같은 직각삼각형 ABC에서 ∠A=40°, $\overline{AC}$=3일 때, 다음 중에서 $\overline{AB}$의 길이를 나타내는 것은?

① 3 sin 40°　　　　　　② 3 cos 40°

③ 3 tan 40°　　　　　　④ $\dfrac{3}{\sin 50°}$

⑤ $\dfrac{3}{\cos 50°}$

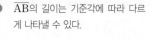

● $\overline{AB}$의 길이는 기준각에 따라 다르게 나타낼 수 있다.

2 개념 ❶ 직각삼각형의 변의 길이

오른쪽 그림과 같이 빌딩에서 30 m 떨어진 지점에서 빌딩 꼭대기를 올려다본 각의 크기가 30°일 때, 이 빌딩의 높이는?

① $10\sqrt{2}$ m　　　　　　② $10\sqrt{3}$ m

③ $10\sqrt{6}$ m　　　　　　④ $15\sqrt{2}$ m

⑤ $15\sqrt{3}$ m

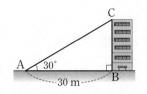

3 개념 ❷ 일반 삼각형의 변의 길이

오른쪽 그림과 같은 △ABC에서 $\overline{AC}$=8, $\overline{BC}$=10, ∠C=60°일 때, $\overline{AB}$의 길이를 구하시오.

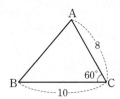

기출 4 개념 ❷ 일반 삼각형의 변의 길이

오른쪽 그림과 같이 호수의 폭을 구하기 위하여 각의 크기와 거리를 측량하였더니 $\overline{AC}$=30 m, ∠A=75°, ∠C=60°이었다. 호수의 폭 $\overline{AB}$의 길이를 구하시오.

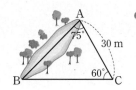

● 한 변의 길이와 그 양 끝 각의 크기가 주어진 일반 삼각형에서 변의 길이를 구할 때는 30°, 45°, 60°가 아닌 각의 꼭짓점에서 대변에 수선을 긋는다.

5 개념 ❸ 삼각형의 높이

오른쪽 그림과 같은 △ABC에서 $\overline{BC}$=5, ∠B=35°, ∠ACH=45°일 때, 다음 중에서 $\overline{AH}$의 길이를 나타내는 것은?

① 5(tan 35°+1)　　　　② 5(tan 55°−1)

③ $\dfrac{5}{\tan 35°−1}$　　　　　④ $\dfrac{5}{\tan 55°−1}$

⑤ $\dfrac{5}{\tan 55°−\tan 35°}$

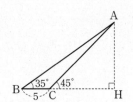

● 직각삼각형 ABH와 직각삼각형 ACH에서 각각 밑변의 길이를 구해 본다.

6 개념 **1** 직각삼각형의 변의 길이

오른쪽 그림과 같은 직각삼각형 ABC에 대하여 다음 중에서 옳지 않은 것은?

① $a=c\sin A$

② $a=\dfrac{b}{\tan A}$

③ $b=c\cos A$

④ $b=\dfrac{a}{\tan A}$

⑤ $c=\dfrac{b}{\cos A}$

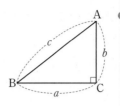

● 기준각에 대하여 주어진 변과 구하는 변이
① 빗변, 높이이면 ➡ sin 이용
② 빗변, 밑면이면 ➡ cos 이용
③ 밑변, 높이이면 ➡ tan 이용

7 개념 **1** 직각삼각형의 변의 길이

오른쪽 그림과 같이 A 빌딩 옥상의 C 지점에서 B 빌딩을 올려다본 각의 크기는 30°이고 내려다본 각의 크기는 45°이다. 두 빌딩 사이의 거리가 45 m일 때, B 빌딩의 높이는?

① $10(3-\sqrt{3})$ m

② $10(3+\sqrt{3})$ m

③ $15(3-\sqrt{3})$ m

④ $15(3+\sqrt{3})$ m

⑤ $20(3-\sqrt{3})$ m

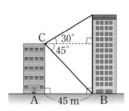

● 두 직각삼각형에서 각각 삼각비를 이용한다.

8 개념 **2** 일반 삼각형의 변의 길이

오른쪽 그림과 같은 △ABC에서 $\overline{BC}=4$, ∠B=105°, ∠C=30°일 때, $\overline{AB}$의 길이를 구하시오.

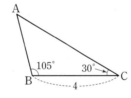

9 개념 **3** 삼각형의 높이

오른쪽 그림과 같은 △ABC에서 $\overline{AH}\perp\overline{BC}$이고 $\overline{BC}=10$, ∠B=30°, ∠C=45°일 때, 다음을 구하시오.

(1) $\overline{AH}$의 길이
(2) △ABC의 넓이

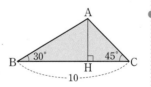

● 직각삼각형 ABH와 직각삼각형 AHC에서 각각 밑변의 길이를 구해 본다.

10 개념 **3** 삼각형의 높이

오른쪽 그림과 같이 30 m 떨어진 두 지점 A, B에서 하늘에 떠 있는 열기구를 올려다본 각의 크기가 각각 60°, 45°일 때, 지면으로부터 열기구까지의 높이는?

① $15(3-\sqrt{3})$ m

② $15(3+\sqrt{3})$ m

③ $15(6-\sqrt{3})$ m

④ $15(6+\sqrt{3})$ m

⑤ $20(3-\sqrt{3})$ m

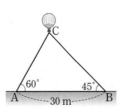

02 넓이 구하기

삼각형의 넓이

△ABC에서 두 변의 길이 a, c와 그 끼인각 ∠B의 크기를 알 때 삼각형의 넓이 S는

(1) ∠B가 예각인 경우

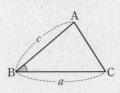

$$S = \frac{1}{2}ac \boxed{①}$$

(2) ∠B가 둔각인 경우

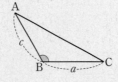

$$S = \frac{1}{2}ac \sin(180° - B)$$

다각형의 넓이

다각형에 보조선을 그어 여러 개의 삼각형으로 나눈 후 삼각형의 넓이의 합을 구한다.

➡ □ABCD = △ABD + △ ❷

다음 그림과 같은 △ABC의 넓이를 구하시오.

1

➡ $\triangle ABC = \dfrac{1}{2} \times 3 \times \boxed{} \times \sin \boxed{}°$

$ = \boxed{} \ (cm^2)$

2

3

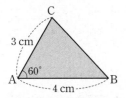

➡ $\triangle ABC = \dfrac{1}{2} \times 4 \times \boxed{} \times \sin(180° - \boxed{}°)$

$ = \boxed{} \ (cm^2)$

4

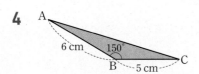

오른쪽 그림과 같은 사각형 ABCD에서 다음을 구하시오.

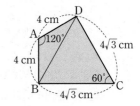

5 △ABD의 넓이

6 △BCD의 넓이

7 □ABCD의 넓이

오른쪽 그림과 같은 사각형 ABCD에서 다음을 구하시오.

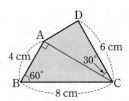

8 △ABC의 넓이

9 $\overline{AC}$의 길이

10 △ACD의 넓이

11 □ABCD의 넓이

평행사변형의 넓이

평행사변형 ABCD에서 이웃하는 두 변의 길이 a, b와 그 끼인각 x의 크기를 알 때 넓이 S는

(1) x가 예각인 경우
$S = ab$ ❸ ☐

(2) x가 둔각인 경우
$S = ab \sin(180° - x)$

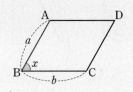

사각형의 넓이

사각형 ABCD에서 두 대각선의 길이 a, b와 두 대각선이 이루는 각 x의 크기를 알 때 넓이 S는

(1) x가 예각인 경우
$S = \dfrac{1}{2}ab \sin x$

(2) x가 둔각인 경우
$S = \dfrac{1}{2}ab \sin(\boxed{❹}° - x)$

▶ 다음 그림과 같은 평행사변형 ABCD의 넓이를 구하시오.

12

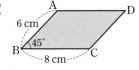

13

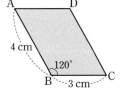

▶ 다음 그림과 같은 마름모 ABCD의 넓이를 구하시오.

14

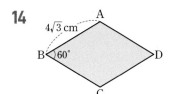

15

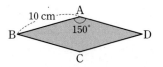

▶ 다음 그림과 같은 사각형 ABCD의 넓이를 구하시오.

16

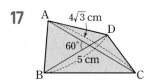

17

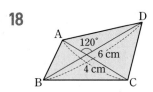

18

19

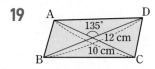

1 개념 ④ 삼각형의 넓이

오른쪽 그림과 같이 $\overline{AB}=8$ cm, $\overline{AC}=7$ cm인 △ABC의 넓이가 14 cm²일 때, ∠A의 크기를 구하시오. (단, ∠A는 예각이다.)

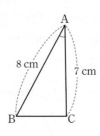

2 개념 ④ 삼각형의 넓이

오른쪽 그림과 같이 $\overline{AB}=8$ cm, $\overline{BC}=4$ cm, ∠B$=135°$인 △ABC의 넓이는?

① $4\sqrt{2}$ cm²　　　② $5\sqrt{2}$ cm²
③ $6\sqrt{2}$ cm²　　　④ $7\sqrt{2}$ cm²
⑤ $8\sqrt{2}$ cm²

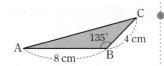

● 끼인각의 크기가 둔각일 때의 삼각형의 넓이 공식을 이용한다.

3 개념 ⑤ 다각형의 넓이

기출

오른쪽 그림에서 $\overline{BC}=10$ cm, $\overline{CD}=6$ cm이고 ∠ABC$=60°$, ∠ACD$=30°$일 때, □ABCD의 넓이는?

① $20\sqrt{3}$ cm²　　　② $\dfrac{41\sqrt{3}}{2}$ cm²

③ $21\sqrt{3}$ cm²　　　④ $\dfrac{43\sqrt{3}}{2}$ cm²

⑤ $22\sqrt{3}$ cm²

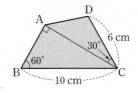

● 다각형의 넓이는 삼각형의 넓이의 합으로 구한다.

4 개념 ⑥ 평행사변형의 넓이

오른쪽 그림과 같이 $\overline{AB}=5$ cm, ∠B$=30°$인 평행사변형 ABCD의 넓이가 15 cm²일 때, $\overline{BC}$의 길이는?

① 3 cm　　　② 4 cm
③ 5 cm　　　④ 6 cm
⑤ 7 cm

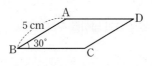

5 개념 ⑦ 사각형의 넓이

오른쪽 그림과 같이 두 대각선이 이루는 각의 크기가 $135°$이고 $\overline{AC}=5$ cm인 □ABCD의 넓이가 $10\sqrt{2}$ cm²일 때, $\overline{BD}$의 길이를 구하시오.

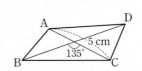

6 개념 **4** 삼각형의 넓이

오른쪽 그림과 같이 한 변의 길이가 6 cm인 정삼각형의 넓이는?

① 9 cm^2 ② $9\sqrt{2} \text{ cm}^2$

③ $9\sqrt{3} \text{ cm}^2$ ④ $18\sqrt{2} \text{ cm}^2$

⑤ $18\sqrt{3} \text{ cm}^2$

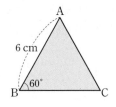

● 정삼각형의 세 변의 길이는 모두 같다.

7 개념 **4** 삼각형의 넓이

오른쪽 그림과 같이 $\overline{AB}=10 \text{ cm}$, $\overline{AC}=12 \text{ cm}$인 △ABC의 넓이가 $30\sqrt{3} \text{ cm}^2$일 때, ∠A의 크기를 구하시오. (단, ∠A는 둔각이다.)

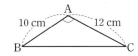

8 개념 **5** 다각형의 넓이

오른쪽 그림과 같이 $\overline{AB}=\overline{DC}=3\sqrt{2} \text{ cm}$이고 $\overline{AD}=2 \text{ cm}$, $\overline{BC}=8 \text{ cm}$, ∠B=45°인 등변사다리꼴 ABCD의 넓이를 구하시오.

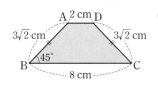

● 등변사다리꼴 ABCD에서

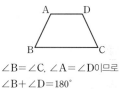

∠B=∠C, ∠A=∠D이므로
∠B+∠D=180°

9 개념 **6** 평행사변형의 넓이

오른쪽 그림과 같이 ∠A=135°인 마름모 ABCD의 넓이가 $18\sqrt{2} \text{ cm}^2$일 때, 마름모의 한 변의 길이를 구하시오.

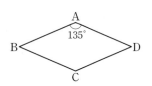

10 개념 **7** 사각형의 넓이

오른쪽 그림과 같이 $\overline{AC}=8 \text{ cm}$, $\overline{BD}=11 \text{ cm}$이고 ∠DBC=26°, ∠ACB=34°인 □ABCD의 넓이를 구하시오.

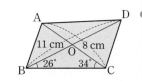

● 삼각형의 세 내각의 크기의 합은 180°임을 이용한다.

01 원의 현

(1) 원의 중심에서 현에 내린 수선은 그 현을 이등분한다.

➡ $\overline{AB} \perp \overline{OM}$이면 $\overline{AM}$ = ❶ ☐

(2) 원에서 현의 수직이등분선은 그 원의 중심을 지난다.

▶ 다음 그림의 원 O에서 x의 값을 구하시오.

1

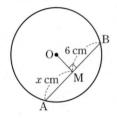

2

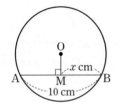

3

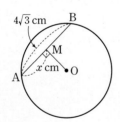

4

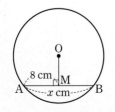

▶ 다음 그림의 원 O에서 x의 값을 구하시오.

5

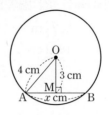

➡ 직각삼각형 OAM에서

$\overline{AM} = \sqrt{4^2 - \boxed{}^2} = \boxed{}$ (cm)

따라서 $x = 2 \times \boxed{} = \boxed{}$

6

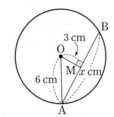

7

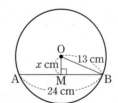

8

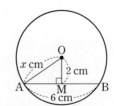

9

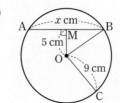

원의 중심과 현의 길이

(1) 한 원에서 중심으로부터 같은 거리
에 있는 두 현의 길이는 같다.

➡ $\overline{OM}=\overline{ON}$이면
$\overline{AB}=$ ❷ □

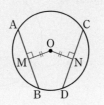

(2) 한 원에서 길이가 같은 두 현은 원
의 중심으로부터 같은 거리에 있다.

➡ $\overline{AB}=\overline{CD}$이면 $\overline{OM}=$ ❸ □

◗ 다음 그림의 원 O에서 x의 값을 구하시오.

10

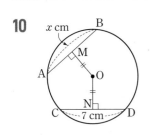

11

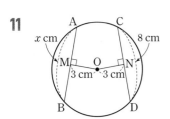

12

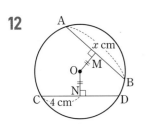

13

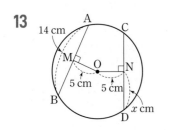

◗ 다음 그림의 원 O에서 x의 값을 구하시오.

14

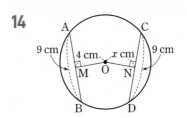

15

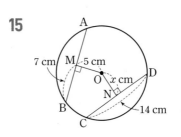

16

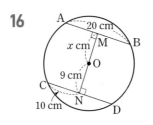

◗ 다음 그림의 원 O에서 ∠x의 크기를 구하시오.

17

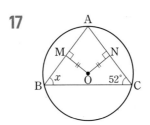

18

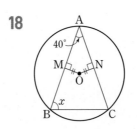

1 개념 **1** 현의 수직이등분선

오른쪽 그림의 원 O에서 $\overline{AB} \perp \overline{OM}$이고 $\overline{OB} = 6$ cm, $\overline{OM} = 5$ cm일 때, $\overline{AB}$의 길이는?

① $\sqrt{11}$ cm ② $2\sqrt{3}$ cm

③ $2\sqrt{11}$ cm ④ $4\sqrt{3}$ cm

⑤ $6\sqrt{3}$ cm

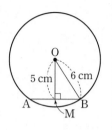

2 개념 **1** 현의 수직이등분선

오른쪽 그림과 같은 원 O에서 $\overline{AB} \perp \overline{CD}$이고 $\overline{CM} = 8$ cm, $\overline{DM} = 2$ cm일 때, $\overline{AB}$의 길이는?

① 6 cm ② 7 cm

③ 8 cm ④ 9 cm

⑤ 10 cm

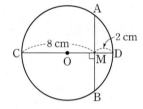

● 원의 중심을 지나는 현은 그 원의 지름이다.

3 개념 **2** 현의 수직이등분선의 활용

오른쪽 그림에서 $\overset{\frown}{AB}$는 원의 일부분이다. $\overline{AB} \perp \overline{CD}$이고 $\overline{AD} = \overline{BD} = 4\sqrt{5}$ cm, $\overline{CD} = 4$ cm일 때, 이 원의 반지름의 길이를 구하시오.

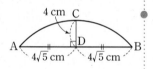

● 원의 일부분이 주어진 경우 원의 중심을 찾아 직각삼각형을 그리고 반지름의 길이를 r로 놓은 후 피타고라스 정리를 이용한다.

4 개념 **3** 원의 중심과 현의 길이

오른쪽 그림과 같은 원 O에서 $\overline{AB} \perp \overline{OM}$, $\overline{CD} \perp \overline{ON}$이고 $\overline{OM} = \overline{ON} = 2$ cm, $\overline{OD} = 4$ cm일 때, $\overline{AB}$의 길이를 구하시오.

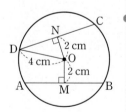

● 한 원에서 중심으로부터 같은 거리에 있는 두 현의 길이는 같다.

5 개념 **3** 원의 중심과 현의 길이

오른쪽 그림과 같은 원 O에서 $\overline{AB} \perp \overline{OM}$, $\overline{AC} \perp \overline{ON}$이고 $\overline{OM} = \overline{ON}$이다. $\angle B = 70°$일 때, $\angle x$의 크기를 구하시오.

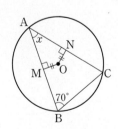

$\overline{OM} = \overline{ON}$이면
➡ $\overline{AB} = \overline{AC}$
➡ △ABC는 이등변삼각형

정답과 풀이 ★ 47쪽

6 개념 ① 현의 수직이등분선
오른쪽 그림과 같이 지름의 길이가 10 cm인 원 O에서 현 AB의 길이가 8 cm일 때, △AOB의 넓이를 구하시오.

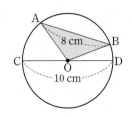

● 원의 중심에서 현에 내린 수선은 그 현을 이등분한다.

7 개념 ① 현의 수직이등분선
오른쪽 그림과 같이 반지름의 길이가 6 cm인 원 O에서 $\overline{AB} \perp \overline{OC}$이고 $\overline{OM} = \overline{CM}$일 때, $\overline{AB}$의 길이는?

① $4\sqrt{3}$ cm ② $4\sqrt{5}$ cm
③ $4\sqrt{6}$ cm ④ $6\sqrt{3}$ cm
⑤ $6\sqrt{5}$ cm

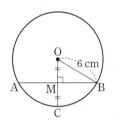

8 개념 ② 현의 수직이등분선의 활용
오른쪽 그림과 같이 원 O의 원주 위의 한 점이 원의 중심 O에 겹쳐지도록 $\overline{AB}$를 접는 선으로 하여 접었더니 $\overline{AB} = 2\sqrt{3}$이었다. 이때 원 O의 반지름의 길이는?

① 1 ② 2 ③ 3
④ 4 ⑤ 5

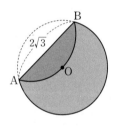

● 원주 위의 한 점이 원의 중심 O에 겹쳐지도록 접은 경우 원의 중심에서 현에 수선을 긋고 반지름의 길이를 r로 놓은 후 피타고라스 정리를 이용한다.

9 개념 ③ 원의 중심과 현의 길이
오른쪽 그림과 같이 반지름의 길이가 7 cm인 원 O에서 $\overline{AB} \perp \overline{OM}$, $\overline{CD} \perp \overline{ON}$이고 $\overline{OM} = \overline{ON} = 5$ cm일 때, $\overline{CD}$의 길이를 구하시오.

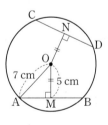

10 개념 ③ 원의 중심과 현의 길이
오른쪽 그림과 같은 원 O에서 $\overline{AB} \perp \overline{OM}$, $\overline{AC} \perp \overline{ON}$이고 $\overline{OM} = \overline{ON}$이다. ∠MON=110°일 때, ∠B의 크기를 구하시오.

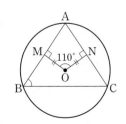

● 사각형의 내각의 크기의 합은 360° 임을 이용한다.

02 원의 접선

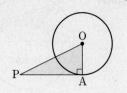
▶ 다음 그림에서 점 A는 점 P에서 원 O에 그은 접선의 접점일
때, x의 값을 구하시오.

1

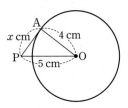

2

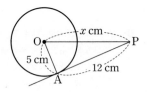

3

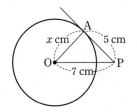

4

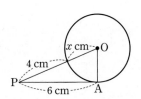

5

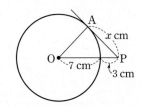

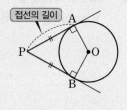
▶ 다음 그림에서 두 점 A, B는 점 P에서 원 O에 그은 두 접선
의 접점일 때, x의 값을 구하시오.

6

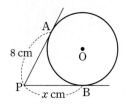

7

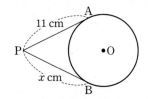

8

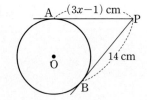

9

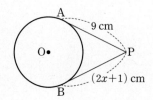

▶ 다음 그림에서 $\overline{PA}$, $\overline{PQ}$, $\overline{QC}$는 원 O의 접선이고 세 점 A, B, C는 접점일 때, x의 값을 구하시오.

10
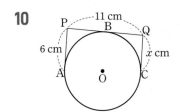

11
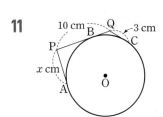

12
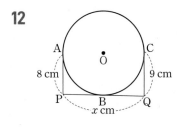

▶ 다음 그림에서 두 점 A, B는 점 P에서 원 O에 그은 두 접선의 접점일 때, $\angle x$의 크기를 구하시오.

13
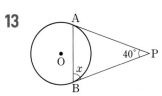

14
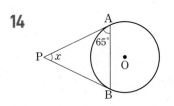

▶ 다음 그림에서 두 점 A, B는 점 P에서 원 O에 그은 두 접선의 접점일 때, $\angle x$의 크기를 구하시오.

15
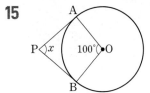

16
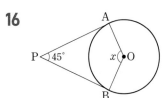

17
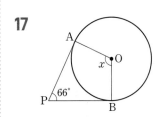

18
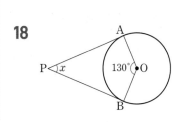

19
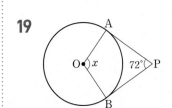

삼각형의 내접원

원 O는 △ABC의 내접원이고 세 점 D, E, F는 접점일 때
➡ $\overline{AD}=\overline{AF}$, $\overline{BD}=$ ❸ $\qquad$,
$\overline{CE}=\overline{CF}$

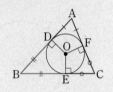

🏷 다음 그림에서 원 O는 △ABC의 내접원이고 세 점 D, E, F는 접점일 때, x, y, z의 값을 각각 구하시오.

20

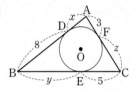

21

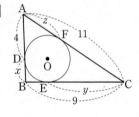

🏷 오른쪽 그림에서 원 O는 △ABC의 내접원이고 세 점 D, E, F는 접점일 때, 다음을 구하시오.

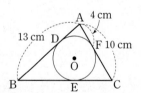

22 $\overline{BD}$의 길이

23 $\overline{CE}$의 길이

24 $\overline{BC}$의 길이

🏷 오른쪽 그림에서 원 O는 △ABC의 내접원이고 세 점 D, E, F는 접점일 때, 다음 물음에 답하시오.

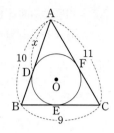

25 $\overline{BE}$의 길이를 x에 대한 식으로 나타내시오.

26 $\overline{CE}$의 길이를 x에 대한 식으로 나타내시오.

27 x의 값을 구하시오.

🏷 다음 그림에서 원 O는 △ABC의 내접원이고 세 점 D, E, F는 접점일 때, x의 값을 구하시오.

28

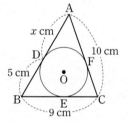

29

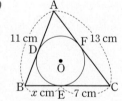

30

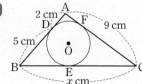

직각삼각형의 내접원

∠C=90°인 직각삼각형 ABC의 내
접원 O의 반지름의 길이가 r이고 세
점 D, E, F가 접점일 때

➡ □OECF는 한 변의 길이가 r인
❹ [　　　] 이다.

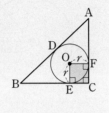

원에 외접하는 사각형의 성질

원에 외접하는 사각형의 두 쌍의 대
변의 길이의 합은 같다.

➡ $\overline{AB}+\overline{CD}=$ **❺** [　　　] $+\overline{BC}$

▶ 오른쪽 그림에서 원 O는
∠B=90°인 직각삼각형 ABC의
내접원이고 세 점 D, E, F는 접
점이다. 원 O의 반지름의 길이를
r라 할 때, 다음 물음에 답하시오.

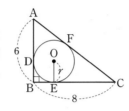

31 $\overline{AC}$의 길이를 구하시오.

32 $\overline{AF}$, $\overline{CF}$의 길이를 각각 r에 대한 식으로 나타내시오.

33 r의 값을 구하시오.

▶ 다음 그림에서 원 O는 ∠C=90°인 직각삼각형 ABC의 내
접원이고 세 점 D, E, F는 접점일 때, r의 값을 구하시오.

34
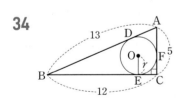

35
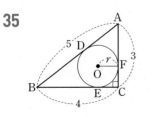

▶ 다음 그림에서 □ABCD가 원 O에 외접할 때, x의 값을 구
하시오.

36
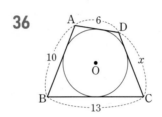

37
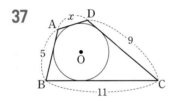

38
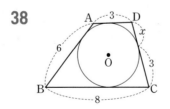

39
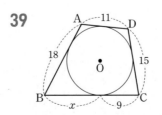

1 개념 ④ 원의 접선의 성질

오른쪽 그림에서 점 T는 점 P에서 원 O에 그은 접선의 접점이다. $\overline{OA}=7$ cm, $\overline{PA}=4$ cm일 때, $\overline{PT}$의 길이는?

① 6 cm   ② $6\sqrt{2}$ cm

③ $5\sqrt{3}$ cm   ④ $4\sqrt{5}$ cm

⑤ $6\sqrt{3}$ cm

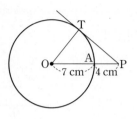

기출 2 개념 ④ 원의 접선의 성질

오른쪽 그림에서 두 점 A, B는 점 P에서 원 O에 그은 두 접선의 접점이다. $\overline{OA}=3$ cm, $\angle APB=45°$일 때, 색칠한 부분의 넓이를 구하시오.

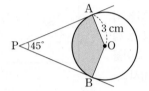

➡ $\angle PAO=\angle PBO=90°$이므로
$\angle APB+\angle AOB=180°$

3 개념 ⑤ 삼각형의 내접원

오른쪽 그림에서 원 O는 △ABC의 내접원이고 세 점 D, E, F는 접점이다. $\overline{BC}=9$ cm, $\overline{CE}=5$ cm, $\overline{AC}=15$ cm일 때, $\overline{AB}$의 길이는?

① 10 cm   ② 11 cm   ③ 12 cm

④ 13 cm   ⑤ 14 cm

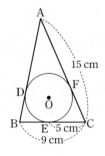

원이 삼각형에 내접할 때는 먼저 길이가 같은 선분을 찾는다.

4 개념 ⑥ 직각삼각형의 내접원

오른쪽 그림에서 원 O는 $\angle C=90°$인 직각삼각형 ABC의 내접원이고 세 점 D, E, F는 접점이다. $\overline{AC}=8$ cm, $\overline{BC}=15$ cm일 때, 원 O의 반지름의 길이를 구하시오.

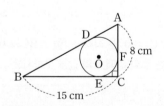

5 개념 ⑦ 원에 외접하는 사각형의 성질

오른쪽 그림에서 □ABCD는 원 O에 외접하고 네 점 E, F, G, H는 접점이다. $\overline{AH}=4$ cm, $\overline{BC}=12$ cm, $\overline{DG}=3$ cm일 때, □ABCD의 둘레의 길이는?

① 38 cm   ② 40 cm

③ 42 cm   ④ 44 cm

⑤ 46 cm

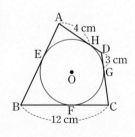

원 밖의 한 점에서 원에 그은 두 접선의 길이는 같다.

정답과 풀이 ★ 50쪽

6 개념 **4** 원의 접선의 성질

오른쪽 그림에서 점 A는 점 P에서 원 O에 그은 접선의 접점이다. $\overline{PA}=12$ cm, $\overline{PB}=6$ cm일 때, 원 O의 넓이는?

① 81π cm² ② 100π cm²

③ 121π cm² ④ 144π cm²

⑤ 169π cm²

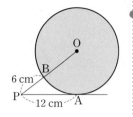

● 원의 접선은 그 접점을 지나는 원의 반지름에 수직이다.

7 개념 **4** 원의 접선의 성질

오른쪽 그림에서 두 점 A, B는 점 P에서 원 O에 그은 두 접선의 접점이다. ∠OAB=30°일 때, ∠APB의 크기는?

① 40° ② 45°

③ 50° ④ 55°

⑤ 60°

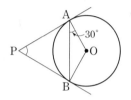

● 원 밖의 한 점에서 원에 그은 두 접선의 길이는 같으므로 두 접선을 두 변으로 하는 삼각형은 이등변삼각형이다.

8 개념 **5** 삼각형의 내접원

오른쪽 그림에서 원 O는 △ABC의 내접원이고 세 점 D, E, F는 접점이다. $\overline{BE}=6$ cm, $\overline{CF}=9$ cm이고 △ABC의 둘레의 길이가 40 cm일 때, $\overline{AF}$의 길이를 구하시오.

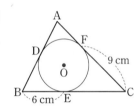

9 개념 **6** 직각삼각형의 내접원

오른쪽 그림에서 원 O는 ∠C=90°인 직각삼각형 ABC의 내접원이고 세 점 D, E, F는 접점이다. $\overline{AD}=3$ cm, $\overline{BE}=10$ cm일 때, 원 O의 반지름의 길이를 구하시오.

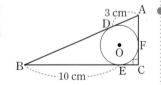

● 원 O의 반지름의 길이를 r cm로 놓고 원 밖의 한 점에서 원에 그은 두 접선의 길이는 같음을 이용한다.

10 개념 **7** 원에 외접하는 사각형의 성질

오른쪽 그림의 원 O는 $\overline{AD}$ // $\overline{BC}$인 등변사다리꼴 ABCD에 내접한다. $\overline{AD}=8$ cm, $\overline{BC}=14$ cm일 때, $\overline{AB}$의 길이를 구하시오.

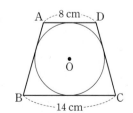

01 원주각

원주각과 중심각의 크기

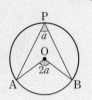

원에서 한 호에 대한 원주각의 크기는 그

호에 대한 중심각의 크기의 **①** [ ]이다.

➡ $\angle APB = \dfrac{1}{2}\angle AOB$

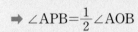 다음 그림의 원 O에서 ∠x의 크기를 구하시오.

1

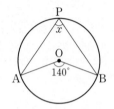

2

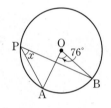

3

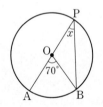

4

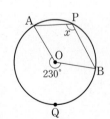

5

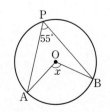

6

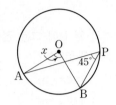

7

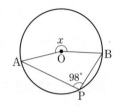

다음 그림의 원 O에서 ∠x의 크기를 구하시오.

8

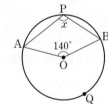

➡ $\overset{\frown}{AQB}$에 대한 중심각의 크기는

$360° - $ [ ] $° = $ [ ] $°$

따라서

$\angle x = \dfrac{1}{2} \times$ [ ] $° = $ [ ] $°$

9

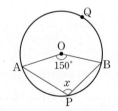

10

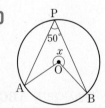

➡ $\angle AOB = 2\angle APB$

$= 2 \times$ [ ] $° = $ [ ] $°$

이므로

$\angle x = 360° - $ [ ] $° = $ [ ] $°$

11

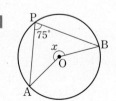

원주각의 성질

(1) 원에서 한 호에 대한 원주각의 크기는 모두 같다.

(2) 반원에 대한 원주각의 크기는 ❷ [   ] °이다.

 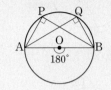

다음 그림의 원에서 ∠x의 크기를 구하시오.

12

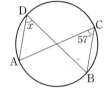

13

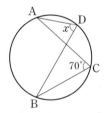

다음 그림의 원에서 ∠x, ∠y의 크기를 각각 구하시오.

14

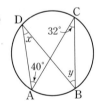

15

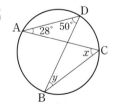

16

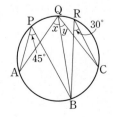

다음 그림에서 $\overline{AB}$는 원 O의 지름일 때, ∠x의 크기를 구하시오.

17

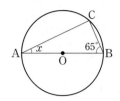

18

19

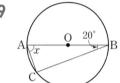

다음 그림에서 $\overline{AB}$는 원 O의 지름일 때, ∠x의 크기를 구하시오.

20

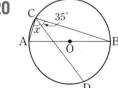

21

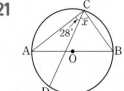

원주각의 크기와 호의 길이

한 원 또는 합동인 두 원에서

(1) 길이가 같은 호에 대한 원주각의 크기는 같다.

(2) 크기가 같은 원주각에 대한 호의 길이는 ❸ □ .

(3) 호의 길이는 그 호에 대한 원주각의 크기에 ❹ □ 한다.

▶ 다음 그림의 원에서 ∠x의 크기를 구하시오.

22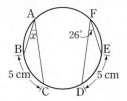

23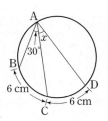

24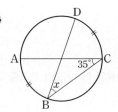

25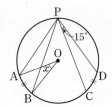

26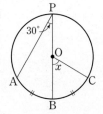

▶ 다음 그림의 원에서 x의 값을 구하시오.

27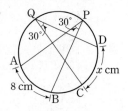

28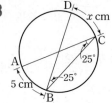

▶ 다음 그림의 원에서 x의 값을 구하시오.

29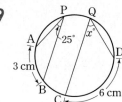

➡ ∠APB : ∠CQD = $\widehat{AB}$: $\widehat{CD}$

이므로

□° : x° = □ : 6

따라서 x = □

30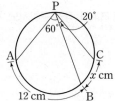

31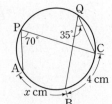

32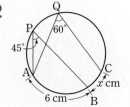

1 개념 ❷ 원주각과 중심각의 크기

오른쪽 그림의 원 O에서 ∠BOD=100°일 때, ∠y−∠x의 크기를 구하시오.

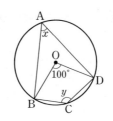

● (원의 중심각의 크기)=360°

2 개념 ❷ 원주각과 중심각의 크기

오른쪽 그림의 원 O에서 ∠AOC=110°, ∠AEB=25°일 때, ∠x의 크기는?

① 20°　　　　　② 25°

③ 30°　　　　　④ 35°

⑤ 40°

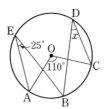

● 보조선을 그어 중심각을 두 개로 나타낸 후 한 호에 대한 원주각의 크기는 그 호에 대한 중심각의 크기의 $\frac{1}{2}$임을 이용한다.

3 개념 ❸ 원주각의 성질 (1)

오른쪽 그림의 원에서 ∠ADB=70°, ∠DBC=40°일 때, ∠x+∠y의 크기는?

① 110°　　　　　② 120°

③ 130°　　　　　④ 140°

⑤ 150°

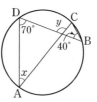

4 개념 ❹ 원주각의 성질 (2)

오른쪽 그림에서 $\overline{BD}$는 원 O의 지름이고 ∠CBD=40°일 때, ∠BAC의 크기를 구하시오.

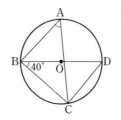

● (반원에 대한 원주각의 크기) =90°

5 개념 ❺ 원주각의 크기와 호의 길이

오른쪽 그림에서 $\overline{CE}$는 원 O의 지름일 때, x의 값을 구하시오.

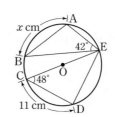

개념 ❶ 원주각

6 다음 보기에서 오른쪽 그림의 원에 대한 설명으로 옳은 것을 모두 고른 것은?

> 보기
> ㄱ. ∠BEC는 $\widehat{BC}$에 대한 원주각이다.
> ㄴ. ∠CDA는 $\widehat{CD}$에 대한 원주각이다.
> ㄷ. ∠ACE에 대한 호는 $\widehat{AE}$이다.
> ㄹ. ∠BDE에 대한 호는 $\widehat{BE}$이다.

① ㄱ, ㄴ   ② ㄱ, ㄷ   ③ ㄴ, ㄷ
④ ㄴ, ㄹ   ⑤ ㄱ, ㄷ, ㄹ

개념 ❷ 원주각과 중심각의 크기

7 오른쪽 그림의 원 O에서 ∠BAC=60°일 때, ∠x의 크기를 구하시오.

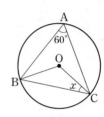

개념 ❷ 원주각과 중심각의 크기

8 오른쪽 그림에서 두 점 A, B는 점 P에서 원 O에 그은 두 접선의 접점이다. ∠ACB=70°일 때, 다음을 구하시오.

(1) ∠x의 크기   (2) ∠y의 크기

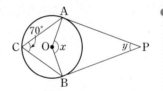

● 원의 접선은 그 접점을 지나는 반지름에 수직이다.

개념 ❸ 원주각의 성질 (1)

9 오른쪽 그림의 원에서 ∠CBD=30°, ∠DFE=35°일 때, ∠CAE의 크기를 구하시오.

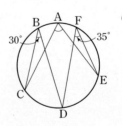

● 보조선을 그어 주어진 원주각과 크기가 같은 원주각을 찾는다.

개념 ❹ 원주각의 성질 (2)

기출 **10** 오른쪽 그림에서 $\overline{AB}$는 원 O의 지름이고 ∠OCA=60°일 때, ∠x의 크기를 구하시오.

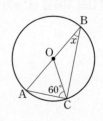

● 원의 반지름의 길이가 같음을 이용하여 이등변삼각형을 찾는다.

02 원주각의 활용

네 점이 한 원 위에 있을 조건

두 점 C, D가 직선 AB에 대하여 같은 쪽에 있을 때, ∠ACB=∠❶◻◻◻ 이면 네 점 A, B, C, D는 한 원 위에 있다.

다음 중 네 점 A, B, C, D가 한 원 위에 있는 것은 ○표, 한 원 위에 있지 않은 것은 ×표를 ( ) 안에 써넣으시오.

1

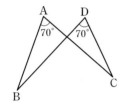

( )

2

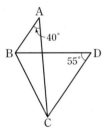

( )

3

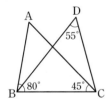

( )

4

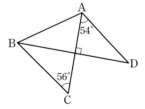

( )

5

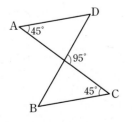

( )

다음 그림에서 네 점 A, B, C, D는 한 원 위에 있을 때, ∠x의 크기를 구하시오.

6

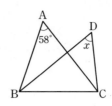

7

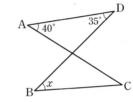

8

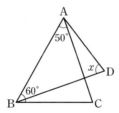

9

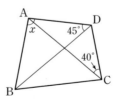

10

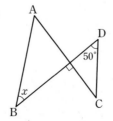

원주각의 활용

원에 내접하는 사각형의 성질

원에 내접하는 사각형에서

(1) 한 쌍의 대각의 크기의 합은
❷ [　　] °이다.

➡ ∠A+∠C＝180°
　　∠B+∠D＝180°

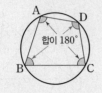

(2) 한 외각의 크기는 그와 이웃한
내각의 대각의 크기와 같다.

➡ ∠ ❸ [　　] ＝∠A

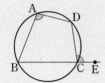

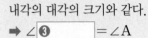 다음 그림에서 □ABCD는 원에 내접할 때, ∠x, ∠y의 크기를 각각 구하시오.

11

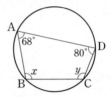

12

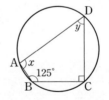

13

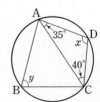

14

다음 그림에서 □ABCD는 원 O에 내접할 때, ∠x, ∠y의 크기를 각각 구하시오.

15

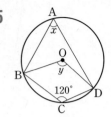

16

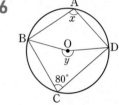

다음 그림에서 □ABCD가 원에 내접할 때, ∠x의 크기를 구하시오.

17

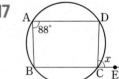

18

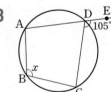

19

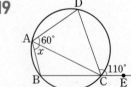

20

사각형이 원에 내접하기 위한 조건

(1) 한 쌍의 대각의 크기의 합이 **❹** [   ]°인 사각형은
원에 내접한다.

(2) 한 **❺** [   ]의 크기가 그와 이웃한 내각의 대각의 크
기와 같은 사각형은 원에 내접한다.

(3) 사각형의 한 변에 대하여 같은 쪽에 있는 두 각의 크기
가 같은 사각형은 원에 내접한다.

▶ 다음 중 □ABCD가 원에 내접하는 것은 ○표, 내접하지 않
는 것은 ×표를 (   ) 안에 써넣으시오.

21

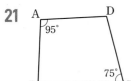

(   )

22

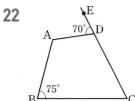

(   )

23

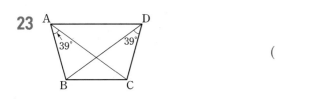

(   )

24

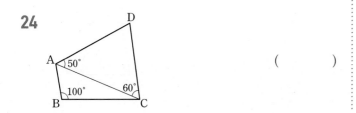

(   )

25

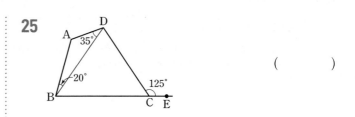

(   )

26

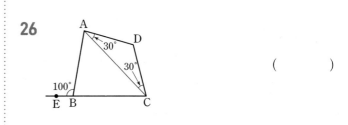

(   )

▶ 다음 그림에서 □ABCD가 원에 내접하도록 하는 ∠x의 크
기를 구하시오.

27

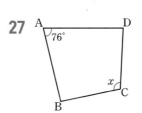

28

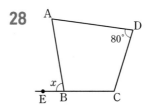

29

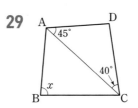

30

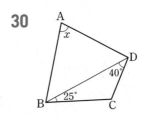

개념 ⑥ 네 점이 한 원 위에 있을 조건

1 오른쪽 그림에서 네 점 A, B, C, D는 한 원 위에 있고 ∠BAC=60°, ∠ACD=35°일 때, ∠x의 크기를 구하시오.

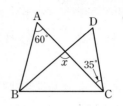

● 삼각형에서 한 외각의 크기는 그와 이웃하지 않는 두 내각의 크기의 합과 같다.

개념 ⑦ 원에 내접하는 사각형의 성질

2 오른쪽 그림에서 □ABCD는 원 O에 내접하고 ∠BOD=110°일 때, ∠x의 크기를 구하시오.

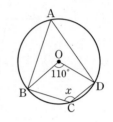

● ① 한 호에 대한 원주각의 크기는 그 호에 대한 중심각의 크기의 $\frac{1}{2}$이다.
② 원에 내접하는 사각형에서 한 쌍의 대각의 크기의 합은 180°이다.

개념 ⑦ 원에 내접하는 사각형의 성질

3 오른쪽 그림에서 $\overline{AC}$는 원 O의 지름이고 □ABCD는 원 O에 내접한다. ∠BAC=50°, ∠DCE=100°일 때, ∠x의 크기를 구하시오.

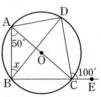

개념 ⑦ 원에 내접하는 사각형의 성질

기출 **4** 오른쪽 그림에서 육각형 ABCDEF는 원에 내접하고 ∠A=120°, ∠C=110°일 때, ∠E의 크기를 구하시오.

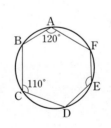

● 보조선을 그어 원에 내접하는 사각형을 찾는다.

개념 ⑧ 사각형이 원에 내접하기 위한 조건

5 다음 중에서 □ABCD가 원에 내접하는 것을 모두 고르면? (정답 2개)

①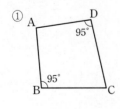

②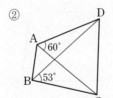

③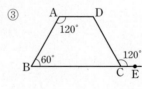

④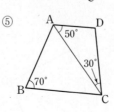

⑤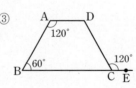

● 사각형이 원에 내접하기 위한 조건
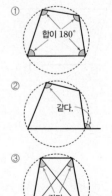

개념 **6** 네 점이 한 원 위에 있을 조건

6 오른쪽 그림에서 네 점 A, B, C, D는 한 원 위에 있고 ∠B=30°, ∠ACB=80°일 때, ∠x, ∠y의 크기를 각각 구하시오.

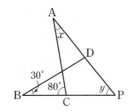

● □ABCD의 한 변에 대하여 같은 쪽에 있는 두 각의 크기가 같으면 네 점 A, B, C, D는 한 원 위에 있다.

개념 **7** 원에 내접하는 사각형의 성질

7 오른쪽 그림에서 □ABCD는 원에 내접하고 점 P는 $\overline{AD}$, $\overline{BC}$의 연장선의 교점이다. ∠APB=45°, ∠DAB=105°일 때, ∠x의 크기를 구하시오.

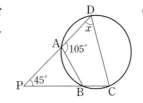

● 원에 내접하는 사각형에서 한 쌍의 대각의 크기의 합은 180°이다.

개념 **7** 원에 내접하는 사각형의 성질

8 오른쪽 그림에서 두 원 O, O′은 두 점 P, Q에서 만나고 ∠PAB=100°일 때, ∠x, ∠y의 크기를 각각 구하시오.

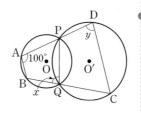

● 원에 내접하는 사각형에서 한 외각의 크기는 그와 이웃한 내각의 대각의 크기와 같다.

개념 **7** 원에 내접하는 사각형의 성질

9 오른쪽 그림에서 □ABCD는 원에 내접하고 ∠APD=30°, ∠DQC=40°일 때, ∠x의 크기를 구하시오.

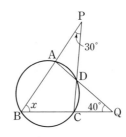

개념 **8** 사각형이 원에 내접하기 위한 조건

10 다음 보기 에서 오른쪽 그림과 같이 ∠A=80°인 □ABCD가 원에 내접하기 위한 조건인 것을 모두 고른 것은?

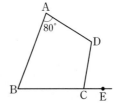

보기
ㄱ. ∠B=80°   ㄴ. ∠BCD=100°
ㄷ. ∠D=100°   ㄹ. ∠DCE=80°

① ㄱ, ㄴ   ② ㄱ, ㄷ   ③ ㄱ, ㄹ
④ ㄴ, ㄷ   ⑤ ㄴ, ㄹ

03 접선과 현이 이루는 각

접선과 현이 이루는 각

원의 접선과 그 접점을 지나는 현이 이루는 각의 크기는 그 각의 내부에 있는 호에 대한 ❶ ▢ 의 크기와 같다.

같다.

▶ 다음 그림에서 $\overleftrightarrow{AT}$는 원의 접선이고 점 A는 접점일 때, ∠x의 크기를 구하시오.

1

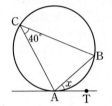

2

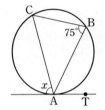

3

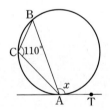

4

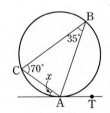

5

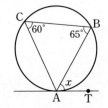

▶ 다음 그림에서 $\overleftrightarrow{AT}$는 원의 접선이고 점 A는 접점일 때, ∠x의 크기를 구하시오.

6

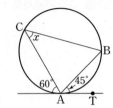

7

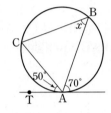

8

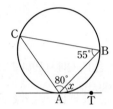

9

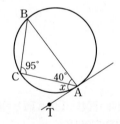

▶ 다음 그림에서 $\overleftrightarrow{AT}$는 원 O의 접선이고 점 A는 접점이다. $\overline{BC}$가 원 O의 지름일 때, ∠x의 크기를 구하시오.

10

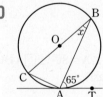

11

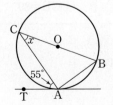

5

5

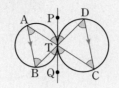
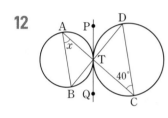
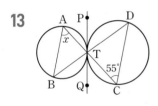
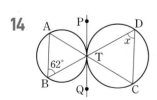
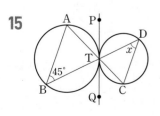

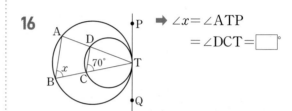
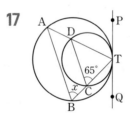
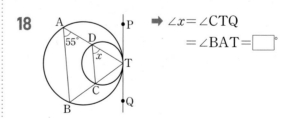
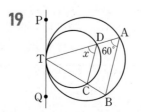

개념 9 접선과 현이 이루는 각

1 오른쪽 그림에서 $\overrightarrow{PT}$는 원 O의 접선이고 점 T는 접점이다. $\angle AOT=110°$일 때, $\angle x+\angle y$의 크기는?

① 90° ② 100°
③ 110° ④ 120°
⑤ 130°

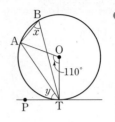

● 원에서 한 호에 대한
(원주각의 크기)
$=\dfrac{1}{2}\times$(중심각의 크기)

개념 9 접선과 현이 이루는 각

2 오른쪽 그림에서 □ABCD는 원에 내접하고 $\overleftrightarrow{CT}$는 원의 접선이다. $\angle BAD=85°$, $\angle DCT=40°$일 때, $\angle x$의 크기를 구하시오.

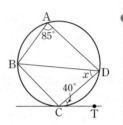

● 원에 내접하는 사각형에서 한 쌍의 대각의 크기의 합은 180°이다.

개념 9 접선과 현이 이루는 각

기출 3 오른쪽 그림에서 $\overrightarrow{PT}$는 원 O의 접선이고 점 T는 접점이다. $\overline{PB}$는 원 O의 중심을 지나고 $\angle APT=40°$일 때, $\angle x$의 크기를 구하시오.

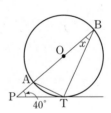

개념 10 두 원에서 접선과 현이 이루는 각

4 오른쪽 그림에서 $\overleftrightarrow{PQ}$는 두 원의 공통인 접선이고 점 T는 접점이다. $\angle ABT=70°$, $\angle DCT=50°$일 때, $\angle x$의 크기는?

① 50° ② 55°
③ 60° ④ 65°
⑤ 70°

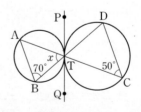

개념 10 두 원에서 접선과 현이 이루는 각

5 오른쪽 그림에서 $\overleftrightarrow{PQ}$는 두 원의 공통인 접선이고 점 T는 접점일 때, 다음 **보기**에서 옳은 것의 개수를 구하시오.

보기
ㄱ. $\angle ABT=\angle BTQ$ ㄴ. $\angle ABT=\angle DCT$
ㄷ. $\angle BAT=\angle ATP$ ㄹ. $\angle CDT=\angle CTQ$

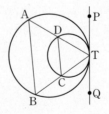

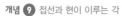

개념 ⑨ 접선과 현이 이루는 각

6 오른쪽 그림에서 $\overleftrightarrow{CT}$는 원의 접선이고 $\overset{\frown}{AB}=\overset{\frown}{BC}$이다. $\angle ABC=100°$일 때, $\angle x$의 크기를 구하시오.

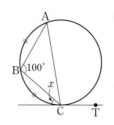

● 한 원 또는 합동인 두 원에서 길이가 같은 호에 대한 원주각의 크기는 같다.

개념 ⑨ 접선과 현이 이루는 각

7 오른쪽 그림에서 □ABCD는 원에 내접하고 $\overleftrightarrow{CT}$는 원의 접선이다. $\angle BAC=25°$, $\angle ADB=55°$일 때, $\angle x$의 크기는?

① 95°   ② 100°

③ 105°   ④ 110°

⑤ 115°

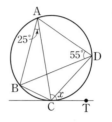

● ① 원에서 한 호에 대한 원주각의 크기는 모두 같다.
② 원에 내접하는 사각형에서 한 쌍의 대각의 크기의 합은 180°이다.

개념 ⑨ 접선과 현이 이루는 각

기출 8 오른쪽 그림에서 $\overrightarrow{PT}$는 원 O의 접선이고 점 A는 접점이다. $\overline{PC}$는 원 O의 중심을 지나고 $\angle TAC=55°$일 때, $\angle x$의 크기를 구하시오.

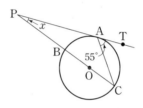

개념 ⑨ 접선과 현이 이루는 각

9 오른쪽 그림에서 $\overrightarrow{PD}$, $\overrightarrow{PE}$는 원의 접선이고 두 점 A, B는 접점이다. $\angle APB=40°$, $\angle CBE=65°$일 때, 다음을 구하시오.

(1) $\angle PAB$의 크기

(2) $\angle CAB$의 크기

(3) $\angle x$의 크기

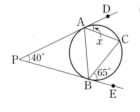

● $\overrightarrow{PA}$, $\overrightarrow{PB}$가 원의 접선일 때,
$\angle PAB=\angle PBA=\angle ACB$

개념 ⑩ 두 원에서 접선과 현이 이루는 각

10 오른쪽 그림에서 $\overleftrightarrow{PQ}$는 두 원의 공통인 접선이고 점 T는 접점이다. $\angle BAT=60°$, $\angle DTC=40°$일 때, $\angle x$의 크기를 구하시오.

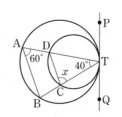

평균

$$(\text{평균}) = \frac{(\text{변량의 총합})}{(\text{변량의 } \boxed{\textbf{1}} \qquad)}$$

▶ 다음 자료의 평균을 구하시오.

1

| 3　9　2　8　13 |

2

| 51　64　48　72　85 |

3

| 9　5　3　26　4　7 |

4

| 25　19　39　44　36　23 |

5

| 14　9　11　8　13　15　7 |

6

| 75　90　80　70　75　95　75 |

▶ 다음 자료의 평균이 [　] 안의 수와 같을 때, x의 값을 구하시오.

7

| 14　　9　　x　　17 |　　[13]

➡ $(\text{평균}) = \dfrac{14+9+x+\boxed{}}{\boxed{}} = 13$이므로

$x+40 = \boxed{}$

따라서 $x = \boxed{}$

8

| 56　　x　　71　　64 |　　[65]

9

| 5　　8　　4　　7　　x |　　[6]

10

| 80　　x　　96　　88　　91 |　　[88]

11

| 12　16　14　x　18　11 |　　[15]

12

| 54　47　x　66　58　60 |　　[56]

중앙값

(1) ❷ [　　　] : 자료를 작은 값부터 크기순으로 나열할 때, 한가운데 있는 값

(2) 중앙값은 자료를 작은 값부터 크기순으로 나열할 때

① 자료의 개수가 ❸ [　　] 이면 한가운데 있는 값

② 자료의 개수가 짝수이면 한가운데 있는 두 값의 ❹ [　　]

▶ 다음 자료의 중앙값을 구하시오.

13

6　　9　　8　　11　　5

14

25　　44　　32　　29　　41　　34　　57

15

13　　35　　44　　28　　39　　31　　77

16

17　　9　　22　　13　　15　　8

➡ 자료를 작은 값부터 크기순으로 나열하면

8, 9, □, □, 17, 22

따라서 (중앙값)＝$\dfrac{□+□}{2}$＝□

17

7　　5　　8　　9　　4　　3　　4　　7

18

21　　36　　43　　29　　36　　28　　32　　24

최빈값

(1) ❺ [　　　] : 자료의 값 중에서 가장 많이 나타나는 값

(2) 자료의 값의 개수가 가장 큰 값이 한 개 이상 있으면 그 값이 모두 최빈값이다.

▶ 다음 자료의 최빈값을 구하시오.

19

7　　5　　8　　7　　10　　6

20

95　　85　　95　　80　　85　　90　　85

21

54　　49　　51　　52　　48　　54　　49　　54

22

14　　17　　22　　25　　17　　24　　22　　18　　15

23

지우개　형광펜　연필　자　지우개　볼펜

24

미　파　솔　미　파　레　파

1 개념 ② 평균

다음 표는 학생 5명의 앉은키를 조사하여 나타낸 것이다. 앉은키의 평균이 83 cm일 때, 학생 B의 앉은키를 구하시오.

학생	A	B	C	D	E
앉은키 (cm)	76		87	80	91

$(평균) = \dfrac{(변량의 총합)}{(변량의 개수)}$

2 개념 ② 평균, ④ 최빈값

다음은 탁구반 학생 10명의 운동복 크기를 조사하여 나타낸 자료이다. 물음에 답하시오.

(단위: 호)

> 80　90　80　75　95　100　85　95　90　90

(1) 평균을 구하시오.

(2) 최빈값을 구하시오.

(3) 평균과 최빈값 중에서 대푯값으로 더 적절한 것을 말하시오.

가장 많이 판매되는 상품, 수량으로 나타나지 않는 자료의 대푯값으로는 최빈값이 유용하다.

3 개념 ④ 최빈값

오른쪽 막대그래프는 학생 15명의 1년 동안의 박물관 방문 횟수를 조사하여 나타낸 것이다. 이 자료의 최빈값을 구하시오.

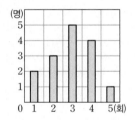

4 개념 ③ 중앙값, ④ 최빈값

오른쪽 줄기와 잎 그림은 학생 18명의 줄넘기 횟수를 조사하여 나타낸 것이다. 이 자료의 중앙값과 최빈값을 각각 구하시오.

(3|5는 35회)

줄기	잎
3	5　9
4	1　4　5　6　6
5	0　2　6　7
6	2　2　3　5　8　9
7	4

5 개념 ③ 중앙값, ④ 최빈값

기출

다음 자료의 최빈값이 4일 때, 중앙값을 구하시오.

> 10　4　7　9　10　4　a

최빈값이 주어질 때는 미지수인 변량이 최빈값이 되는 경우를 확인한다.

개념 **1** 대푯값

6 다음 보기에서 옳은 것을 모두 고르시오.

보기
ㄱ. 대푯값에는 평균, 중앙값, 최빈값 등이 있다.
ㄴ. 자료의 개수가 짝수인 경우 중앙값은 자료를 작은 값부터 크기순으로 나열할 때 한가운데 있는 두 수이다.
ㄷ. 최빈값은 항상 1개 존재한다.
ㄹ. 선호도를 조사한 자료의 대푯값으로는 최빈값이 적절하다.

개념 **2** 평균

7 세 개의 변량 a, b, c의 평균이 6일 때, $a+1$, $b+3$, $c+2$의 평균을 구하시오.

$(평균)=\dfrac{(변량의 총합)}{(변량의 개수)}$임을 이용하여 $a+b+c$의 값을 먼저 구한다.

개념 **3** 중앙값

8 다음은 8개의 수를 작은 값부터 크기순으로 나열한 것이다. 이 자료의 중앙값이 11일 때, x의 값을 구하시오.

| 4 | 7 | 9 | x | 13 | 14 | 17 | 20 |

작은 값부터 크기순으로 나열된 자료의 개수가 짝수일 때
➡ (중앙값)
$=\dfrac{(한가운데 있는 두 수의 합)}{2}$

개념 **2** 평균, **4** 최빈값

기출 **9** 다음 자료의 평균과 최빈값이 서로 같을 때, x의 값을 구하시오.

| 5 | 7 | x | 1 | 5 | 8 | 5 |

먼저 최빈값을 찾고 평균을 구하는 식을 세운다.

개념 **3** 중앙값, **4** 최빈값

10 다음은 학생 7명이 1년 동안 관람한 영화 수를 조사하여 나타낸 자료이다. 이 자료의 평균이 8편일 때, 물음에 답하시오.

(단위: 편)

| 10 | 5 | 7 | 9 | 10 | 5 | x |

(1) x의 값을 구하시오.
(2) 중앙값을 구하시오.
(3) 최빈값을 구하시오.

02 산포도

편차

(1) (편차)=(변량)−(❶ ⬜)

(2) 편차의 합은 항상 ❷ ⬜ 이다.

분산과 표준편차

(1) (분산)= $\dfrac{\{(\boxed{❸})^2\text{의 총합}\}}{(\boxed{❹}\text{의 개수})}$

(2) (표준편차)= $\sqrt{(\boxed{❺})}$

🏷 **주어진 자료의 평균이 다음과 같을 때, 표를 완성하시오.**

1 (평균)=9

변량	9	13	8	6
편차				

2 (평균)=46

변량	51	48	34	43	54
편차					

🏷 **주어진 자료의 평균을 구하고, 표를 완성하시오.**

3

변량	25	21	36	29	34
편차					

4

변량	12	19	15	9	16	13
편차						

🏷 **어떤 자료의 편차가 다음과 같을 때, x의 값을 구하시오.**

5

| 4 | −3 | 0 | 1 | x |

6

| −5 | 2 | 1 | −3 | 4 | x |

🏷 **다음 중 옳은 것은 ○표, 옳지 않은 것은 ×표를 ( ) 안에 써넣으시오.**

7 대푯값에는 평균, 분산, 표준편차 등이 있다. ( )

8 편차의 합은 항상 0이다. ( )

9 분산은 편차의 제곱의 평균이다. ( )

10 평균보다 큰 변량의 편차는 음수이다. ( )

11 분산이 커질수록 표준편차는 작아진다. ( )

🏷 **어떤 자료의 편차가 다음과 같을 때, 물음에 답하시오.**

12

| −3 | 3 | 3 | −3 |

(1) (편차)^{2}의 총합을 구하시오.

(2) 분산을 구하시오.

(3) 표준편차를 구하시오.

13

| 3 | 0 | 2 | −1 | −4 |

(1) (편차)^{2}의 총합을 구하시오.

(2) 분산을 구하시오.

(3) 표준편차를 구하시오.

▶◀ 주어진 자료에 대하여 다음을 구하시오.

14

5	3	7	5

(1) 평균	
(2) 각 변량의 편차	
(3) (편차)^{2}의 총합	
(4) 분산	
(5) 표준편차	

15

9	8	10	12	6

(1) 평균	
(2) 각 변량의 편차	
(3) (편차)^{2}의 총합	
(4) 분산	
(5) 표준편차	

▶◀ 주어진 자료에 대하여 다음을 구하시오.

16

11	15	8	9	17

(1) 분산
(2) 표준편차

17

6	9	10	7	12	4

(1) 분산
(2) 표준편차

산포도와 자료의 분포 상태

(1) 분산 또는 표준편차가 작다.
  ➡ 변량들이 **❻**＿＿＿＿＿을 중심으로 가까이 모여 있다.
  ➡ 자료의 분포 상태가 고르다.

(2) 분산 또는 **❼**＿＿＿＿＿가 크다.
  ➡ 변량들이 평균을 중심으로 넓게 흩어져 있다.
  ➡ 자료의 분포 상태가 고르지 않다.

▶◀ 다음 표는 A, B 두 반 학생들의 일일 학습 시간의 평균과 표준편차를 나타낸 것이다. 옳은 것은 ○표, 옳지 않은 것은 ×표를 ( ) 안에 써넣으시오.

반	A	B
평균(시간)	5	4
표준편차(시간)	3.6	2.9

18 일일 학습 시간이 가장 긴 학생은 A 반에 있다.
( )

19 A 반의 일일 학습 시간의 산포도가 B 반의 일일 학습 시간의 산포도보다 크다. ( )

20 A 반의 일일 학습 시간이 B 반의 일일 학습 시간보다 더 고르다. ( )

▶◀ 다음 표는 은수, 지우, 세현이의 월별 음악 다운로드 횟수의 평균과 표준편차를 나타낸 것이다. 옳은 것은 ○표, 옳지 않은 것은 ×표를 ( ) 안에 써넣으시오.

학생	은수	지우	세현
평균(회)	3	17	24
표준편차(회)	2	3	1

21 음악 다운로드 횟수가 가장 많은 학생은 은수이다.
( )

22 음악 다운로드 횟수가 가장 고른 학생은 세현이다.
( )

23 음악 다운로드 횟수가 가장 고르지 않은 학생은 지우이다.
( )

개념 6 편차

1 다음 표는 학생 5명의 통학 시간의 편차를 나타낸 것이다. 통학 시간의 평균이 22분일 때, 학생 E의 통학 시간은?

학생	A	B	C	D	E
편차(분)	5	2	−4	2	

① 17분 ② 19분 ③ 21분
④ 23분 ⑤ 25분

개념 7 분산과 표준편차

2 다음은 각 면에 1부터 8까지의 자연수가 각각 적혀 있는 정팔면체 모양의 주사위를 6번 던질 때, 밑면에 적혀 있는 눈의 수를 조사하여 나타낸 자료이다. 이 자료의 분산과 표준편차를 각각 구하시오.

> 7 4 5 8 1 5

● $(분산) = \dfrac{\{(편차)^2의\ 총합\}}{(변량의\ 개수)}$

$(표준편차) = \sqrt{(분산)}$

개념 7 분산과 표준편차

기출 3 6개의 변량의 편차가 $7, -3, 0, -2, 1, x$인 자료의 분산을 구하시오.

● 편차의 합은 항상 0이다.

개념 7 분산과 표준편차

4 다음은 구운 달걀 5개의 무게를 조사하여 나타낸 자료이다. 달걀 무게의 평균이 48 g일 때, 표준편차를 구하시오.

(단위: g)

> 45 46 52 48 x

● 평균을 이용하여 x의 값을 구한다.

개념 8 산포도와 자료의 분포 상태

5 오른쪽 표는 준철, 건우가 5번의 볼링 경기에서 얻은 점수의 평균과 표준편차를 나타낸 것이다. 다음 중에서 옳은 것을 모두 고르면? (정답 2개)

반	준철	건우
평균(점)	104	130
표준편차(점)	$3\sqrt{2}$	4

① 준철이의 최고 점수는 104점이다.
② 건우의 점수가 준철이의 점수보다 더 우수하다.
③ 준철이의 점수의 분산이 건우의 점수의 분산보다 작다.
④ 건우의 점수 분포가 준철이의 점수 분포보다 더 고르다.
⑤ 한 경기에서의 최고 점수는 건우의 기록에서 알 수 있다.

● 표준편차가 크다.
➡ 자료의 분포가 고르지 않다.

6 개념 ⑥ 편차

현진이네 반 학생들의 키의 평균은 169 cm이다. 현진이의 키의 편차가 2 cm일 때, 현진이의 키를 구하시오.

● (변량)=(편차)+(평균)

7 개념 ⑤ 산포도, ⑦ 분산과 표준편차

다음 중에서 옳은 것을 모두 고르면? (정답 2개)

① 산포도에는 평균, 중앙값, 최빈값 등이 있다.
② 산포도는 자료의 흩어져 있는 정도를 나타낸 값이다.
③ 평균이 클수록 표준편차가 크다.
④ 표준편차가 클수록 자료는 고르게 분포되어 있다.
⑤ 분산이 클수록 표준편차는 크다.

8 개념 ⑦ 분산과 표준편차

기출

5개의 변량 5, 2, x, y, 11의 평균이 5이고 분산이 10일 때, x^2+y^2의 값을 구하시오.

● ❶ 평균을 이용하여 $x+y$의 값을 구한다.
❷ 분산을 이용하여 세운 식에 ❶에서 구한 $x+y$의 값을 대입하여 x^2+y^2의 값을 구한다.

9 개념 ⑧ 산포도와 자료의 분포 상태

다음 표는 어느 중학교 3학년 5개의 반의 사회 점수의 평균과 표준편차를 나타낸 것이다. 성적이 가장 고른 반은?

반	A	B	C	D	E
평균(점)	81	75	79	78	84
표준편차(점)	7.6	6.8	6.4	5.9	7.3

① A   ② B   ③ C
④ D   ⑤ E

● 자료의 분포가 고르다.
➡ 표준편차가 작다.

10 개념 ⑧ 산포도와 자료의 분포 상태

다음 보기 에서 자료의 분포 상태가 가장 고른 것을 고르시오.

보기
ㄱ. 5, 7, 6, 9, 8, 7
ㄴ. 7, 7, 7, 7, 7, 7
ㄷ. 3, 11, 3, 11, 3, 11

01 산점도와 상관관계

❶ ⬜⬜⬜ : 두 변량 x와 y 사이의 관계를 알아보기 위하여 순서쌍 (x, y)를 좌표로 하는 점을 좌표평면 위에 나타낸 그래프

▶ **다음 물음에 답하시오.**

1 다음 표는 10명의 양궁 동아리반 학생들이 양궁 시합에서 1차, 2차로 화살을 쏘아 얻은 점수를 조사하여 나타낸 것이다. 1차의 점수를 x점, 2차의 점수를 y점이라 할 때, x, y의 산점도를 그리시오.

1차(점)	7	5	8	6	9
2차(점)	6	6	9	5	8
1차(점)	8	7	10	9	6
2차(점)	8	7	9	10	8

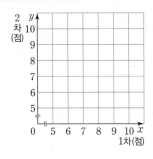

2 다음 표는 상현이네 반 학생 10명의 국어 성적과 사회 성적을 조사하여 나타낸 것이다. 국어 성적을 x점, 사회 성적을 y점이라 할 때, x, y의 산점도를 그리시오.

국어(점)	95	70	85	65	75
사회(점)	100	60	75	80	90
국어(점)	65	95	60	75	85
사회(점)	90	85	65	70	95

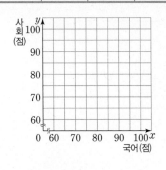

(1) 이상, 이하에 대한 조건이 주어질 때
➡ 가로선 또는 세로선 긋기

(2) 두 변량을 비교할 때(같다. / ~보다 작다. / ~보다 크다.)
➡ 대각선 긋기

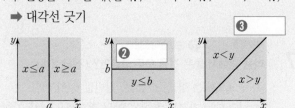

(단, 등호를 포함한 영역은 경계선 포함, 등호를 포함하지 않는 영역은 경계선 제외)

▶ **오른쪽 그림은 운동부 학생 10명의 2차에 걸친 턱걸이 기록에 대한 산점도이다. 다음을 구하시오.**

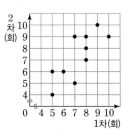

3 2차의 기록이 7회 미만인 학생 수

4 1차의 기록은 8회 이상이고 2차의 기록은 7회 이상인 학생 수

5 1차와 2차의 기록이 같은 학생 수

6 1차보다 2차의 기록이 더 좋은 학생 수

▶ **오른쪽 그림은 어느 요리 대회 참가자 12명이 출품한 12개 요리의 맛 점수와 예술 점수에 대한 산점도이다. 다음을 구하시오.**

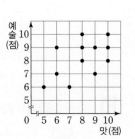

7 맛 점수가 9점 초과인 요리 수

8 맛 점수와 예술 점수가 모두 7점 이하인 요리 수

9 예술 점수보다 맛 점수가 더 높은 요리 수

상관관계

(1) **④**〔　　〕의 상관관계: x의 값이 커짐에 따라 y의 값도 대체로 커지는 관계

(2) **⑤**〔　　〕의 상관관계: x의 값이 커짐에 따라 y의 값은 대체로 작아지는 관계

(3) 상관관계가 없다.: x의 값이 커짐에 따라 y의 값이 커지는지 작아지는지 분명하지 않은 관계

[양의 상관관계]　　[음의 상관관계]　　[상관관계가 없다.]

● 다음 중 두 변량 사이에 양의 상관관계가 있으면 '양', 음의 상관관계가 있으면 '음', 상관관계가 없으면 '무'를 (　　) 안에 써넣으시오.

10 도시의 인구수와 학교 수　　　　　　(　　　)

11 옥수수의 생산량과 가격　　　　　　(　　　)

12 운동량과 비만도　　　　　　　　　(　　　)

13 몸무게와 지능 지수　　　　　　　　(　　　)

14 택시 운행 거리와 요금　　　　　　(　　　)

15 청력과 키　　　　　　　　　　　　(　　　)

16 자동차의 주행 거리와 남은 휘발유의 양　(　　　)

● 〔보기〕의 산점도에 대하여 다음을 모두 고르시오.

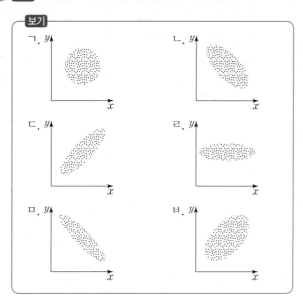

17 양의 상관관계를 나타내는 것

18 음의 상관관계를 나타내는 것

19 상관관계가 없는 것

20 가장 강한 양의 상관관계를 나타내는 것

21 가장 강한 음의 상관관계를 나타내는 것

22 x의 값이 커짐에 따라 y의 값이 커지는 경향이 가장 뚜렷한 것

개념 ② 산점도의 이해

기출 **1** 오른쪽 그림은 휴대폰 12대의 사용 시간과 남은 배터리 양에 대한 산점도이다. 다음 보기 에서 옳은 것을 모두 고르시오.

> 보기
> ㄱ. 남은 배터리 양이 40 % 미만인 휴대폰은 5대이다.
> ㄴ. 사용 시간이 4시간 미만인 휴대폰은 전체의 25 %이다.
> ㄷ. 사용 시간은 5시간 이상이고 남은 배터리가 50 % 이하인 휴대폰은 5대이다.

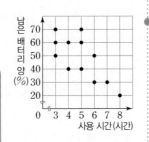

• x는 a이하 | x는 a이상
y는 b이상 | y는 b이상
x는 a이하 | x는 a이상
y는 b이하 | y는 b이하

개념 ② 산점도의 이해

2 오른쪽 그림은 야구 선수 12명의 작년과 올해에 친 홈런의 개수에 대한 산점도이다. 작년에 친 홈런의 개수보다 올해에 친 홈런의 개수가 많은 선수는 전체의 몇 %인가?

① 40 %　　　② 45 %　　　③ 50 %

④ 55 %　　　⑤ 60 %

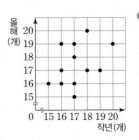

• 대각선을 그어 조건에 해당하는 부분의 점의 개수를 구한 후, 백분율을 이용하여 계산한다.

개념 ③ 상관관계

3 다음 중에서 오른쪽 그림과 같은 산점도로 나타낼 수 있는 것은?

① 시력과 몸무게　　　② 근로 시간과 여가 시간
③ 쌀의 생산량과 수입량　　　④ 여름철 최고 기온과 냉방 비용
⑤ 기온과 풍속

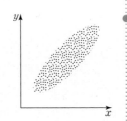

• 한 변량이 증가할 때
① 다른 변량이 증가
　➡ 양의 상관관계
② 다른 변량이 감소
　➡ 음의 상관관계

개념 ③ 상관관계

4 오른쪽 그림은 자동차들의 주행 기록을 조사하여 만든 자동차 연료량과 주행 거리에 대한 산점도이다. 자동차 A, B, C, D, E 중에서 연료량에 비하여 주행 거리가 가장 짧은 자동차는?

① A　　　② B　　　③ C
④ D　　　⑤ E

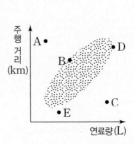

개념 ② 산점도의 이해

5 오른쪽 그림은 동건이네 반 남학생 15명의 수학 성적과 과학 성적에 대한 산점도이다. 수학 성적이 70점 미만인 학생들의 과학 성적의 평균을 구하시오.

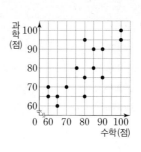

$(평균) = \dfrac{(변량의 총합)}{(변량의 개수)}$

개념 ② 산점도의 이해

6 오른쪽 그림은 육상 선수 11명의 2차에 걸친 100 m 달리기 기록에 대한 산점도이다. 2차보다 1차의 기록이 더 좋은 선수는 몇 명인지 구하시오.

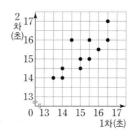

개념 ③ 상관관계

7 오른쪽 그림의 두 산점도 A, B에 대하여 바르게 설명한 학생을 고르시오.

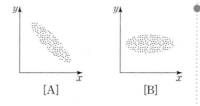

양 또는 음의 상관관계가 있는 산점도에서 점들이 한 직선 가까기에 모여 있을수록 상관관계가 강하다.

하윤: A 산점도는 x의 값이 증가할수록 y의 값은 대체로 감소해.
정진: B 산점도는 x의 값이 증가할수록 y의 값은 대체로 감소해.
우성: B 산점도는 A 산점도보다 강한 상관관계가 있어.

개념 ③ 상관관계

8 오른쪽 그림은 어느 회사의 입사 지원자들의 필기 시험 점수와 면접 점수에 대한 산점도이다. 다음 중에서 옳지 <u>않은</u> 것은?

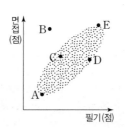

① 필기 시험 점수와 면접 점수 사이에는 양의 상관관계가 있다.
② A는 필기 시험 점수와 면접 점수가 모두 낮다.
③ B는 필기 시험 점수에 비하여 면접 점수가 높다.
④ E는 필기 시험 점수와 면접 점수가 모두 높다.
⑤ C의 필기 시험 점수는 D의 필기 시험 점수보다 높다.

삼각비의 표

각도	사인(sin)	코사인(cos)	탄젠트(tan)	각도	사인(sin)	코사인(cos)	탄젠트(tan)
0°	0.0000	1.0000	0.0000	45°	0.7071	0.7071	1.0000
1°	0.0175	0.9998	0.0175	46°	0.7193	0.6947	1.0355
2°	0.0349	0.9994	0.0349	47°	0.7314	0.6820	1.0724
3°	0.0523	0.9986	0.0524	48°	0.7431	0.6691	1.1106
4°	0.0698	0.9976	0.0699	49°	0.7547	0.6561	1.1504
5°	0.0872	0.9962	0.0875	50°	0.7660	0.6428	1.1918
6°	0.1045	0.9945	0.1051	51°	0.7771	0.6293	1.2349
7°	0.1219	0.9925	0.1228	52°	0.7880	0.6157	1.2799
8°	0.1392	0.9903	0.1405	53°	0.7986	0.6018	1.3270
9°	0.1564	0.9877	0.1584	54°	0.8090	0.5878	1.3764
10°	0.1736	0.9848	0.1763	55°	0.8192	0.5736	1.4281
11°	0.1908	0.9816	0.1944	56°	0.8290	0.5592	1.4826
12°	0.2079	0.9781	0.2126	57°	0.8387	0.5446	1.5399
13°	0.2250	0.9744	0.2309	58°	0.8480	0.5299	1.6003
14°	0.2419	0.9703	0.2493	59°	0.8572	0.5150	1.6643
15°	0.2588	0.9659	0.2679	60°	0.8660	0.5000	1.7321
16°	0.2756	0.9613	0.2867	61°	0.8746	0.4848	1.8040
17°	0.2924	0.9563	0.3057	62°	0.8829	0.4695	1.8807
18°	0.3090	0.9511	0.3249	63°	0.8910	0.4540	1.9626
19°	0.3256	0.9455	0.3443	64°	0.8988	0.4384	2.0503
20°	0.3420	0.9397	0.3640	65°	0.9063	0.4226	2.1445
21°	0.3584	0.9336	0.3839	66°	0.9135	0.4067	2.2460
22°	0.3746	0.9272	0.4040	67°	0.9205	0.3907	2.3559
23°	0.3907	0.9205	0.4245	68°	0.9272	0.3746	2.4751
24°	0.4067	0.9135	0.4452	69°	0.9336	0.3584	2.6051
25°	0.4226	0.9063	0.4663	70°	0.9397	0.3420	2.7475
26°	0.4384	0.8988	0.4877	71°	0.9455	0.3256	2.9042
27°	0.4540	0.8910	0.5095	72°	0.9511	0.3090	3.0777
28°	0.4695	0.8829	0.5317	73°	0.9563	0.2924	3.2709
29°	0.4848	0.8746	0.5543	74°	0.9613	0.2756	3.4874
30°	0.5000	0.8660	0.5774	75°	0.9659	0.2588	3.7321
31°	0.5150	0.8572	0.6009	76°	0.9703	0.2419	4.0108
32°	0.5299	0.8480	0.6249	77°	0.9744	0.2250	4.3315
33°	0.5446	0.8387	0.6494	78°	0.9781	0.2079	4.7046
34°	0.5592	0.8290	0.6745	79°	0.9816	0.1908	5.1446
35°	0.5736	0.8192	0.7002	80°	0.9848	0.1736	5.6713
36°	0.5878	0.8090	0.7265	81°	0.9877	0.1564	6.3138
37°	0.6018	0.7986	0.7536	82°	0.9903	0.1392	7.1154
38°	0.6157	0.7880	0.7813	83°	0.9925	0.1219	8.1443
39°	0.6293	0.7771	0.8098	84°	0.9945	0.1045	9.5144
40°	0.6428	0.7660	0.8391	85°	0.9962	0.0872	11.4301
41°	0.6561	0.7547	0.8693	86°	0.9976	0.0698	14.3007
42°	0.6691	0.7431	0.9004	87°	0.9986	0.0523	19.0811
43°	0.6820	0.7314	0.9325	88°	0.9994	0.0349	28.6363
44°	0.6947	0.7193	0.9657	89°	0.9998	0.0175	57.2900
45°	0.7071	0.7071	1.0000	90°	1.0000	0.0000	-

Contents / 이 책의 차례

빠른 정답 개념북

1. 삼각비

01. 삼각비 | 8~10쪽 |

1 $\sin C=\dfrac{4}{5}$, $\cos C=\dfrac{3}{5}$, $\tan C=\dfrac{4}{3}$

1-1 (1) $\dfrac{8}{17}$ (2) $\dfrac{15}{17}$ (3) $\dfrac{8}{15}$ (4) $\dfrac{15}{17}$ (5) $\dfrac{8}{17}$ (6) $\dfrac{15}{8}$

2 $\sin A=\dfrac{\sqrt{2}}{2}$, $\cos A=\dfrac{\sqrt{2}}{2}$

2-1 $\cos C=\dfrac{\sqrt{3}}{2}$, $\tan C=\dfrac{\sqrt{3}}{3}$

3 $2\sqrt{13}$

4 $\sin A=\dfrac{\sqrt{5}}{3}$, $\tan A=\dfrac{\sqrt{5}}{2}$

4-1 (1) $\dfrac{\sqrt{11}}{6}$ (2) $\dfrac{5\sqrt{11}}{11}$ (3) $\dfrac{\sqrt{11}}{6}$ (4) $\dfrac{5}{6}$

5 $\dfrac{\sqrt{5}}{5}$ **5-1** (1) $\dfrac{2\sqrt{13}}{13}$ (2) $\dfrac{3\sqrt{13}}{13}$ (3) $\dfrac{2}{3}$

6 $\dfrac{4}{5}$ **6-1** (1) $\dfrac{15}{17}$ (2) $\dfrac{8}{17}$ (3) $\dfrac{15}{8}$

소단원 핵심문제 | 11쪽 |

1 ③

2 (1) $\sin C=\dfrac{2}{3}$, $\cos C=\dfrac{\sqrt{5}}{3}$, $\tan C=\dfrac{2\sqrt{5}}{5}$

(2) $\sin C=\dfrac{\sqrt{5}}{5}$, $\cos C=\dfrac{2\sqrt{5}}{5}$, $\tan C=\dfrac{1}{2}$

3 $x=6$, $y=3\sqrt{5}$ **4** ② **5** ③

02. 삼각비의 값 | 12~15쪽 |

7 $\sqrt{3}$ **7-1** (1) $\dfrac{1}{2}$ (2) $\dfrac{\sqrt{3}}{4}$

8 $30°$ **8-1** $x=3$, $y=3\sqrt{2}$

9 (1) $\overline{OB}$ (2) $\overline{AB}$

9-1 (1) $\overline{AB}$ (2) $\overline{DE}$ (3) $\overline{BC}$ (4) $\overline{AB}$

10 (1) 0.77 (2) 1.19

10-1 (1) 0.53 (2) 0.85 (3) 0.85 (4) 0.53

11 (1) -1 (2) 0 **11-1** (1) 0 (2) 1 (3) 0 (4) 2

12 ㄱ, ㄹ

13 $x=48°$, $y=46°$

13-1 (1) 0.8910 (2) 1.8807 (3) 2.7717

14 8.192

소단원 핵심문제 | 16쪽 |

1 $x=3\sqrt{3}$, $y=3\sqrt{6}$ **2** 2.19 **3** (1) 1 (2) $\dfrac{\sqrt{3}}{2}+1$

4 ① **5** $\overline{AB}=0.6157$, $\overline{OB}=0.7880$

중단원 마무리 테스트 | 17~19쪽 |

1 ③, ⑤ **2** ① **3** ① **4** ② **5** $\dfrac{3\sqrt{13}}{13}$

6 ④ **7** ⑤ **8** $\dfrac{7}{17}$ **9** ④ **10** ②

11 $x=5\sqrt{6}$, $y=10\sqrt{3}$ **12** ④ **13** ⑤ **14** $\dfrac{13\sqrt{3}}{6}$

15 ⑤ **16** ⑤ **17** ④ **18** $31°$

19 (1) 6 cm (2) 8 cm (3) 24 cm² **20** (1) $30°$ (2) $\dfrac{1}{4}$

2. 삼각비의 활용

01. 길이 구하기 | 22~25쪽 |

1 $x=4.62$, $y=3.84$ **1-1** (1) 12 (2) 20

2 3.4 m

3 4, $2\sqrt{3}$, $\cos 60°$, 2, 4, $2\sqrt{7}$ **3-1** (1) $2\sqrt{13}$ (2) $\sqrt{5}$

4 8, 4, 30, 45, 4, $4\sqrt{2}$ **4-1** (1) $2\sqrt{6}$ (2) $9\sqrt{2}$

5 $15\sqrt{7}$ m **5-1** $5\sqrt{6}$ m

6 $4(3-\sqrt{3})$

6-1 (1) $\overline{AH}=\sqrt{3}h$, $\overline{BH}=h$ (2) $10(3-\sqrt{3})$

7 $2\sqrt{3}$

7-1 (1) $\overline{BH}=h$, $\overline{CH}=\dfrac{\sqrt{3}}{3}h$ (2) $5(3+\sqrt{3})$

소단원 핵심문제 | 26쪽 |

1 ④　　2 ②　　3 $3\sqrt{13}$　　4 $20(\sqrt{2}+\sqrt{6})$ m
5 ⑤

02. 넓이 구하기 | 27～29쪽 |

8 (1) $20\sqrt{2}$ cm² (2) $\dfrac{27\sqrt{3}}{2}$ cm²

8-1 (1) 9 cm² (2) 6 cm²

9 $23\sqrt{3}$ cm²

10 (1) $21\sqrt{3}$ cm² (2) $20\sqrt{2}$ cm²

10-1 (1) $6\sqrt{2}$ cm² (2) $44\sqrt{3}$ cm²

10-2 50 cm²　　**10-3** 60°

11 (1) $14\sqrt{3}$ cm² (2) 30 cm²

11-1 (1) 10 cm² (2) $27\sqrt{2}$ cm²

11-2 45°

소단원 핵심문제 | 30쪽 |

1 ①　　2 ⑤　　3 $(18+6\sqrt{6})$ cm²
4 (1) $30\sqrt{3}$ cm² (2) $\dfrac{15\sqrt{3}}{2}$ cm²　　5 6 cm

중단원 마무리 테스트 | 31～33쪽 |

1 ②, ④　　2 23.8　　3 ⑤　　4 8.3 m
5 초급: 66 m, 상급: 480 m　　6 ④　　7 ⑤
8 75 m　　9 ②　　10 $2(\sqrt{3}+1)$ m　　11 ①
12 135°　　13 $96\sqrt{3}$ cm²　　14 ②　　15 ⑤
16 ①　　17 (1) $2\sqrt{3}$ m (2) $4\sqrt{3}$ m (3) $6\sqrt{3}$ m
18 (1) $48\sqrt{3}$ cm² (2) $12\sqrt{3}$ cm²

3. 원과 직선

01. 원의 현 | 36～38쪽 |

1 (1) 4 cm (2) 8 cm　　**1-1** (1) 5 (2) $2\sqrt{13}$

2 6 cm

3 $\dfrac{25}{2}$　　**3-1** 10

4 $6\sqrt{3}$ cm　　**4-1** $8\sqrt{3}$ cm

5 (1) 5 (2) $\sqrt{13}$　　**5-1** (1) 3 (2) 8

5-2 $\overline{AC}$, 이등변삼각형

소단원 핵심문제 | 39쪽 |

1 ⑤　　2 $2\sqrt{55}$ cm　　3 ③　　4 21　　5 ④

02. 원의 접선 | 40～43쪽 |

6 5 cm　　**6-1** (1) $3\sqrt{5}$ (2) 6

7 11　　**7-1** (1) 7 (2) 9

8 40°　　**8-1** 64°　　**8-2** 60°

9 $5\sqrt{3}$ cm　　**9-1** (1) 15 cm (2) 8 cm

9-2 $2\sqrt{10}$ cm

10 13 cm　　**10-1** (1) 3 (2) 5

11 2 cm

12 5　　**12-1** 11 cm

13 5　　**13-1** 2 cm

소단원 핵심문제 | 44쪽 |

1 ②　　2 5 cm　　3 ③　　4 ③　　5 30 cm

| 45~47쪽 |

1 ④　　　**2** ③　　　**3** ⑤　　　**4** 5 m　　　**5** ③

6 ②　　　**7** ②　　　**8** 59°　　　**9** ①　　　**10** 4 cm

11 25π m²　　**12** ②　　　**13** 3 cm　　**14** ④　　**15** ①

16 ②　　　**17** (1) $\sqrt{34}$ cm　(2) $3\sqrt{2}$ cm　(3) $6\sqrt{2}$ cm

18 (1) 11 cm　(2) $4\sqrt{7}$ cm

4. 원주각

01. 원주각 | 50~53쪽 |

1 (1) 50°　(2) 120°

1-1 (1) 40°　(2) 70°　(3) 200°　(4) 115°

2 $\angle x=80°$, $\angle y=40°$

2-1 (1) $\angle x=65°$, $\angle y=40°$　(2) $\angle x=70°$, $\angle y=35°$

3 55°　　**3-1** (1) 100°　(2) 35°

4 65°　　**4-1** (1) 35°　(2) 50°

5 $\angle x=53°$, $\angle y=37°$　　**5-1** $\angle x=65°$, $\angle y=25°$

6 (1) 24　(2) 20　　**6-1** (1) 35　(2) 6　(3) 6　(4) 50

소단원 핵심문제 | 54쪽 |

1 75°　　**2** (1) 60°　(2) 50°　(3) 110°

3 $\angle x=20°$, $\angle y=38°$　**4** 55°　　**5** 8

02. 원주각의 활용 | 55~57쪽 |

7 (1) ×　(2) ○　　**7-1** (1) ○　(2) ×

8 100°　　**8-1** (1) 68°　(2) 60°

9 (1) $\angle x=60°$, $\angle y=120°$　(2) $\angle x=55°$, $\angle y=55°$

9-1 (1) $\angle x=125°$, $\angle y=80°$　(2) $\angle x=70°$, $\angle y=110°$
　　(3) $\angle x=85°$, $\angle y=85°$　(4) $\angle x=60°$, $\angle y=60°$

10 ㄷ

11 35°　　**11-1** (1) 70°　(2) 100°

소단원 핵심문제 | 58쪽 |

1 ②, ③　　**2** 75°　　**3** 95°　　**4** ⑤　　**5** ②, ④

03. 접선과 현이 이루는 각 | 59~61쪽 |

12 70°

12-1 (1) 60°　(2) 75°　　**12-2** 110°

13 (1) 80°　(2) 55°　(3) 55°　　**13-1** (1) 50°　(2) 65°

14 63°

14-1 (1) 38°　(2) 57°　　**14-2** (1) 90°　(2) 30°　(3) 30°

15 (1) 70°　(2) 70°　(3) 70°　(4) $\overline{CD}$

15-1 $\angle x=60°$, $\angle y=60°$

16 (1) 50°　(2) 50°　(3) $\overline{CD}$

16-1 $\angle x=65°$, $\angle y=65°$

소단원 핵심문제 | 62쪽 |

1 65°　　**2** ④　　　**3** (1) 68°　(2) 22°　(3) 46°

4 45°　　**5** 115°

중단원 마무리 테스트 | 63~65쪽 |

1 ③　　**2** 55°　　**3** ①　　**4** ⑤　　**5** ①

6 ⑤　　**7** ②　　**8** ⑤　　**9** 60°　　**10** 120°

11 ④　　**12** ④　　**13** 57°　　**14** ㄴ, ㄷ, ㄹ

15 60°　　**16** ②　　**17** 70°　　**18** 65°

19 (1) 150°　(2) 9 cm²　　**20** (1) 58°　(2) 32°　(3) 26°

5. 대푯값과 산포도

01. 대푯값
| 68~69쪽 |

1 15분　　**1-1** 5 cm

2 6　　**2-1** 89

3 7회　　**3-1** (1) 137　(2) 41

4 265 mm　　**4-1** (1) 5　(2) 21, 40　(3) 수박

소단원 핵심문제
| 70쪽 |

1 88점　　**2** (1) 14회　(2) 7회　(3) 중앙값

3 O형　　**4** (1) 17권　(2) 13권　　**5** (1) 5　(2) 6

02. 산포도
| 71~73쪽 |

5 (1) 5명　(2) −2명, −1명, 3명, −2명, 2명

5-1 (1) 평균: 12, 편차: 1, −2, −3, 1, 3
　　　(2) 평균: 29, 편차: −4, 2, 0, 3, −2, 1

6 3　　**6-1** −4

7 8　　**7-1** 7

8 (1) 2　(2) $\sqrt{2}$ 시간

8-1 (1) 분산: 8, 표준편차: $2\sqrt{2}$
　　　(2) 분산: 3, 표준편차: $\sqrt{3}$

9 (1) B 반　(2) A 반　(3) B 반

9-1 (1) 은지　(2) 인국　(3) 수현

9-2 (1) A 음식: 8점, B 음식: 8점　(2) A 음식: 2, B 음식: 2.8
　　　(3) A 음식

소단원 핵심문제
| 74쪽 |

1 (1) 1　(2) 15 ℃　　**2** 분산: 14, 표준편차: $\sqrt{14}$ Brix

3 ④　　**4** ①　　**5** ㄴ, ㄷ

중단원 마무리 테스트
| 75~77쪽 |

1 108 cm　**2** 97점　**3** ⑤　**4** ①　**5** 덕

6 87.5　**7** ②, ④　**8** ④　**9** ⑤　**10** ①

11 ⑤　　**12** 4　　**13** 다현, 유은

14 평균: 8, 분산: 9　　**15** 세윤　　**16** ④

17 (1) 2.5　(2) 1　(3) 3.5

18 (1) 평균: 8 ℃, 분산: 3.6　(2) 평균: 14 ℃, 분산: 3.2
　　　(3) 제주도

6. 상관관계

01. 산점도와 상관관계
| 80~83쪽 |

1 (1) 3　(2) 2

1-1 (1) 2　(2) 9점

1-2 (1) 몸무게: 50 kg, 윗몸일으키기 횟수: 45
　　　(2) 1　(3) 2　(4) 35

2 (1) 5　(2) 6　(3) 4　(4) 3　(5) 4

2-1 (1) 5　(2) 6　(3) 1　(4) 3　(5) 3

3 증가, 양　　**3-1** 감소, 음

4 ㄱ　　**4-1** (1) ㄱ　(2) ㄴ, ㄹ　(3) ㄷ　(4) ㄴ

5 (1) ○　(2) ×　(3) ×

5-1 (1) 양의 상관관계　(2) D　(3) B

소단원 핵심문제
| 84쪽 |

1 (1) 4　(2) 3만 원　　**2** (1) 3편　(2) 25 %　　**3** ㄷ
4 ①

중단원 마무리 테스트
| 85~87쪽 |

1 ②　　**2** ④　　**3** ③　　**4** ②　　**5** ④

6 10　　**7** ①, ④　　**8** ⑤　　**9** ④

10 수원, 서윤　　　　**11** 양의 상관관계

12 진솔, 은찬　　**13** ①　　**14** ③

15 (1) 5　(2) 25 %　　**16** (1) 양의 상관관계　(2) 9년

1. 삼각비

01. 삼각비
| 2~3쪽 |

삼각비의 뜻

❶ a ❷ a

1 $\frac{5}{13}$ 2 $\frac{12}{13}$ 3 $\frac{5}{12}$ 4 $\frac{12}{13}$ 5 $\frac{5}{13}$

6 $\frac{12}{5}$ 7 10   8 $\frac{4}{5}$ 9 $\frac{3}{5}$ 10 $\frac{4}{3}$

삼각비를 이용하여 변의 길이 구하기

❸ 피타고라스

11 5   12 3   13 4   14 $2\sqrt{5}$ 15 $3\sqrt{7}$

16 12

직각삼각형의 닮음과 삼각비의 값

❹ $\overline{BD}$

17 $\overline{BC}$, $\overline{AE}$, $\overline{FG}$ 18 $\overline{AC}$, $\overline{AD}$, $\overline{AG}$

19 $\overline{BC}$, $\overline{AD}$, $\overline{FG}$ 20 CBD

21 $\overline{AC}$, $\overline{AC}$, $\overline{CD}$ 22 $\overline{AB}$, $\overline{CD}$, $\overline{CB}$

23 $\overline{AC}$, $\overline{CD}$, $\overline{CD}$ 24 ∠ABC 25 6   26 $\frac{1}{2}$

27 $\frac{\sqrt{3}}{2}$ 28 $\frac{\sqrt{3}}{3}$ 29 △EBD 30 ∠BCA 31 15

32 $\frac{15}{17}$ 33 $\frac{8}{17}$ 34 $\frac{15}{8}$

소단원 핵심문제
| 4~5쪽 |

1 ③   2 ③   3 8   4 ③   5 ④

6 ②   7 $\frac{17}{13}$ 8 ①   9 ①   10 $\frac{2\sqrt{10}}{7}$

02. 삼각비의 값
| 6~9쪽 |

30°, 45°, 60°의 삼각비의 값

❶ $\frac{\sqrt{3}}{2}$ ❷ 1

1 $\overline{BC}$, 1   2 $\overline{AB}$, 2   3 $\overline{BC}$, 1, $\sqrt{3}$ 4 1   5 $\frac{3\sqrt{3}}{2}$

6 $-\frac{1}{2}$ 7 $\frac{\sqrt{3}}{2}$ 8 $\frac{\sqrt{6}}{4}$ 9 $\frac{\sqrt{6}}{2}$ 10 30°

11 45°   12 45°   13 60°   14 60°   15 60°

16 $4\sqrt{2}$ $\left(\vcenter{} \frac{\sqrt{2}}{2}, 4\sqrt{2}\right)$ 17 $3\sqrt{3}$ 18 7

예각의 삼각비의 값

❸ $\overline{AB}$ ❹ $\overline{OD}$

19 ㄹ   20 ㄴ   21 ㅂ   22 ㄴ   23 ㄹ

24 ○   25 ○   26 ×   27 $\overline{AB}$, 0.85

28 $\overline{OB}$, 0.53   29 $\overline{CD}$, 1.60   30 0.72

31 0.69   32 1.04   33 0.69   34 0.72

0°, 90°의 삼각비의 값

❺ 1   ❻ 0

35 1   36 0   37 −1   38 1   39 1

40 1   41 0

삼각비의 값의 대소 관계

❼ 감소   ❽ <

42 <   43 >   44 <   45 <   46 >

47 <   48 <

삼각비의 표

❾ 0.4695

49 0.4540   50 0.8988   51 0.5317   52 0.4848   53 0.8829

54 0.4877   55 56°   56 54°   57 57°   58 57°

59 57°   60 55°   61 54°   62 55°

소단원 핵심문제 | 10~11쪽 |

1 $2\sqrt{3}$ 2 0.1968   3 (1) $\sqrt{3}$ (2) $\dfrac{3}{2}$ 4 ③

5 6.561   6 ⑤   7 ①, ④   8 ⑤

9 sin 15˚, cos 40˚, sin 90˚, tan 48˚   10 33˚

2. 삼각비의 활용

01. 길이 구하기 | 12~13쪽 |

직각삼각형의 변의 길이

❶ a ❷ $\cos A$ ❸ c

1 $x=5\cos 42˚,\ y=5\sin 42˚$ 2 $x=6\tan 35˚,\ y=\dfrac{6}{\cos 35˚}$

3 3.08   4 15

일반 삼각형의 변의 길이 (1)

❹ $\overline{\text{CH}}$

5 $2\sqrt{7}$ (✎ 8, 4, 8, $4\sqrt{3}$, $2\sqrt{3}$, 4, $2\sqrt{7}$)   6 $2\sqrt{5}$ 7 $3\sqrt{7}$

8 $\sqrt{13}$

일반 삼각형의 변의 길이 (2)

❺ $\sin A$ ❻ $\sin A$

9 $2\sqrt{6}$ (✎ 6, $3\sqrt{2}$, 60, $2\sqrt{6}$)   10 $2\sqrt{2}$ 11 $3\sqrt{6}$

12 $\dfrac{8\sqrt{3}}{3}$

삼각형의 높이

❼ a

13 $2\sqrt{3}$ 14 $6(\sqrt{3}-1)$ 15 $\sqrt{3}$ 16 $3(3+\sqrt{3})$

소단원 핵심문제 | 14~15쪽 |

1 ②   2 ②   3 $2\sqrt{21}$ 4 $15\sqrt{6}$ m

5 ④   6 ②   7 ④   8 $2\sqrt{2}$

9 (1) $5(\sqrt{3}-1)$ (2) $25(\sqrt{3}-1)$ 10 ①

02. 넓이 구하기 | 16~17쪽 |

삼각형의 넓이

❶ $\sin B$

1 $3\sqrt{3}$ cm² (✎ 4, 60, $3\sqrt{3}$)   2 $10\sqrt{2}$ cm²

3 $7\sqrt{3}$ cm² (✎ 7, 120, $7\sqrt{3}$)   4 $\dfrac{15}{2}$ cm²

다각형의 넓이

❷ BCD

5 $4\sqrt{3}$ cm²   6 $12\sqrt{3}$ cm²   7 $16\sqrt{3}$ cm²

8 $8\sqrt{3}$ cm²   9 $4\sqrt{3}$ cm   10 $6\sqrt{3}$ cm²

11 $14\sqrt{3}$ cm²

평행사변형의 넓이

❸ $\sin x$

12 $24\sqrt{2}$ cm²   13 $6\sqrt{3}$ cm²   14 $24\sqrt{3}$ cm²   15 50 cm²

사각형의 넓이

❹ 180

16 $14\sqrt{2}$ cm²   17 15 cm²   18 $6\sqrt{3}$ cm²   19 $30\sqrt{2}$ cm²

소단원 핵심문제 | 18~19쪽 |

1 30˚   2 ⑤   3 ①   4 ④   5 8 cm

6 ③   7 120˚   8 15 cm²   9 6 cm

10 $22\sqrt{3}$ cm²

3. 원과 직선

01. 원의 현
| 20~21쪽 |

현의 수직이등분선

❶ $\overline{BM}$

1 6　　　　2 5　　　　3 $2\sqrt{3}$　　　4 16

5 $2\sqrt{7}$ (✐ 3, $\sqrt{7}$, $\sqrt{7}$, $2\sqrt{7}$)　　　6 $6\sqrt{3}$　　　7 5

8 $\sqrt{13}$　　　9 $4\sqrt{14}$

원의 중심과 현의 길이

❷ $\overline{CD}$　❸ $\overline{ON}$

10 7　　　11 8　　　12 8　　　13 7　　　14 4

15 5　　　16 9　　　17 52°　　　18 70°

소단원 핵심문제
| 22~23쪽 |

1 ③　　　2 ③　　　3 12 cm　　4 $4\sqrt{3}$ cm　　5 40°

6 12 cm²　　7 ④　　　8 ②　　　9 $4\sqrt{6}$ cm　　10 55°

02. 원의 접선
| 24~27쪽 |

원의 접선과 반지름

❶ $\overline{PA}$

1 3　　　2 13　　　3 $2\sqrt{6}$　　　4 $\dfrac{5}{2}$　　　5 $\sqrt{51}$

원의 접선의 성질

❷ $\overline{PB}$

6 8　　　7 11　　　8 5　　　9 4　　　10 5

11 7　　　12 17　　　13 70°　　14 50°　　15 80°

16 135°　　17 114°　　18 50°　　19 108°

삼각형의 내접원

❸ $\overline{BE}$

20 $x=3$, $y=8$, $z=5$　　21 $x=2$, $y=7$, $z=4$　　22 9 cm

23 6 cm　　24 15 cm　　25 $10-x$　　26 $11-x$　　27 6

28 6　　　29 5　　　30 12

직각삼각형의 내접원

❹ 정사각형

31 10　　32 $\overline{AF}=6-r$, $\overline{CF}=8-r$　　33 2

34 2　　35 1

원에 외접하는 사각형의 성질

❺ $\overline{AD}$

36 9　　　37 3　　　38 2　　　39 13

소단원 핵심문제
| 28~29쪽 |

1 ②　　2 $\dfrac{27}{8}\pi$ cm²　　3 ⑤　　4 3 cm　　5 ①

6 ①　　7 ⑤　　8 5 cm　　9 2 cm　　10 11 cm

4. 원주각

01. 원주각
| 30~32쪽 |

원주각과 중심각의 크기

❶ $\dfrac{1}{2}$

1 70°　　2 38°　　3 35°　　4 115°　　5 110°

6 90°　　7 196°　　8 110° (✐ 140, 220, 220, 110)

9 105°　　10 260° (✐ 50, 100, 100, 260)　　11 210°

원주각의 성질

❷ 90

12 57°　　13 70°　　14 $\angle x=32°$, $\angle y=40°$

15 $\angle x=50°$, $\angle y=28°$　　16 $\angle x=45°$, $\angle y=30°$　　17 25°

18 40°　　19 70°　　20 55°　　21 62°

원주각의 크기와 호의 길이

❸ 같다   **❹ 정비례**

22 26°   23 30°   24 35°   25 30°   26 60°

27 8   28 5   29 50 (✏ 25, 3, 50)   30 4

31 4   32 2

소단원 핵심문제

| 33~34쪽 |

1 80°   2 ③   3 ⑤   4 50°   5 11

6 ⑤   7 30°   8 (1) 140° (2) 40°   9 65°

10 30°

---

02. 원주각의 활용

| 35~37쪽 |

네 점이 한 원 위에 있을 조건

❶ ADB

1 ○   2 ×   3 ○   4 ×   5 ×

6 58°   7 40°   8 70°   9 95°   10 40°

원에 내접하는 사각형의 성질

❷ 180   **❸ DCE**

11 ∠x=100°, ∠y=112°   12 ∠x=90°, ∠y=55°

13 ∠x=105°, ∠y=75°   14 ∠x=85°, ∠y=95°

15 ∠x=60°, ∠y=120°   16 ∠x=100°, ∠y=200°

17 88°   18 105°   19 50°   20 63°

사각형이 원에 내접하기 위한 조건

❹ 180   **❺ 외각**

21 ×   22 ×   23 ○   24 ×   25 ○

26 ×   27 104°   28 80°   29 85°   30 65°

소단원 핵심문제

| 38~39쪽 |

1 95°   2 125°   3 40°   4 130°   5 ③, ④

6 ∠x=30°, ∠y=50°   7 60°   8 ∠x=80°, ∠y=80°

9 55°   10 ⑤

---

03. 접선과 현이 이루는 각

| 40~41쪽 |

접선과 현이 이루는 각

❶ 원주각

1 40°   2 75°   3 110°   4 35°   5 60°

6 45°   7 50°   8 45°   9 45°   10 25°

11 35°

두 원에서 접선과 현이 이루는 각 (1)

❷ DCT   **❸ CTQ**   **❹ $\overline{CD}$**

12 40° (✏ 40)   13 55°   14 62° (✏ 62)   15 45°

두 원에서 접선과 현이 이루는 각 (2)

❺ CDT   **❻ ATP**   **❼ $\overline{AB}$**

16 70° (✏ 70)   17 65°   18 55° (✏ 55)   19 60°

소단원 핵심문제

| 42~43쪽 |

1 ③   2 45°   3 25°   4 ③   5 2

6 40°   7 ②   8 20°

9 (1) 70° (2) 65° (3) 45°   10 80°

---

5. 대푯값과 산포도

01. 대푯값

| 44~45쪽 |

평균

❶ 개수

1 7   2 64   3 9   4 31   5 11

6 80   7 12 (✏ 17, 4, 52, 12)   8 69   9 6

10 85   11 19   12 51

중앙값

❷ 중앙값   **❸ 홀수**   **❹ 평균**

13 8   14 34   15 35

16 14 (✏ 13, 15, 13, 15, 14)   17 6   18 30.5

최빈값

⑤ 최빈값
19 7 20 85 21 54 22 17, 22 23 지우개
24 파

산포도와 자료의 분포 상태

⑥ 평균 ⑦ 표준편차
18 × 19 ○ 20 × 21 × 22 ○
23 ○

소단원 핵심문제 | 46~47쪽 |

1 81 cm 2 (1) 88호 (2) 90호 (3) 최빈값
3 3회 4 중앙값: 54회, 최빈값: 46회, 62회
5 7 6 ㄱ, ㄹ 7 8 8 9 9 4
10 (1) 10 (2) 9편 (3) 10편

소단원 핵심문제 | 50~51쪽 |

1 ① 2 분산: 5, 표준편차: $\sqrt{5}$ 3 12 4 $\sqrt{6}$ g
5 ②, ④ 6 171 cm 7 ②, ⑤ 8 25 9 ④
10 ㄴ

6. 상관관계

01. 산점도와 상관관계 | 52~53쪽 |

산점도

❶ 산점도
1 풀이 60쪽 참조 2 풀이 60쪽 참조

02. 산포도 | 48~49쪽 |

편차

❶ 평균 ❷ 0

1
변량	9	13	8	6
편차	0	4	−1	−3

2
변량	51	48	34	43	54
편차	5	2	−12	−3	8

3 평균: 29
변량	25	21	36	29	34
편차	−4	−8	7	0	5

4 평균: 14
변량	12	19	15	9	16	13
편차	−2	5	1	−5	2	−1

5 −2 6 1

산점도의 이해

❷ $y \geq b$ ❸ $x = y$
3 4 4 5 5 2 6 4 7 3
8 3 9 4

상관관계

❹ 양 ❺ 음
10 양 11 음 12 음 13 무 14 양
15 무 16 음 17 ㄷ, ㅂ 18 ㄴ, ㅁ 19 ㄱ, ㄹ
20 ㄷ 21 ㅁ 22 ㄷ

분산과 표준편차

❸ 편차 ❹ 변량 ❺ 분산
7 × 8 ○ 9 ○ 10 × 11 ×
12 (1) 36 (2) 9 (3) 3 13 (1) 30 (2) 6 (3) $\sqrt{6}$
14 (1) 5 (2) 0, −2, 2, 0 (3) 8 (4) 2 (5) $\sqrt{2}$
15 (1) 9 (2) 0, −1, 1, 3, −3 (3) 20 (4) 4 (5) 2
16 (1) 12 (2) $2\sqrt{3}$ 17 (1) 7 (2) $\sqrt{7}$

소단원 핵심문제 | 54~55쪽 |

1 ㄴ, ㄷ 2 ③ 3 ④ 4 ③ 5 65점
6 4명 7 하윤 8 ⑤

정답과 풀이

1. 삼각비

01. 삼각비

| 8~10쪽 |

핵심예제 1 $\sin C=\dfrac{4}{5}$, $\cos C=\dfrac{3}{5}$, $\tan C=\dfrac{4}{3}$

∠C의 삼각비는

$\sin C=\dfrac{\overline{AB}}{\overline{AC}}=\dfrac{4}{5}$

$\cos C=\dfrac{\overline{BC}}{\overline{AC}}=\dfrac{3}{5}$

$\tan C=\dfrac{\overline{AB}}{\overline{BC}}=\dfrac{4}{3}$

1-1 (1) $\dfrac{8}{17}$ (2) $\dfrac{15}{17}$ (3) $\dfrac{8}{15}$ (4) $\dfrac{15}{17}$ (5) $\dfrac{8}{17}$ (6) $\dfrac{15}{8}$

(1) $\sin A=\dfrac{\overline{BC}}{\overline{AC}}=\dfrac{8}{17}$

(2) $\cos A=\dfrac{\overline{AB}}{\overline{AC}}=\dfrac{15}{17}$

(3) $\tan A=\dfrac{\overline{BC}}{\overline{AB}}=\dfrac{8}{15}$

(4) $\sin C=\dfrac{\overline{AB}}{\overline{AC}}=\dfrac{15}{17}$

(5) $\cos C=\dfrac{\overline{BC}}{\overline{AC}}=\dfrac{8}{17}$

(6) $\tan C=\dfrac{\overline{AB}}{\overline{BC}}=\dfrac{15}{8}$

핵심예제 2 $\sin A=\dfrac{\sqrt{2}}{2}$, $\cos A=\dfrac{\sqrt{2}}{2}$

$\overline{AC}=\sqrt{3^2+3^2}=\sqrt{18}=3\sqrt{2}$이므로

$\sin A=\dfrac{\overline{BC}}{\overline{AC}}=\dfrac{3}{3\sqrt{2}}=\dfrac{\sqrt{2}}{2}$

$\cos A=\dfrac{\overline{AB}}{\overline{AC}}=\dfrac{3}{3\sqrt{2}}=\dfrac{\sqrt{2}}{2}$

2-1 $\cos C=\dfrac{\sqrt{3}}{2}$, $\tan C=\dfrac{\sqrt{3}}{3}$

$\overline{AC}=\sqrt{2^2-1^2}=\sqrt{3}$이므로

$\cos C=\dfrac{\overline{AC}}{\overline{BC}}=\dfrac{\sqrt{3}}{2}$

$\tan C=\dfrac{\overline{AB}}{\overline{AC}}=\dfrac{1}{\sqrt{3}}=\dfrac{\sqrt{3}}{3}$

핵심예제 3 $2\sqrt{13}$

$\tan A=\dfrac{\overline{BC}}{4}=\dfrac{3}{2}$이므로 $\overline{BC}=6$

따라서 $\overline{AC}=\sqrt{4^2+6^2}=\sqrt{52}=2\sqrt{13}$

핵심예제 4 $\sin A=\dfrac{\sqrt{5}}{3}$, $\tan A=\dfrac{\sqrt{5}}{2}$

$\cos A=\dfrac{2}{3}$인 직각삼각형 ABC를 그리면 오른쪽 그림과 같다.

$\overline{BC}=\sqrt{3^2-2^2}=\sqrt{5}$이므로

$\sin A=\dfrac{\sqrt{5}}{3}$, $\tan A=\dfrac{\sqrt{5}}{2}$

4-1 (1) $\dfrac{\sqrt{11}}{6}$ (2) $\dfrac{5\sqrt{11}}{11}$ (3) $\dfrac{\sqrt{11}}{6}$ (4) $\dfrac{5}{6}$

$\sin A=\dfrac{5}{6}$인 직각삼각형 ABC를 그리면 오른쪽 그림과 같다.

$\overline{AB}=\sqrt{6^2-5^2}=\sqrt{11}$이므로

(1) $\cos A=\dfrac{\overline{AB}}{\overline{AC}}=\dfrac{\sqrt{11}}{6}$

(2) $\tan A=\dfrac{\overline{BC}}{\overline{AB}}=\dfrac{5}{\sqrt{11}}=\dfrac{5\sqrt{11}}{11}$

(3) $\sin C=\dfrac{\overline{AB}}{\overline{AC}}=\dfrac{\sqrt{11}}{6}$

(4) $\cos C=\dfrac{\overline{BC}}{\overline{AC}}=\dfrac{5}{6}$

핵심예제 5 $\dfrac{\sqrt{5}}{5}$

△ABC와 △DBA에서

∠B는 공통, ∠BAC=∠BDA=90°이므로

△ABC∽△DBA (AA 닮음)

따라서 ∠BCA=∠BAD=x

직각삼각형 ABC에서

$\overline{BC}=\sqrt{6^2+3^2}=3\sqrt{5}$

따라서 $\cos x=\dfrac{\overline{AC}}{\overline{BC}}=\dfrac{3}{3\sqrt{5}}=\dfrac{\sqrt{5}}{5}$

5-1 (1) $\dfrac{2\sqrt{13}}{13}$ (2) $\dfrac{3\sqrt{13}}{13}$ (3) $\dfrac{2}{3}$

△ABC와 △DAC에서

∠C는 공통, ∠BAC=∠ADC=90°이므로

△ABC∽△DAC (AA 닮음)

따라서 ∠CBA=∠CAD=x

직각삼각형 ABC에서

$\overline{AB}=\sqrt{(\sqrt{13})^2-2^2}=3$

(1) $\sin x=\dfrac{\overline{AC}}{\overline{BC}}=\dfrac{2}{\sqrt{13}}=\dfrac{2\sqrt{13}}{13}$

(2) $\cos x=\dfrac{\overline{AB}}{\overline{BC}}=\dfrac{3}{\sqrt{13}}=\dfrac{3\sqrt{13}}{13}$

(3) $\tan x=\dfrac{\overline{AC}}{\overline{AB}}=\dfrac{2}{3}$

핵심예제 6 $\dfrac{4}{5}$

$\triangle ABC$와 $\triangle EDC$에서

$\angle C$는 공통, $\angle BAC=\angle DEC=90°$이므로

$\triangle ABC \backsim \triangle EDC$ (AA 닮음)

따라서 $\angle EDC=\angle ABC=x$

직각삼각형 EDC에서 $\overline{CD}=\sqrt{3^2+4^2}=5$이므로

$\sin x=\dfrac{\overline{CE}}{\overline{CD}}=\dfrac{4}{5}$

6-1 (1) $\dfrac{15}{17}$ (2) $\dfrac{8}{17}$ (3) $\dfrac{15}{8}$

$\triangle ABC$와 $\triangle EDC$에서

$\angle C$는 공통, $\angle BAC=\angle DEC=90°$이므로

$\triangle ABC \backsim \triangle EDC$ (AA 닮음)

따라서 $\angle ABC=\angle EDC=x$

직각삼각형 ABC에서 $\overline{BC}=\sqrt{8^2+15^2}=17$이므로

(1) $\sin x=\dfrac{\overline{AC}}{\overline{BC}}=\dfrac{15}{17}$

(2) $\cos x=\dfrac{\overline{AB}}{\overline{BC}}=\dfrac{8}{17}$

(3) $\tan x=\dfrac{\overline{AC}}{\overline{AB}}=\dfrac{15}{8}$

소단원 핵심문제 | 11쪽 |

1 ③

2 (1) $\sin C=\dfrac{2}{3}$, $\cos C=\dfrac{\sqrt{5}}{3}$, $\tan C=\dfrac{2\sqrt{5}}{5}$

(2) $\sin C=\dfrac{\sqrt{5}}{5}$, $\cos C=\dfrac{2\sqrt{5}}{5}$, $\tan C=\dfrac{1}{2}$

3 $x=6$, $y=3\sqrt{5}$ **4** ②   **5** ③

1 ③ $\tan A=\dfrac{\overline{BC}}{\overline{AB}}=\dfrac{12}{5}$

2 (1) $\overline{AB}=\sqrt{3^2-(\sqrt{5})^2}=\sqrt{4}=2$이므로

$\sin C=\dfrac{\overline{AB}}{\overline{AC}}=\dfrac{2}{3}$

$\cos C=\dfrac{\overline{BC}}{\overline{AC}}=\dfrac{\sqrt{5}}{3}$

$\tan C=\dfrac{\overline{AB}}{\overline{BC}}=\dfrac{2}{\sqrt{5}}=\dfrac{2\sqrt{5}}{5}$

(2) $\overline{BC}=\sqrt{2^2+4^2}=\sqrt{20}=2\sqrt{5}$이므로

$\sin C=\dfrac{\overline{AB}}{\overline{BC}}=\dfrac{2}{2\sqrt{5}}=\dfrac{\sqrt{5}}{5}$

$\cos C=\dfrac{\overline{AC}}{\overline{BC}}=\dfrac{4}{2\sqrt{5}}=\dfrac{2\sqrt{5}}{5}$

$\tan C=\dfrac{\overline{AB}}{\overline{AC}}=\dfrac{2}{4}=\dfrac{1}{2}$

3 $\cos A=\dfrac{\overline{AB}}{\overline{AC}}=\dfrac{x}{9}$이므로 $\dfrac{x}{9}=\dfrac{2}{3}$, $x=6$

$y=\sqrt{9^2-6^2}=\sqrt{45}=3\sqrt{5}$

4 $\tan A=\dfrac{1}{3}$인 직각삼각형 ABC를 그리면 오른쪽 그림과 같다.

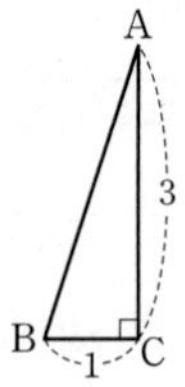

$\overline{AB}=\sqrt{3^2+1^2}=\sqrt{10}$이므로

$\sin A=\dfrac{1}{\sqrt{10}}=\dfrac{\sqrt{10}}{10}$

$\cos A=\dfrac{3}{\sqrt{10}}=\dfrac{3\sqrt{10}}{10}$

따라서 $\sin A+\cos A=\dfrac{\sqrt{10}}{10}+\dfrac{3\sqrt{10}}{10}=\dfrac{2\sqrt{10}}{5}$

5 $\triangle ABC \backsim \triangle ADB \backsim \triangle BDC$ (AA 닮음)이므로

$\sin x=\dfrac{\overline{AB}}{\overline{AC}}=\dfrac{\overline{AD}}{\overline{AB}}=\dfrac{\overline{BD}}{\overline{BC}}$

따라서 $\sin x$를 나타내는 것은 ㄴ, ㄷ이다.

02. 삼각비의 값 | 12~15쪽 |

핵심예제 7 $\sqrt{3}$

$\sin 30° \times \tan 60° + \cos 30°$

$=\dfrac{1}{2}\times\sqrt{3}+\dfrac{\sqrt{3}}{2}$

$=\dfrac{\sqrt{3}}{2}+\dfrac{\sqrt{3}}{2}=\sqrt{3}$

7-1 (1) $\dfrac{1}{2}$ (2) $\dfrac{\sqrt{3}}{4}$

(1) $\tan 45°-\cos 60°=1-\dfrac{1}{2}=\dfrac{1}{2}$

(2) $\sin 60° \times \cos 30° \div \tan 60°=\dfrac{\sqrt{3}}{2}\times\dfrac{\sqrt{3}}{2}\div\sqrt{3}$

$=\dfrac{\sqrt{3}}{2}\times\dfrac{\sqrt{3}}{2}\times\dfrac{1}{\sqrt{3}}=\dfrac{\sqrt{3}}{4}$

핵심예제 8 $30°$

$0° < \angle B < 90°$이고 $\cos B=\dfrac{3\sqrt{3}}{6}=\dfrac{\sqrt{3}}{2}$

이때 $\cos 30°=\dfrac{\sqrt{3}}{2}$이므로 $\angle B=30°$

8-1 $x=3$, $y=3\sqrt{2}$

$\tan 45°=\dfrac{x}{3}=1$이므로 $x=3$

$\cos 45°=\dfrac{3}{y}=\dfrac{\sqrt{2}}{2}$이므로 $y=3\sqrt{2}$

핵심예제 9 (1) $\overline{OB}$ (2) $\overline{AB}$

(1) 직각삼각형 AOB에서

$$\sin x = \frac{\overline{OB}}{\overline{OA}} = \frac{\overline{OB}}{1} = \overline{OB}$$

(2) $\overline{AB} \, /\!/ \, \overline{CD}$이므로

$$\angle OCD = \angle OAB \text{ (동위각)}$$

따라서 $\cos y = \cos x = \dfrac{\overline{AB}}{\overline{OA}} = \dfrac{\overline{AB}}{1} = \overline{AB}$

9-1 (1) $\overline{AB}$ (2) $\overline{DE}$ (3) $\overline{BC}$ (4) $\overline{AB}$

(1) $\cos x = \dfrac{\overline{AB}}{\overline{AC}} = \dfrac{\overline{AB}}{1} = \overline{AB}$

(2) $\tan x = \dfrac{\overline{DE}}{\overline{AD}} = \dfrac{\overline{DE}}{1} = \overline{DE}$

(3) $\cos y = \dfrac{\overline{BC}}{\overline{AC}} = \dfrac{\overline{BC}}{1} = \overline{BC}$

(4) $\sin z = \sin y = \dfrac{\overline{AB}}{\overline{AC}} = \dfrac{\overline{AB}}{1} = \overline{AB}$

핵심예제 10 (1) 0.77 (2) 1.19

(1) $\sin 50° = \dfrac{\overline{AB}}{\overline{OA}} = \dfrac{\overline{AB}}{1} = \overline{AB} = 0.77$

(2) $\tan 50° = \dfrac{\overline{CD}}{\overline{OD}} = \dfrac{\overline{CD}}{1} = \overline{CD} = 1.19$

10-1 (1) 0.53 (2) 0.85 (3) 0.85 (4) 0.53

(1) $\sin 32° = \dfrac{\overline{AB}}{\overline{OA}} = \dfrac{\overline{AB}}{1} = \overline{AB} = 0.53$

(2) $\cos 32° = \dfrac{\overline{OB}}{\overline{OA}} = \dfrac{\overline{OB}}{1} = \overline{OB} = 0.85$

(3) 직각삼각형 AOB에서

$$\angle OAB = 180° - (32° + 90°) = 58°$$이므로

$$\sin 58° = \dfrac{\overline{OB}}{\overline{OA}} = \dfrac{\overline{OB}}{1} = \overline{OB} = 0.85$$

(4) $\cos 58° = \dfrac{\overline{AB}}{\overline{OA}} = \dfrac{\overline{AB}}{1} = \overline{AB} = 0.53$

핵심예제 11 (1) -1 (2) 0

(1) $\tan 0° - \sin 90° = 0 - 1 = -1$

(2) $2\sin 0° + \cos 90° - \tan 0° = 2 \times 0 + 0 - 0 = 0$

11-1 (1) 0 (2) 1 (3) 0 (4) 2

(1) $\sin 0° + \cos 90° = 0 + 0 = 0$

(2) $\sin 90° \times \cos 0° = 1 \times 1 = 1$

(3) $\tan 0° \div \cos 0° = 0 \div 1 = 0$

(4) $\cos 0° + \sin 90° \times \tan 45° = 1 + 1 \times 1 = 2$

핵심예제 12 ㄱ, ㄹ

ㄱ. $0° \le x \le 90°$인 범위에서 x의 크기가 커지면 $\sin x$의 값은 증가하므로

$$\sin 20° < \sin 40°$$

ㄴ. $0° \le x \le 90°$인 범위에서 x의 크기가 커지면 $\cos x$의 값은 감소하므로

$$\cos 20° > \cos 40°$$

ㄷ. $\sin 55° > \sin 45° = \dfrac{\sqrt{2}}{2}$, $\cos 55° < \cos 45° = \dfrac{\sqrt{2}}{2}$이므로

$$\sin 55° > \cos 55°$$

ㄹ. $\cos 70° < \cos 0° = 1$, $\tan 70° > \tan 45° = 1$이므로

$$\cos 70° < \tan 70°$$

따라서 옳은 것은 ㄱ, ㄹ이다.

핵심예제 13 $x = 48°$, $y = 46°$

$\sin 48° = 0.7431$이므로 $x = 48°$

$\cos 46° = 0.6947$이므로 $y = 46°$

13-1 (1) 0.8910 (2) 1.8807 (3) 2.7717

(3) $\sin 63° + \tan 62° = 0.8910 + 1.8807 = 2.7717$

핵심예제 14 8.192

$\cos 35° = \dfrac{\overline{AB}}{10} = 0.8192$이므로 $\overline{AB} = 8.192$

소단원 핵심문제

| 16쪽 |

1 $x = 3\sqrt{3}$, $y = 3\sqrt{6}$ 2 2.19   3 (1) 1 (2) $\dfrac{\sqrt{3}}{2} + 1$

4 ①   5 $\overline{AB} = 0.6157$, $\overline{OB} = 0.7880$

1 직각삼각형 ABD에서

$\sin 60° = \dfrac{\overline{AD}}{6} = \dfrac{\sqrt{3}}{2}$이므로 $\overline{AD} = 3\sqrt{3}$

직각삼각형 ADC에서

$\tan 45° = \dfrac{\overline{AD}}{x} = \dfrac{3\sqrt{3}}{x} = 1$이므로 $x = 3\sqrt{3}$

$\sin 45° = \dfrac{\overline{AD}}{y} = \dfrac{3\sqrt{3}}{y} = \dfrac{\sqrt{2}}{2}$이므로 $y = 3\sqrt{6}$

2 $\tan 54° = \dfrac{\overline{CD}}{\overline{OD}} = \dfrac{\overline{CD}}{1} = \overline{CD} = 1.38$

직각삼각형 AOB에서 $\angle OAB = 180° - (54° + 90°) = 36°$

$\cos 36° = \dfrac{\overline{AB}}{\overline{OA}} = \dfrac{\overline{AB}}{1} = \overline{AB} = 0.81$

따라서 $\tan 54° + \cos 36° = 1.38 + 0.81 = 2.19$

3 (1) $\tan 60° \times \cos 30° - \sin 30°$

$= \sqrt{3} \times \dfrac{\sqrt{3}}{2} - \dfrac{1}{2}$

$= 1$

(2) $\sin 90° \times \cos 30° + \cos 0° \times \tan 45°$

$= 1 \times \dfrac{\sqrt{3}}{2} + 1 \times 1$

$= \dfrac{\sqrt{3}}{2} + 1$

4 ① $\tan 50° > \tan 45°$이므로 $\tan 50° > 1$

② $\sin 55° < \sin 90°$이므로 $\sin 55° < 1$

③ $\sin 70° < \sin 90°$이므로 $\sin 70° < 1$

④ $\cos 80° < \cos 0°$이므로 $\cos 80° < 1$

⑤ $\cos 90° = 0$이므로 $\cos 90° < 1$

따라서 삼각비의 값이 가장 큰 것은 ①이다.

5 $\sin 38° = \dfrac{\overline{AB}}{\overline{OA}} = \dfrac{\overline{AB}}{1} = \overline{AB}$이므로

$\overline{AB} = 0.6157$

$\cos 38° = \dfrac{\overline{OB}}{\overline{OA}} = \dfrac{\overline{OB}}{1} = \overline{OB}$이므로

$\overline{OB} = 0.7880$

중단원 마무리 테스트

| 17~19쪽 |

1 ③, ⑤	**2** ①	**3** ①	**4** ②	**5** $\dfrac{3\sqrt{13}}{13}$
6 ④	**7** ⑤	**8** $\dfrac{7}{17}$	**9** ④	**10** ②
11 $x=5\sqrt{6}, y=10\sqrt{3}$		**12** ④	**13** ⑤	**14** $\dfrac{13\sqrt{3}}{6}$
15 ⑤	**16** ⑤	**17** ④	**18** $31°$	
19 (1) 6 cm (2) 8 cm (3) 24 cm^2			**20** (1) $30°$ (2) $\dfrac{1}{4}$	

1 ① $\sin B = \dfrac{\overline{AC}}{\overline{BC}} = \dfrac{4}{5}$ ② $\cos B = \dfrac{\overline{AB}}{\overline{BC}} = \dfrac{3}{5}$

③ $\tan B = \dfrac{\overline{AC}}{\overline{AB}} = \dfrac{4}{3}$ ④ $\sin C = \dfrac{\overline{AB}}{\overline{BC}} = \dfrac{3}{5}$

⑤ $\cos C = \dfrac{\overline{AC}}{\overline{BC}} = \dfrac{4}{5}$

따라서 옳은 것은 ③, ⑤이다.

2 $y = \dfrac{1}{2}x + 3$에 $y = 0$을 대입하면

$0 = \dfrac{1}{2}x + 3$에서 $x = -6$, 즉 A$(-6, 0)$

$y = \dfrac{1}{2}x + 3$에 $x = 0$을 대입하면

$y = 3$, 즉 B$(0, 3)$

따라서 직각삼각형 AOB에서 $\overline{AO} = 6$, $\overline{BO} = 3$이므로

$\tan a = \dfrac{\overline{BO}}{\overline{AO}} = \dfrac{3}{6} = \dfrac{1}{2}$

3 $\overline{BC} = \sqrt{17^2 - 15^2} = \sqrt{64} = 8$이므로

$\sin A = \dfrac{\overline{BC}}{\overline{AB}} = \dfrac{8}{17}$, $\cos B = \dfrac{\overline{BC}}{\overline{AB}} = \dfrac{8}{17}$

따라서 $\sin A + \cos B = \dfrac{8}{17} + \dfrac{8}{17} = \dfrac{16}{17}$

4 $\overline{CM} = \dfrac{1}{2}\overline{CD} = 2$ (cm)이고 △ACM은 ∠AMC$=90°$인 직각

삼각형이므로

$\overline{AM} = \sqrt{4^2 - 2^2} = \sqrt{12} = 2\sqrt{3}$ (cm)

오른쪽 그림에서 △AMN은 $\overline{AM} = \overline{AN}$

인 이등변삼각형이므로 꼭짓점 A에서

$\overline{MN}$에 내린 수선의 발을 H라 하면

$\overline{MH} = \overline{NH} = \dfrac{1}{2}\overline{MN} = 2$ (cm)

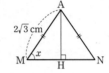

따라서 직각삼각형 AMH에서

$\overline{AH} = \sqrt{(2\sqrt{3})^2 - 2^2} = \sqrt{8} = 2\sqrt{2}$ (cm)

따라서 $\sin x = \dfrac{\overline{AH}}{\overline{AM}} = \dfrac{2\sqrt{2}}{2\sqrt{3}} = \dfrac{\sqrt{6}}{3}$

5 $\tan B = \dfrac{4}{\overline{BC}} = \dfrac{2}{3}$에서 $\overline{BC} = 6$

$\overline{AB} = \sqrt{6^2 + 4^2} = \sqrt{52} = 2\sqrt{13}$

따라서 $\sin A = \dfrac{\overline{BC}}{\overline{AB}} = \dfrac{6}{2\sqrt{13}} = \dfrac{3\sqrt{13}}{13}$

6 $\tan A = 2$인 직각삼각형 ABC를 그리면 오른쪽 그림과 같다.

$\overline{AC} = \sqrt{2^2 + 1^2} = \sqrt{5}$이므로

$\cos C = \dfrac{2}{\sqrt{5}} = \dfrac{2\sqrt{5}}{5}$

7 △ABC∽△ACD∽△CBD (AA 닮음)이므로

∠A = ∠DCB, ∠B = ∠ACD

① 직각삼각형 ABC에서 $\sin A = \dfrac{\overline{BC}}{\overline{AB}}$

② 직각삼각형 ACD에서 $\sin B = \dfrac{\overline{AD}}{\overline{AC}}$

③ 직각삼각형 CBD에서 $\cos A = \dfrac{\overline{CD}}{\overline{BC}}$

④ 직각삼각형 CBD에서 $\tan A = \dfrac{\overline{BD}}{\overline{CD}}$

⑤ 직각삼각형 ACD에서 $\tan B = \dfrac{\overline{AD}}{\overline{CD}}$

따라서 옳지 않은 것은 ⑤이다.

8 △ABC∽△EDC (AA 닮음)이므로

∠ABC = ∠EDC $= x$

직각삼각형 ABC에서

$\overline{AC}=\sqrt{17^2-8^2}=\sqrt{225}=15$이므로

$\sin x=\dfrac{\overline{AC}}{\overline{BC}}=\dfrac{15}{17}$, $\cos x=\dfrac{\overline{AB}}{\overline{BC}}=\dfrac{8}{17}$

따라서 $\sin x-\cos x=\dfrac{15}{17}-\dfrac{8}{17}=\dfrac{7}{17}$

9 ① $\tan 45°-\sin 30°=1-\dfrac{1}{2}=\dfrac{1}{2}$

② $\cos 30°×\tan 60°=\dfrac{\sqrt{3}}{2}×\sqrt{3}=\dfrac{3}{2}$

③ $\cos 45°×\tan 30°×\sin 45°=\dfrac{\sqrt{2}}{2}×\dfrac{\sqrt{3}}{3}×\dfrac{\sqrt{2}}{2}=\dfrac{\sqrt{3}}{6}$

④ $\cos 60°+\sin 60°×\tan 60°=\dfrac{1}{2}+\dfrac{\sqrt{3}}{2}×\sqrt{3}=2$

⑤ $\tan 45°÷\cos 30°×\tan 30°$

$=1÷\dfrac{\sqrt{3}}{2}×\dfrac{\sqrt{3}}{3}=1×\dfrac{2}{\sqrt{3}}×\dfrac{\sqrt{3}}{3}=\dfrac{2}{3}$

따라서 계산 결과가 가장 큰 것은 ④이다.

10 $\sin 30°×\tan 60°=\dfrac{1}{2}×\sqrt{3}=\dfrac{\sqrt{3}}{2}$

이차방정식 $4x^2-ax-2=0$에 $x=\dfrac{\sqrt{3}}{2}$을 대입하면

$4×\left(\dfrac{\sqrt{3}}{2}\right)^2-a×\dfrac{\sqrt{3}}{2}-2=0$, $\dfrac{\sqrt{3}}{2}a=1$

따라서 $a=\dfrac{2\sqrt{3}}{3}$

11 직각삼각형 DBC에서

$\sin 60°=\dfrac{15}{y}=\dfrac{\sqrt{3}}{2}$이므로

$y=10\sqrt{3}$

$\overline{BD}=\sqrt{(10\sqrt{3})^2-15^2}=\sqrt{75}=5\sqrt{3}$

직각삼각형 ABD에서

$\sin 45°=\dfrac{\overline{BD}}{x}=\dfrac{5\sqrt{3}}{x}=\dfrac{\sqrt{2}}{2}$이므로

$x=5\sqrt{6}$

12 직각삼각형 AOB에서

$\cos x=\dfrac{\overline{OB}}{\overline{OA}}=\dfrac{\overline{OB}}{1}=\overline{OB}$

13 $\tan 48°=\dfrac{1.1106}{1}=1.1106$

14 $(3-\cos 90°)×\sin 60°+4\tan 30°×\cos 60°$

$=(3-0)×\dfrac{\sqrt{3}}{2}+4×\dfrac{\sqrt{3}}{3}×\dfrac{1}{2}$

$=\dfrac{3\sqrt{3}}{2}+\dfrac{2\sqrt{3}}{3}=\dfrac{13\sqrt{3}}{6}$

15 ① $\sin 0°=0$

② $\cos 30°=\dfrac{\sqrt{3}}{2}$

③ $\sin 45°=\dfrac{\sqrt{2}}{2}$

④ $\tan 45°=1$

⑤ $\cos 60°=\dfrac{1}{2}$

따라서 $0<\dfrac{1}{2}<\dfrac{\sqrt{2}}{2}<\dfrac{\sqrt{3}}{2}<1$이므로 두 번째로 작은 것은 ⑤이다.

16 ⑤ $\tan 90°$의 값은 정할 수 없으므로 $\tan A$의 가장 큰 값은 알 수 없다.

17 $\cos 28°=0.8829$, $\sin 26°=0.4384$이므로

$\cos 28°-\sin 26°=0.8829-0.4384$

$=0.4445$

18 직각삼각형 ABC에서

$\tan x=\dfrac{\overline{BC}}{\overline{AB}}=\dfrac{1.8}{3}=0.6$

이때 $\tan 31°=0.60$이므로

$x=31°$

19 (1) 직각삼각형 ABC에서

$\sin A=\dfrac{\overline{BC}}{10}=\dfrac{3}{5}$

따라서 $\overline{BC}=6$ (cm) ······ ❶

(2) $\overline{AB}=\sqrt{10^2-6^2}=\sqrt{64}=8$ (cm) ······ ❷

(3) $\triangle ABC=\dfrac{1}{2}×\overline{AB}×\overline{BC}$

$=\dfrac{1}{2}×8×6$

$=24$ (cm²) ······ ❸

	채점 기준	비율
(1)	❶ $\overline{BC}$의 길이 구하기	40 %
(2)	❷ $\overline{AB}$의 길이 구하기	30 %
(3)	❸ $\triangle ABC$의 넓이 구하기	30 %

20 (1) 삼각형의 세 내각의 크기의 합은 180°이므로

$\angle A=180°×\dfrac{1}{1+2+3}=30°$ ······ ❶

(2) $\sin A×\cos A×\tan A$

$=\sin 30°×\cos 30°×\tan 30°$

$=\dfrac{1}{2}×\dfrac{\sqrt{3}}{2}×\dfrac{\sqrt{3}}{3}$

$=\dfrac{1}{4}$ ······ ❷

	채점 기준	비율
(1)	❶ $\angle A$의 크기 구하기	40 %
(2)	❷ $\sin A×\cos A×\tan A$의 값 구하기	60 %

2. 삼각비의 활용

01. 길이 구하기
| 22~25쪽 |

핵심예제 1 $x=4.62,\ y=3.84$

$x=6\cos 40°=6\times 0.77=4.62$

$y=6\sin 40°=6\times 0.64=3.84$

1-1 (1) 12 (2) 20

(1) $\overline{AB}=16\tan 37°=16\times 0.75=12$

(2) $\overline{BC}=\dfrac{16}{\cos 37°}=\dfrac{16}{0.80}=20$

핵심예제 2 3.4 m

$\overline{AC}=4\sin 58°=4\times 0.85=3.4\,(m)$

핵심예제 3 $4,\ 2\sqrt{3},\ \cos 60°,\ 2,\ 4,\ 2\sqrt{7}$

3-1 (1) $2\sqrt{13}$ (2) $\sqrt{5}$

(1) 직각삼각형 ABH에서

$\overline{AH}=10\sin 30°=10\times\dfrac{1}{2}=5$

$\overline{BH}=10\cos 30°=10\times\dfrac{\sqrt{3}}{2}=5\sqrt{3}$

$\overline{CH}=\overline{BC}-\overline{BH}=8\sqrt{3}-5\sqrt{3}=3\sqrt{3}$이므로

직각삼각형 AHC에서

$\overline{AC}=\sqrt{5^2+(3\sqrt{3})^2}=2\sqrt{13}$

(2) 직각삼각형 ABH에서

$\overline{AH}=2\sqrt{2}\sin 45°=2\sqrt{2}\times\dfrac{\sqrt{2}}{2}=2$

$\overline{BH}=2\sqrt{2}\cos 45°=2\sqrt{2}\times\dfrac{\sqrt{2}}{2}=2$

$\overline{CH}=\overline{BC}-\overline{BH}=3-2=1$이므로

직각삼각형 AHC에서

$\overline{AC}=\sqrt{2^2+1^2}=\sqrt{5}$

핵심예제 4 $8,\ 4,\ 30,\ 45,\ 4,\ 4\sqrt{2}$

4-1 (1) $2\sqrt{6}$ (2) $9\sqrt{2}$

(1) 직각삼각형 HBC에서

$\overline{CH}=6\sin 45°=6\times\dfrac{\sqrt{2}}{2}=3\sqrt{2}$

$\angle A=180°-(45°+75°)=60°$이므로

직각삼각형 AHC에서

$\overline{AC}=\dfrac{\overline{CH}}{\sin 60°}=3\sqrt{2}\times\dfrac{2}{\sqrt{3}}=2\sqrt{6}$

(2) 직각삼각형 HBC에서

$\overline{CH}=6\sqrt{3}\sin 60°=6\sqrt{3}\times\dfrac{\sqrt{3}}{2}=9$

$\angle A=180°-(60°+75°)=45°$이므로

직각삼각형 AHC에서

$\overline{AC}=\dfrac{\overline{CH}}{\sin 45°}=9\times\dfrac{2}{\sqrt{2}}=9\sqrt{2}$

핵심예제 5 $15\sqrt{7}$ m

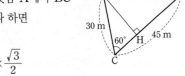

오른쪽 그림과 같이 꼭짓점 A에서 $\overline{BC}$에 내린 수선의 발을 H라 하면

직각삼각형 ACH에서

$\overline{AH}=30\sin 60°=30\times\dfrac{\sqrt{3}}{2}$

$=15\sqrt{3}\,(m)$

$\overline{CH}=30\cos 60°=30\times\dfrac{1}{2}=15\,(m)$

$\overline{BH}=\overline{BC}-\overline{CH}=45-15=30\,(m)$이므로

직각삼각형 AHB에서

$\overline{AB}=\sqrt{(15\sqrt{3})^2+30^2}=15\sqrt{7}\,(m)$

5-1 $5\sqrt{6}$ m

꼭짓점 A에서 $\overline{BC}$에 내린 수선의 발을 H라 하면

직각삼각형 ABH에서

$\overline{AH}=10\sin 60°=10\times\dfrac{\sqrt{3}}{2}=5\sqrt{3}\,(m)$

$\angle C=180°-(60°+75°)=45°$이므로

직각삼각형 AHC에서

$\overline{AC}=\dfrac{\overline{AH}}{\sin 45°}=5\sqrt{3}\times\dfrac{2}{\sqrt{2}}=5\sqrt{6}\,(m)$

핵심예제 6 $4(3-\sqrt{3})$

$\overline{AH}=h$라 하면

직각삼각형 ABH에서 $\angle BAH=90°-45°=45°$이므로

$\overline{BH}=h\tan 45°=h$

직각삼각형 AHC에서 $\angle CAH=90°-60°=30°$이므로

$\overline{CH}=h\tan 30°=\dfrac{\sqrt{3}}{3}h$

$\overline{BC}=\overline{BH}+\overline{CH}$이므로

$8=h+\dfrac{\sqrt{3}}{3}h,\ \dfrac{3+\sqrt{3}}{3}h=8$

따라서 $h=8\times\dfrac{3}{3+\sqrt{3}}=4(3-\sqrt{3})$

6-1 (1) $\overline{AH}=\sqrt{3}h,\ \overline{BH}=h$ (2) $10(3-\sqrt{3})$

(1) 직각삼각형 CAH에서 $\angle ACH=90°-30°=60°$이므로

$\overline{AH}=h\tan 60°=\sqrt{3}h$

직각삼각형 CHB에서 $\angle BCH=90°-45°=45°$이므로

$\overline{BH}=h\tan 45°=h$

(2) $\overline{AB}=\overline{AH}+\overline{BH}$이므로

$$20=\sqrt{3}h+h,\ \frac{3+\sqrt{3}}{3}h=20$$

따라서 $h=20\times\dfrac{3}{3+\sqrt{3}}=10(3-\sqrt{3})$

핵심예제 7 $2\sqrt{3}$

$\overline{AH}=h$라 하면

직각삼각형 ABH에서 $\angle BAH=90°-30°=60°$이므로

$\overline{BH}=h\tan 60°=\sqrt{3}h$

직각삼각형 ACH에서 $\angle CAH=120°-90°=30°$이므로

$\overline{CH}=h\tan 30°=\dfrac{\sqrt{3}}{3}h$

$\overline{BC}=\overline{BH}-\overline{CH}$이므로

$$4=\sqrt{3}h-\frac{\sqrt{3}}{3}h,\ \frac{2\sqrt{3}}{3}h=4$$

따라서 $h=4\times\dfrac{3}{2\sqrt{3}}=2\sqrt{3}$

7-1 (1) $\overline{BH}=h,\ \overline{CH}=\dfrac{\sqrt{3}}{3}h$ (2) $5(3+\sqrt{3})$

(1) 직각삼각형 ABH에서 $\angle BAH=90°-45°=45°$이므로

$\overline{BH}=h\tan 45°=h$

직각삼각형 ACH에서 $\angle CAH=90°-60°=30°$이므로

$\overline{CH}=h\tan 30°=\dfrac{\sqrt{3}}{3}h$

(2) $\overline{BC}=\overline{BH}-\overline{CH}$이므로

$$10=h-\frac{\sqrt{3}}{3}h,\ \frac{3-\sqrt{3}}{3}h=10$$

따라서 $h=10\times\dfrac{3}{3-\sqrt{3}}=5(3+\sqrt{3})$

소단원 핵심문제

| 26쪽 |

1 ④   **2** ②   **3** $3\sqrt{13}$ **4** $20(\sqrt{2}+\sqrt{6})$ m

5 ⑤

1 $\angle A=90°-35°=55°$이므로

$$x=\frac{7}{\sin 35°}=\frac{7}{\cos 55°}$$

2 등대의 높이는

$\overline{AC}=50\tan 40°=50\times0.84=42\ (\mathrm{m})$

3 오른쪽 그림과 같이 꼭짓점 A에서 $\overline{BC}$에 내린 수선의 발을 H라 하면 직각삼각형 ABH에서

$\overline{AH}=9\sqrt{2}\times\sin 45°=9\sqrt{2}\times\dfrac{\sqrt{2}}{2}=9$

$\overline{BH}=9\sqrt{2}\times\cos 45°=9\sqrt{2}\times\dfrac{\sqrt{2}}{2}=9$

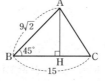

$\overline{CH}=\overline{BC}-\overline{BH}=15-9=6$이므로

직각삼각형 AHC에서

$\overline{AC}=\sqrt{9^2+6^2}=3\sqrt{13}$

4 오른쪽 그림과 같이 꼭짓점 C에서 $\overline{AB}$에 내린 수선의 발을 H라 하면 직각삼각형 CAH에서

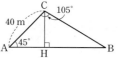

$\overline{CH}=40\sin 45°=40\times\dfrac{\sqrt{2}}{2}=20\sqrt{2}\ (\mathrm{m})$

$\overline{AH}=40\cos 45°=40\times\dfrac{\sqrt{2}}{2}=20\sqrt{2}\ (\mathrm{m})$

$\angle B=180°-(45°+105°)=30°$이므로 직각삼각형 CHB에서

$\overline{BH}=\dfrac{\overline{CH}}{\tan 30°}=20\sqrt{2}\times\dfrac{3}{\sqrt{3}}=20\sqrt{6}\ (\mathrm{m})$

따라서 $\overline{AB}=\overline{AH}+\overline{BH}=20\sqrt{2}+20\sqrt{6}=20(\sqrt{2}+\sqrt{6})\ (\mathrm{m})$

5 $\overline{AH}=h$라 하면

직각삼각형 ABH에서 $\angle BAH=90°-45°=45°$이므로

$\overline{BH}=h\tan 45°=h$

직각삼각형 AHC에서 $\angle CAH=90°-40°=50°$이므로

$\overline{CH}=h\tan 50°$

$\overline{BC}=\overline{BH}+\overline{CH}$이므로

$8=h+h\tan 50°,\ (1+\tan 50°)h=8$

따라서 $h=\dfrac{8}{1+\tan 50°}$

02. 넓이 구하기

| 27~29쪽 |

핵심예제 8 (1) $20\sqrt{2}\ \mathrm{cm}^2$ (2) $\dfrac{27\sqrt{3}}{2}\ \mathrm{cm}^2$

(1) $\triangle ABC=\dfrac{1}{2}\times8\times10\times\sin 45°$

$=\dfrac{1}{2}\times8\times10\times\dfrac{\sqrt{2}}{2}$

$=20\sqrt{2}\ (\mathrm{cm}^2)$

(2) $\triangle ABC=\dfrac{1}{2}\times6\times9\times\sin(180°-120°)$

$=\dfrac{1}{2}\times6\times9\times\dfrac{\sqrt{3}}{2}$

$=\dfrac{27\sqrt{3}}{2}\ (\mathrm{cm}^2)$

8-1 (1) $9\ \mathrm{cm}^2$ (2) $6\ \mathrm{cm}^2$

(1) $\overline{AC}=\overline{AB}=6\ \mathrm{cm}$이므로

$\triangle ABC=\dfrac{1}{2}\times6\times6\times\sin 30°$

$=\dfrac{1}{2}\times6\times6\times\dfrac{1}{2}$

$=9\ (\mathrm{cm}^2)$

(2) $\triangle ABC = \dfrac{1}{2} \times 4\sqrt{2} \times 3 \times \sin(180° - 135°)$

$\qquad = \dfrac{1}{2} \times 4\sqrt{2} \times 3 \times \dfrac{\sqrt{2}}{2}$

$\qquad = 6 \ (\text{cm}^2)$

핵심예제 9 $23\sqrt{3} \ \text{cm}^2$

오른쪽 그림과 같이 $\overline{AC}$를 그으면

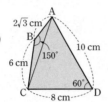

$\triangle ABC = \dfrac{1}{2} \times 2\sqrt{3} \times 6 \times \sin(180° - 150°)$

$\qquad = \dfrac{1}{2} \times 2\sqrt{3} \times 6 \times \dfrac{1}{2}$

$\qquad = 3\sqrt{3} \ (\text{cm}^2)$

$\triangle ACD = \dfrac{1}{2} \times 8 \times 10 \times \sin 60°$

$\qquad = \dfrac{1}{2} \times 8 \times 10 \times \dfrac{\sqrt{3}}{2}$

$\qquad = 20\sqrt{3} \ (\text{cm}^2)$

따라서

$\square ABCD = \triangle ABC + \triangle ACD$

$\qquad = 3\sqrt{3} + 20\sqrt{3} = 23\sqrt{3} \ (\text{cm}^2)$

핵심예제 10 (1) $21\sqrt{3} \ \text{cm}^2$ (2) $20\sqrt{2} \ \text{cm}^2$

(1) $\square ABCD = 6 \times 7 \times \sin 60°$

$\qquad = 6 \times 7 \times \dfrac{\sqrt{3}}{2}$

$\qquad = 21\sqrt{3} \ (\text{cm}^2)$

(2) $\square ABCD = 5 \times 8 \times \sin(180° - 135°)$

$\qquad = 5 \times 8 \times \dfrac{\sqrt{2}}{2}$

$\qquad = 20\sqrt{2} \ (\text{cm}^2)$

10-1 (1) $6\sqrt{2} \ \text{cm}^2$ (2) $44\sqrt{3} \ \text{cm}^2$

(1) $\square ABCD = 4 \times 3 \times \sin 45°$

$\qquad = 4 \times 3 \times \dfrac{\sqrt{2}}{2}$

$\qquad = 6\sqrt{2} \ (\text{cm}^2)$

(2) $\angle B = \angle D = 120°$이므로

$\square ABCD = 8 \times 11 \times \sin(180° - 120°)$

$\qquad = 8 \times 11 \times \dfrac{\sqrt{3}}{2}$

$\qquad = 44\sqrt{3} \ (\text{cm}^2)$

10-2 $50 \ \text{cm}^2$

$\square ABCD$는 $\overline{BC} = \overline{AB} = 10 \ \text{cm}$인 평행사변형이므로

$\square ABCD = 10 \times 10 \times \sin 30°$

$\qquad = 10 \times 10 \times \dfrac{1}{2}$

$\qquad = 50 \ (\text{cm}^2)$

10-3 $60°$

$6 \times 9 \times \sin B = 27\sqrt{3}$이므로

$\sin B = \dfrac{\sqrt{3}}{2}$

이때 $\sin 60° = \dfrac{\sqrt{3}}{2}$이므로

$\angle B = 60°$

핵심예제 11 (1) $14\sqrt{3} \ \text{cm}^2$ (2) $30 \ \text{cm}^2$

(1) $\square ABCD = \dfrac{1}{2} \times 8 \times 7 \times \sin 60°$

$\qquad = \dfrac{1}{2} \times 8 \times 7 \times \dfrac{\sqrt{3}}{2}$

$\qquad = 14\sqrt{3} \ (\text{cm}^2)$

(2) $\square ABCD = \dfrac{1}{2} \times 10 \times 12 \times \sin(180° - 150°)$

$\qquad = \dfrac{1}{2} \times 10 \times 12 \times \dfrac{1}{2}$

$\qquad = 30 \ (\text{cm}^2)$

11-1 (1) $10 \ \text{cm}^2$ (2) $27\sqrt{2} \ \text{cm}^2$

(1) $\square ABCD = \dfrac{1}{2} \times 5 \times 4 \times \sin 90°$

$\qquad = \dfrac{1}{2} \times 5 \times 4 \times 1$

$\qquad = 10 \ (\text{cm}^2)$

(2) $\square ABCD = \dfrac{1}{2} \times 9 \times 12 \times \sin(180° - 135°)$

$\qquad = \dfrac{1}{2} \times 9 \times 12 \times \dfrac{\sqrt{2}}{2}$

$\qquad = 27\sqrt{2} \ (\text{cm}^2)$

11-2 $45°$

$\dfrac{1}{2} \times 11 \times 4 \times \sin x = 11\sqrt{2}$이므로

$\sin x = \dfrac{\sqrt{2}}{2}$

이때 $\sin 45° = \dfrac{\sqrt{2}}{2}$이므로 $x = 45°$

소단원 핵심문제 | 30쪽 |

1 ①   2 ⑤   3 $(18 + 6\sqrt{6}) \ \text{cm}^2$

4 (1) $30\sqrt{3} \ \text{cm}^2$ (2) $\dfrac{15\sqrt{3}}{2} \ \text{cm}^2$ 5 $6 \ \text{cm}$

1 $\triangle ABC = \dfrac{1}{2} \times 6 \times 7 \times \sin 30°$

$\qquad = \dfrac{1}{2} \times 6 \times 7 \times \dfrac{1}{2}$

$\qquad = \dfrac{21}{2} \ (\text{cm}^2)$

2 $\frac{1}{2} \times \overline{BC} \times 8 \times \sin(180° - 135°) = 36$이므로

$\frac{1}{2} \times \overline{BC} \times 8 \times \frac{\sqrt{2}}{2} = 36$

$2\sqrt{2}\,\overline{BC} = 36$

따라서 $\overline{BC} = 9\sqrt{2}$ (cm)

3 직각삼각형 ABC에서 $\angle BCA = 90° - 45° = 45°$이고

$\overline{AC} = \frac{\overline{BC}}{\cos 45°} = 6 \times \frac{2}{\sqrt{2}} = 6\sqrt{2}$ (cm)이므로

$\triangle ABC = \frac{1}{2} \times 6 \times 6\sqrt{2} \times \sin 45°$

$= \frac{1}{2} \times 6 \times 6\sqrt{2} \times \frac{\sqrt{2}}{2} = 18$ (cm²)

$\triangle ACD = \frac{1}{2} \times 6\sqrt{2} \times 4 \times \sin 60°$

$= \frac{1}{2} \times 6\sqrt{2} \times 4 \times \frac{\sqrt{3}}{2} = 6\sqrt{6}$ (cm²)

따라서 $\square ABCD = \triangle ABC + \triangle ACD = 18 + 6\sqrt{6}$ (cm²)

4 (1) $\angle B = \angle D = 120°$이므로

$\square ABCD = 6 \times 10 \times \sin(180° - 120°)$

$= 6 \times 10 \times \frac{\sqrt{3}}{2}$

$= 30\sqrt{3}$ (cm²)

(2) $\triangle ABO = \frac{1}{2}\triangle ABC = \frac{1}{2} \times \frac{1}{2}\square ABCD$

$= \frac{1}{4}\square ABCD = \frac{1}{4} \times 30\sqrt{3}$

$= \frac{15\sqrt{3}}{2}$ (cm²)

5 $\overline{AC} = x$ cm라 하면 $\square ABCD$는 등변사다리꼴이므로

$\overline{BD} = \overline{AC} = x$ cm

$\frac{1}{2} \times x \times x \times \sin(180° - 120°) = 9\sqrt{3}$이므로

$\frac{1}{2} \times x \times x \times \frac{\sqrt{3}}{2} = 9\sqrt{3}$, $x^2 = 36$

그런데 $x > 0$이므로 $x = 6$

따라서 $\overline{AC} = 6$ cm

🐻 중단원 마무리 테스트
| 31~33쪽 |

1 ②, ④   **2** 23.8   **3** ⑤   **4** 8.3 m
5 초급: 66 m, 상급: 480 m   **6** ④   **7** ⑤
8 75 m   **9** ②   **10** $2(\sqrt{3}+1)$ m   **11** ①
12 135°   **13** $96\sqrt{3}$ cm²   **14** ②   **15** ⑤
16 ①   **17** (1) $2\sqrt{3}$ m (2) $4\sqrt{3}$ m (3) $6\sqrt{3}$ m
18 (1) $48\sqrt{3}$ cm² (2) $12\sqrt{3}$ cm²

1 $\angle A = 180° - (90° + 52°) = 38°$이므로

$\overline{AB} = 3\sin 52° = 3\cos 38°$

2 $\overline{AC} = 10\sin 33° = 10 \times 0.54 = 5.4$

$\overline{BC} = 10\cos 33° = 10 \times 0.84 = 8.4$

따라서 직각삼각형 ABC의 둘레의 길이는

$10 + 5.4 + 8.4 = 23.8$

3 원뿔의 높이는

$\overline{AH} = 3\sin 60° = 3 \times \frac{\sqrt{3}}{2} = \frac{3\sqrt{3}}{2}$ (cm)

4 직각삼각형 ABC에서

$\overline{AC} = 10\sin 43° = 10 \times 0.68 = 6.8$ (m)

따라서 지면에서 연까지의 높이는

$\overline{AH} = \overline{AC} + \overline{CH} = 6.8 + 1.5 = 8.3$ (m)

5 초급 코스의 높이는

$550\sin 7° = 550 \times 0.12 = 66$ (m)

상급 코스의 높이는

$960\sin 30° = 960 \times \frac{1}{2} = 480$ (m)

6 오른쪽 그림과 같이 꼭짓점 A에서 $\overline{BC}$에 내린 수선의 발을 H라 하면 직각삼각형 ABH에서

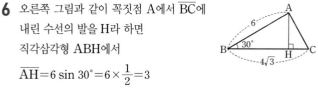

$\overline{AH} = 6\sin 30° = 6 \times \frac{1}{2} = 3$

$\overline{BH} = 6\cos 30° = 6 \times \frac{\sqrt{3}}{2} = 3\sqrt{3}$

$\overline{CH} = \overline{BC} - \overline{BH} = 4\sqrt{3} - 3\sqrt{3} = \sqrt{3}$이므로

직각삼각형 AHC에서

$\overline{AC} = \sqrt{3^2 + (\sqrt{3})^2} = 2\sqrt{3}$

7 오른쪽 그림과 같이 꼭짓점 C에서 $\overline{AB}$에 내린 수선의 발을 H라 하면 직각삼각형 HBC에서

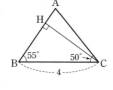

$\overline{CH} = 4\sin 55°$

$\angle A = 180° - (55° + 50°) = 75°$이므로

직각삼각형 HCA에서

$\overline{AC} = \frac{\overline{CH}}{\sin 75°} = \frac{4\sin 55°}{\sin 75°}$

8 오른쪽 그림과 같이 꼭짓점 A에서 $\overline{BC}$에 내린 수선의 발을 H라 하면 직각삼각형 HAB에서

$\overline{AH} = 120\sin 30° = 120 \times \frac{1}{2} = 60$ (m)

$\angle C = 180° - (95° + 30°) = 55°$이므로

직각삼각형 AHC에서

$\overline{AC} = \dfrac{\overline{AH}}{\sin 55°} = \dfrac{60}{0.8} = 75 \, (m)$

9 $\overline{AH} = h$라 하면

직각삼각형 ABH에서 $\angle BAH = 90° - 45° = 45°$이므로

$\overline{BH} = h \tan 45° = h$

직각삼각형 AHC에서 $\angle CAH = 90° - 30° = 60°$이므로

$\overline{CH} = h \tan 60° = \sqrt{3}h$

$\overline{BC} = \overline{BH} + \overline{CH}$이므로

$6 = h + \sqrt{3}h$, $(1 + \sqrt{3})h = 6$

따라서 $h = \dfrac{6}{\sqrt{3}+1} = 3(\sqrt{3}-1)$

10 $\overline{AH} = h$ m라 하면

직각삼각형 ABH에서 $\angle BAH = 90° - 30° = 60°$이므로

$\overline{BH} = h \tan 60° = \sqrt{3}h \, (m)$

직각삼각형 ACH에서 $\angle CAH = 90° - 45° = 45°$이므로

$\overline{CH} = h \tan 45° = h \, (m)$

$\overline{BC} = \overline{BH} - \overline{CH}$이므로

$4 = \sqrt{3}h - h$, $(\sqrt{3}-1)h = 4$

$h = \dfrac{4}{\sqrt{3}-1} = 2(\sqrt{3}+1)$

따라서 국기 계양대의 높이는 $2(\sqrt{3}+1)$ m이다.

11 $\angle A = 180° - (75° + 75°) = 30°$이므로

$\triangle ABC = \dfrac{1}{2} \times 6 \times 6 \times \sin 30°$

$= \dfrac{1}{2} \times 6 \times 6 \times \dfrac{1}{2}$

$= 9 \, (cm^2)$

12 $\dfrac{1}{2} \times 4 \times 5\sqrt{2} \times \sin(180° - B) = 10$이므로

$\sin(180° - B) = \dfrac{\sqrt{2}}{2}$

이때 $\sin 45° = \dfrac{\sqrt{2}}{2}$이므로

$180° - \angle B = 45°$

따라서 $\angle B = 135°$

13 정육각형은 오른쪽 그림과 같이 6개의 합동인

정삼각형으로 나누어지므로

타일 한 개의 넓이는

$6 \times \left(\dfrac{1}{2} \times 8 \times 8 \times \sin 60° \right)$

$= 6 \times \left(\dfrac{1}{2} \times 8 \times 8 \times \dfrac{\sqrt{3}}{2} \right)$

$= 96\sqrt{3} \, (cm^2)$

14 $\angle B = 180° - 135° = 45°$이므로

$\square ABCD = 7 \times 10 \times \sin 45°$

$= 7 \times 10 \times \dfrac{\sqrt{2}}{2}$

$= 35\sqrt{2} \, (cm^2)$

15 $\overline{BD} = x$ cm라 하면

$\dfrac{1}{2} \times 6 \times x \times \sin(180° - 135°) = 24$이므로

$\dfrac{1}{2} \times 6 \times x \times \dfrac{\sqrt{2}}{2} = 24$

$\dfrac{3\sqrt{2}}{2}x = 24$, $x = 8\sqrt{2}$

따라서 $\overline{BD} = 8\sqrt{2}$ cm

16 두 대각선이 이루는 각의 크기를 x $(0° < x \leq 90°)$라 하면

$\square ABCD = \dfrac{1}{2} \times 5 \times 7 \times \sin x = \dfrac{35}{2} \sin x$

이때 $\sin x$의 값 중 가장 큰 값이 1이므로 $\square ABCD$의 넓이 중 가장 큰 값은

$\dfrac{35}{2} \times 1 = \dfrac{35}{2}$

17 (1) $\overline{AB} = 6 \tan 30° = 6 \times \dfrac{\sqrt{3}}{3} = 2\sqrt{3} \, (m)$ ······ ❶

(2) $\overline{AC} = \dfrac{6}{\cos 30°} = 6 \times \dfrac{2}{\sqrt{3}} = 4\sqrt{3} \, (m)$ ······ ❷

(3) 부러지기 전 나무의 높이는

$\overline{AB} + \overline{AC} = 2\sqrt{3} + 4\sqrt{3} = 6\sqrt{3} \, (m)$ ······ ❸

	채점 기준	비율
(1)	❶ $\overline{AB}$의 길이 구하기	40 %
(2)	❷ $\overline{AC}$의 길이 구하기	40 %
(3)	❸ 부러지기 전 나무의 높이 구하기	20 %

18 (1) $\overline{DC} = \overline{AB} = 8$ cm이므로

$\square ABCD = 8 \times 12 \times \sin 60°$

$= 8 \times 12 \times \dfrac{\sqrt{3}}{2}$

$= 48\sqrt{3} \, (cm^2)$ ······ ❶

(2) $\triangle AMC = \dfrac{1}{2} \triangle ABC$

$= \dfrac{1}{2} \times \dfrac{1}{2} \square ABCD$

$= \dfrac{1}{4} \square ABCD$

$= \dfrac{1}{4} \times 48\sqrt{3}$

$= 12\sqrt{3} \, (cm^2)$ ······ ❷

	채점 기준	비율
(1)	❶ 평행사변형 ABCD의 넓이 구하기	50 %
(2)	❷ $\triangle AMC$의 넓이 구하기	50 %

3. 원과 직선

01. 원의 현　　　　　　　　　　　| 36~38쪽 |

핵심예제 1 (1) 4 cm　(2) 8 cm

(1) 직각삼각형 OAM에서
$\overline{AM}=\sqrt{5^2-3^2}=4$ (cm)
(2) $\overline{AB}\perp\overline{OM}$이므로
$\overline{AB}=2\overline{AM}=2\times4=8$ (cm)

1-1 (1) 5　(2) $2\sqrt{13}$

원의 중심에서 현에 내린 수선은 그 현을 이등분하므로
(1) $x=\frac{1}{2}\times10=5$
(2) $\overline{BM}=\overline{AM}=6$ cm
　직각삼각형 OMB에서
　$x=\sqrt{6^2+4^2}=2\sqrt{13}$

핵심예제 2 6 cm

$\overline{AB}$가 현 CD를 수직이등분하므로 $\overline{AB}$는 원의 중심을 지난다.
따라서 $\overline{AB}$가 원의 지름이므로 반지름의 길이는
$\frac{1}{2}\times12=6$ (cm)

핵심예제 3 $\frac{25}{2}$

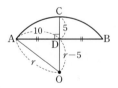

오른쪽 그림과 같이 원의 중심을 O, 반지름의 길이를 r라 하면
$\overline{OA}=r$, $\overline{OD}=r-5$
직각삼각형 AOD에서
$r^2=(r-5)^2+10^2$
$10r=125$, $r=\frac{25}{2}$
따라서 원의 반지름의 길이는 $\frac{25}{2}$이다.

3-1 10

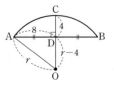

오른쪽 그림과 같이 원의 중심을 O, 반지름의 길이를 r라 하면
$\overline{OA}=r$, $\overline{OD}=r-4$,
$\overline{AD}=\frac{1}{2}\overline{AB}=\frac{1}{2}\times16=8$이므로
직각삼각형 AOD에서
$r^2=(r-4)^2+8^2$
$8r=80$, $r=10$
따라서 원의 반지름의 길이는 10이다.

핵심예제 4 $6\sqrt{3}$ cm

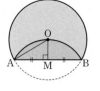

오른쪽 그림과 같이 원의 중심 O에서 $\overline{AB}$에 내린 수선의 발을 M이라 하면
$\overline{OA}=6$ cm
$\overline{OM}=\frac{1}{2}\overline{OA}=\frac{1}{2}\times6=3$ (cm)
직각삼각형 OAM에서
$\overline{AM}=\sqrt{6^2-3^2}=3\sqrt{3}$ (cm)
따라서 $\overline{AB}=2\overline{AM}=2\times3\sqrt{3}=6\sqrt{3}$ (cm)

4-1 $8\sqrt{3}$ cm

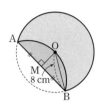

오른쪽 그림과 같이 원의 중심 O에서 $\overline{AB}$에 내린 수선의 발을 M이라 하면
$\overline{OM}=\frac{1}{2}\overline{OB}=\frac{1}{2}\times8=4$ (cm)
직각삼각형 OMB에서
$\overline{BM}=\sqrt{8^2-4^2}=4\sqrt{3}$ (cm)
따라서 $\overline{AB}=2\overline{BM}=2\times4\sqrt{3}=8\sqrt{3}$ (cm)

핵심예제 5 (1) 5　(2) $\sqrt{13}$

(1) $\overline{OM}=\overline{ON}$이므로 $\overline{AB}=\overline{CD}$
　따라서 $x=5$
(2) $\overline{AB}=2\overline{BM}=6$ (cm)에서 $\overline{AB}=\overline{CD}$이므로
　$\overline{OM}=\overline{ON}=2$ cm
　따라서 직각삼각형 OBM에서
　$x=\sqrt{2^2+3^2}=\sqrt{13}$

5-1 (1) 3　(2) 8

(1) $\overline{AB}=\overline{CD}$이므로 $\overline{OM}=\overline{ON}$
　따라서 $x=3$
(2) 직각삼각형 OAM에서
　$\overline{AM}=\sqrt{5^2-3^2}=4$ (cm)이므로
　$\overline{AB}=2\overline{AM}=2\times4=8$ (cm)
　$\overline{OM}=\overline{ON}$이므로 $\overline{AB}=\overline{CD}$
　따라서 $x=8$

5-2 $\overline{AC}$, 이등변삼각형

소단원 핵심문제　　　　　　　　　　| 39쪽 |

1 ⑤	2 $2\sqrt{55}$ cm	3 ③	4 21	5 ④

1　직각삼각형 OAM에서
$\overline{AM}=\sqrt{6^2-4^2}=2\sqrt{5}$ (cm)
따라서 $\overline{AB}=2\overline{AM}=2\times2\sqrt{5}=4\sqrt{5}$ (cm)

2 원 O의 반지름의 길이는

$\dfrac{1}{2}\overline{CD}=\dfrac{1}{2}\times(5+11)=8$ (cm)

오른쪽 그림과 같이 $\overline{OA}$를 그으면

직각삼각형 AOP에서

$\overline{OA}=8$ cm, $\overline{OP}=8-5=3$ (cm)이므로

$\overline{AP}=\sqrt{8^2-3^2}=\sqrt{55}$ (cm)

따라서

$\overline{AB}=2\overline{AP}=2\times\sqrt{55}=2\sqrt{55}$ (cm)

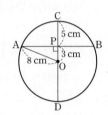

3 오른쪽 그림과 같이 원의 중심을 O라 하면

$\overline{OB}=\overline{OC}=13$ cm

$\overline{BD}=\dfrac{1}{2}\overline{AB}=\dfrac{1}{2}\times24=12$ (cm)

직각삼각형 DOB에서

$\overline{OD}=\sqrt{13^2-12^2}=5$ (cm)

따라서 $\overline{CD}=\overline{OC}-\overline{OD}=13-5=8$ (cm)

4 $\overline{BM}=\overline{AM}$이므로 $x=7$

$\overline{OM}=\overline{ON}$에서 $\overline{AB}=\overline{CD}$이므로 $y=7+7=14$

따라서 $x+y=7+14=21$

5 $\overline{OM}=\overline{ON}$이므로 $\overline{AB}=\overline{AC}$

즉, $\triangle ABC$는 이등변삼각형이므로

$\angle ABC=\dfrac{1}{2}\times(180°-50°)=65°$

02. 원의 접선
| 40~43쪽 |

핵심예제 6 5 cm

$\triangle OPA$는 $\angle PAO=90°$인 직각삼각형이므로

$\overline{OA}=\sqrt{13^2-12^2}=5$ (cm)

따라서 원 O의 반지름의 길이는 5 cm이다.

6-1 (1) $3\sqrt{5}$ (2) 6

(1) $\triangle OPA$는 $\angle PAO=90°$인 직각삼각형이므로

$x=\sqrt{6^2+3^2}=3\sqrt{5}$

(2) $\triangle OPA$는 $\angle PAO=90°$인 직각삼각형이므로

$x=\sqrt{10^2-8^2}=6$

핵심예제 7 11

$\overline{PA}=\overline{PB}$이므로 $9=x-2$

따라서 $x=11$

7-1 (1) 7 (2) 9

(1) $\overline{PA}=\overline{PB}$이므로 $x=7$

(2) $\overline{PA}=\overline{PB}$이므로 $x+3=12$

따라서 $x=9$

핵심예제 8 40°

$\overline{PA}=\overline{PB}$이므로 $\triangle APB$에서

$\angle APB=180°-2\times70°=40°$

8-1 64°

$\overline{PA}=\overline{PB}$이므로 $\triangle ABP$에서

$\angle x=\dfrac{1}{2}\times(180°-52°)=64°$

8-2 60°

$\angle PAO=\angle PBO=90°$이므로 $\square APBO$에서

$\angle APB=360°-(90°+120°+90°)=60°$

핵심예제 9 $5\sqrt{3}$ cm

$\angle PAO=90°$이므로 직각삼각형 APO에서

$\overline{PA}=\sqrt{10^2-5^2}=5\sqrt{3}$ (cm)

따라서 $\overline{PB}=\overline{PA}=5\sqrt{3}$ cm

9-1 (1) 15 cm (2) 8 cm

(1) $\overline{PA}=\overline{PB}=15$ cm

(2) $\angle PAO=90°$이므로 직각삼각형 APO에서

$\overline{OA}=\sqrt{17^2-15^2}=8$ (cm)

9-2 $2\sqrt{10}$ cm

$\overline{OC}=\overline{OB}=3$ cm이므로 $\overline{PO}=3+4=7$ (cm)

$\angle OBP=90°$이므로 직각삼각형 POB에서

$\overline{BP}=\sqrt{7^2-3^2}=2\sqrt{10}$ (cm)

따라서 $\overline{AP}=\overline{BP}=2\sqrt{10}$ cm

핵심예제 10 13 cm

$\overline{CF}=\overline{CE}=8$ cm이므로

$\overline{AD}=\overline{AF}=14-8=6$ (cm)

$\overline{BD}=\overline{BE}=15-8=7$ (cm)

따라서 $\overline{AB}=\overline{AD}+\overline{BD}=6+7=13$ (cm)

10-1 (1) 3 (2) 5

(1) $\overline{CE}=\overline{CF}=7$ cm이므로 $\overline{BD}=\overline{BE}=15-7=8$ (cm)

$\overline{AF}=\overline{AD}=11-8=3$ (cm)

따라서 $x=3$

(2) $\overline{AD}=\overline{AF}=x$ cm이므로

$\overline{BE}=\overline{BD}=(8-x)$ cm, $\overline{CE}=\overline{CF}=(12-x)$ cm

$\overline{BC}=\overline{BE}+\overline{CE}$이므로

$10=(8-x)+(12-x)$, $2x=10$

따라서 $x=5$

핵심예제 11 2 cm

원 O의 반지름의 길이를 r cm라 하면 $\overline{CE}=\overline{CF}=r$ cm

$\overline{AD}=\overline{AF}=(8-r)$ cm, $\overline{BD}=\overline{BE}=(6-r)$ cm

$\overline{AB}=\overline{AD}+\overline{BD}$이므로

$10=(8-r)+(6-r)$

$2r=4$, $r=2$

따라서 원 O의 반지름의 길이는 2 cm이다.

핵심예제 12 5

$\overline{AB}+\overline{CD}=\overline{AD}+\overline{BC}$이므로 $6+8=x+9$

따라서 $x=5$

12-1 11 cm

$\overline{AD}+\overline{BC}=\overline{AB}+\overline{CD}=7+4=11$ (cm)

핵심예제 13 5

오른쪽 그림과 같이 $\overline{OF}$를 그으면

$\square OEBF$는 정사각형이므로

$\overline{BF}=\overline{OE}=x$ cm

$\overline{AB}+\overline{CD}=\overline{AD}+\overline{BC}$이므로

$8+12=7+(x+8)$

따라서 $x=5$

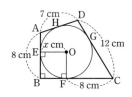

13-1 2 cm

오른쪽 그림과 같이 $\overline{OF}$를 그으면

$\overline{FC}=\overline{OG}=4$ cm

$\overline{BE}=\overline{BF}=11-4=7$ (cm)

따라서 $\overline{AH}=\overline{AE}=9-7=2$ (cm)

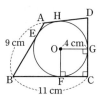

소단원 핵심문제

| 44쪽 |

| 1 ② | 2 5 cm | 3 ③ | 4 ③ | 5 30 cm |

1 오른쪽 그림과 같이 $\overline{OA}$를 긋고 원 O의 반지름의 길이를 r cm라 하면

$\overline{OB}=\overline{OA}=r$ cm

$\overline{OP}=(r+3)$ cm

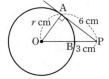

$\angle OAP=90°$이므로 직각삼각형 AOP에서

$(r+3)^2=r^2+6^2$

$6r=27$, $r=\dfrac{9}{2}$

따라서 원 O의 반지름의 길이는 $\dfrac{9}{2}$ cm이다.

2 △APB는 $\overline{PA}=\overline{PB}$인 이등변삼각형이므로

$\angle PAB=\angle PBA=\dfrac{1}{2}\times(180°-60°)=60°$

따라서 △APB는 정삼각형이므로

$\overline{AB}=\overline{PA}=5$ cm

3 $\overline{AF}=\overline{AD}=3$ cm, $\overline{BD}=\overline{BE}=8$ cm,

$\overline{CE}=\overline{CF}=9$ cm이므로

(△ABC의 둘레의 길이)$=2\times(3+8+9)=40$ (cm)

4 직각삼각형 ABC에서

$\overline{AB}=\sqrt{15^2-12^2}=9$ (cm)

원 O의 반지름의 길이를 r cm라 하면 $\overline{AD}=\overline{AF}=r$ cm

$\overline{BE}=\overline{BD}=(9-r)$ cm, $\overline{CE}=\overline{CF}=(12-r)$ cm

$\overline{BC}=\overline{BE}+\overline{CE}$이므로

$15=(9-r)+(12-r)$

$2r=6$, $r=3$

따라서 원 O의 반지름의 길이는 3 cm이다.

5 $\overline{AB}+\overline{CD}=\overline{AD}+\overline{BC}$이므로

(□ABCD의 둘레의 길이)

$=\overline{AB}+\overline{BC}+\overline{CD}+\overline{AD}$

$=2(\overline{AD}+\overline{BC})$

$=2\times(6+9)=30$ (cm)

중단원 마무리 테스트

| 45~47쪽 |

1 ④	2 ③	3 ⑤	4 5 m	5 ③
6 ②	7 ②	8 59°	9 ①	10 4 cm
11 25π m²	12 ②	13 3 cm	14 ④	15 ①
16 ②	17 (1) $\sqrt{34}$ cm (2) $3\sqrt{2}$ cm (3) $6\sqrt{2}$ cm
18 (1) 11 cm (2) $4\sqrt{7}$ cm

1 $\overline{AM}=\dfrac{1}{2}\overline{AB}=\dfrac{1}{2}\times12=6$ (cm)

따라서 직각삼각형 AOM에서

$\overline{OM}=\sqrt{9^2-6^2}=3\sqrt{5}$ (cm)

2 오른쪽 그림과 같이 $\overline{OC}$를 그으면

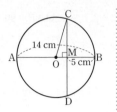

$\overline{OC}=\dfrac{1}{2}\overline{AB}=\dfrac{1}{2}\times14=7\ (cm)$

$\overline{OM}=7-5=2\ (cm)$

직각삼각형 OMC에서

$\overline{CM}=\sqrt{7^2-2^2}=3\sqrt{5}\ (cm)$

따라서 $\overline{CD}=2\overline{CM}=2\times3\sqrt{5}=6\sqrt{5}\ (cm)$

3 직각삼각형 OAD에서

$\overline{AD}=\sqrt{7^2-3^2}=2\sqrt{10}\ (cm)$이므로

$\overline{BD}=\overline{AD}=2\sqrt{10}\ cm,$

$\overline{CD}=\overline{OC}-\overline{OD}=7-3=4\ (cm)$

따라서 직각삼각형 BDC에서

$\overline{BC}=\sqrt{(2\sqrt{10})^2+4^2}=2\sqrt{14}\ (cm)$

4 오른쪽 그림에서 원의 중심을 O, 반지름의
길이를 r m라 하면

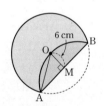

$\overline{OA}=r\ m,\ \overline{OD}=(r-2)\ m$

$\overline{AD}=\dfrac{1}{2}\overline{AB}=\dfrac{1}{2}\times8=4\ (m)$

직각삼각형 AOD에서

$r^2=(r-2)^2+4^2$

$4r=20,\ r=5$

따라서 원 O의 반지름의 길이는 5 m이다.

5 오른쪽 그림과 같이 $\overline{OA}$를 그으면

$\overline{OA}=2\overline{OM}=2\times6=12\ (cm)$

직각삼각형 OAM에서

$\overline{AM}=\sqrt{12^2-6^2}=6\sqrt{3}\ (cm)$

따라서

$\overline{AB}=2\overline{AM}=2\times6\sqrt{3}=12\sqrt{3}\ (cm)$

6 $\overline{CN}=\dfrac{1}{2}\overline{CD}=\dfrac{1}{2}\times10=5\ (cm)$이므로 직각삼각형 OCN에서

$\overline{ON}=\sqrt{6^2-5^2}=\sqrt{11}\ (cm)$

따라서 $\overline{AB}=\overline{CD}$이므로

$\overline{OM}=\overline{ON}=\sqrt{11}\ (cm)$

7 $\overline{OM}=\overline{ON}$이므로 $\overline{AB}=\overline{AC}$

즉, △ABC는 이등변삼각형이므로

$\angle ACB=\angle ABC=50°$

따라서 $\angle BAC=180°-2\times50°=80°$이므로 □AMON에서

$\angle MON=360°-(90°+80°+90°)=100°$

8 $\overline{PA}=\overline{PB}$이므로 △APB에서

$\angle x=\dfrac{1}{2}\times(180°-62°)=59°$

9 $\overline{OB}=\overline{OA}=5\ cm$이므로

$\overline{OP}=5+6=11\ (cm)$

$\angle OAP=90°$이므로 직각삼각형 OAP에서

$\overline{AP}=\sqrt{11^2-5^2}=4\sqrt{6}\ (cm)$

따라서 $\triangle OAP=\dfrac{1}{2}\times4\sqrt{6}\times5=10\sqrt{6}\ (cm^2)$

10 $\overline{AD}+\overline{AF}=(\overline{AB}+\overline{BD})+(\overline{AC}+\overline{CF})$

$\qquad\qquad=\overline{AB}+\overline{BE}+\overline{AC}+\overline{CE}$

$\qquad\qquad=\overline{AB}+(\overline{BE}+\overline{CE})+\overline{AC}$

$\qquad\qquad=\overline{AB}+\overline{BC}+\overline{AC}$

$\qquad\qquad=7+6+5=18\ (cm)$

$\overline{AD}=\overline{AF}$이므로

$\overline{AF}=\dfrac{1}{2}\times18=9\ (cm)$

따라서 $\overline{CF}=\overline{AF}-\overline{AC}=9-5=4\ (cm)$

11 오른쪽 그림과 같이 $\overline{OA}$를 긋고 점 O에서
$\overline{AB}$에 내린 수선의 발을 H라 하면

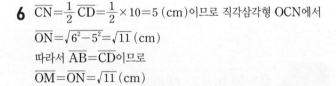

$\overline{AH}=\dfrac{1}{2}\overline{AB}=\dfrac{1}{2}\times10=5\ (m)$

큰 원의 반지름의 길이를 R m, 작은 원의 반
지름의 길이를 r m라 하면 직각삼각형 OAH에서

$R^2=5^2+r^2$이므로 $R^2-r^2=25$

따라서 유수풀의 넓이는 색칠한 부분의 넓이와 같으므로

$\pi R^2-\pi r^2=\pi(R^2-r^2)=25\pi\ (m^2)$

12 $\overline{AD}=\overline{AF}=x\ cm$라 하면

$\overline{BE}=\overline{BD}=(7-x)\ cm,\ \overline{CE}=\overline{CF}=(6-x)\ cm$

$\overline{BC}=\overline{BE}+\overline{CE}$이므로

$8=(7-x)+(6-x)$

$2x=5,\ x=\dfrac{5}{2}$

따라서 $\overline{AD}=\dfrac{5}{2}\ cm$

13 $\overline{AF}=\overline{AD}=x\ cm$라 하면

$\overline{BD}=\overline{BE}=5\ cm,\ \overline{CE}=\overline{CF}=6\ cm$

△ABC의 둘레의 길이가 28 cm이므로

$2x+10+12=28$

$2x=6,\ x=3$

따라서 $\overline{AF}=3\ cm$

14 $\overline{AD}=\overline{AF}=4\ cm,\ \overline{CE}=\overline{CF}=6\ cm$

원 O의 반지름의 길이를 r cm라 하면

$\overline{BD}=\overline{BE}=r\ cm$이므로

$\overline{AB}=(4+r)\ cm,\ \overline{BC}=(r+6)\ cm$

△ABC는 직각삼각형이므로

$10^2=(4+r)^2+(r+6)^2$

$r^2+10r-24=0,\ (r+12)(r-2)=0$

그런데 $r>0$이므로 $r=2$

따라서 원 O의 넓이는
$$\pi \times 2^2 = 4\pi \ (\text{cm}^2)$$

15 $\overline{AB} + \overline{CD} = \overline{AD} + \overline{BC}$이므로
$$(x+6) + (3x-1) = 2x + (3x+1)$$
$$4x+5 = 5x+1$$
따라서 $x=4$

16 원의 지름의 길이가 $2 \times 4 = 8$ (cm)이므로
$\overline{DC} = 8$ cm
$\overline{AB} + \overline{CD} = \overline{AD} + \overline{BC}$이므로
$\overline{AD} + \overline{BC} = 10 + 8 = 18$ (cm)
따라서
$$\square ABCD = \frac{1}{2} \times (\overline{AD} + \overline{BC}) \times 8$$
$$= \frac{1}{2} \times 18 \times 8 = 72 \ (\text{cm}^2)$$

17 (1) $\overline{DN} = \frac{1}{2}\overline{CD} = \frac{1}{2} \times 10 = 5$ (cm)

오른쪽 그림과 같이 $\overline{OD}$를 그으면
직각삼각형 OND에서
$\overline{OD} = \sqrt{3^2 + 5^2} = \sqrt{34}$ (cm)
따라서 원 O의 반지름의 길이는
$\sqrt{34}$ cm이다. ······ ❶

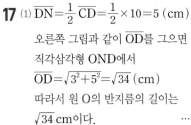

(2) 위의 그림과 같이 $\overline{OA}$를 그으면
$\overline{OA} = \overline{OD} = \sqrt{34}$ cm
직각삼각형 AMO에서
$\overline{AM} = \sqrt{(\sqrt{34})^2 - 4^2} = 3\sqrt{2}$ (cm) ······ ❷
(3) $\overline{AB} = 2\overline{AM} = 2 \times 3\sqrt{2} = 6\sqrt{2}$ (cm) ······ ❸

	채점 기준	비율
(1)	❶ 원 O의 반지름의 길이 구하기	40 %
(2)	❷ $\overline{AM}$의 길이 구하기	40 %
(3)	❸ 현 AB의 길이 구하기	20 %

18 (1) $\overline{AD} = \overline{AB} + \overline{DC} = 4 + 7 = 11$ (cm) ······ ❶
(2) 오른쪽 그림과 같이 꼭짓점 A에서
$\overline{CD}$에 내린 수선의 발을 H라 하면
$\overline{DH} = 7 - 4 = 3$ (cm) ······ ❷
직각삼각형 AHD에서
$\overline{AH} = \sqrt{11^2 - 3^2} = 4\sqrt{7}$ (cm)
따라서 $\overline{BC} = \overline{AH} = 4\sqrt{7}$ cm ······ ❸

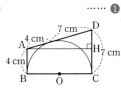

	채점 기준	비율
(1)	❶ $\overline{AD}$의 길이 구하기	30 %
	❷ $\overline{DH}$의 길이 구하기	30 %
(2)	❸ $\overline{BC}$의 길이 구하기	40 %

4. 원주각

01. 원주각
| 50~53쪽 |

핵심예제 1 (1) 50° (2) 120°

(1) $\angle x = \frac{1}{2}\angle AOB = \frac{1}{2} \times 100° = 50°$
(2) 오른쪽 그림과 같이 점 Q를 잡으면
$\overset{\frown}{AQB}$에 대한 중심각의 크기는
$2\angle APB = 2 \times 120° = 240°$
따라서 $\angle x = 360° - 240° = 120°$

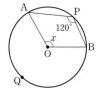

1-1 (1) 40° (2) 70° (3) 200° (4) 115°

(1) $\angle x = \frac{1}{2}\angle AOB = \frac{1}{2} \times 80° = 40°$
(2) $\angle x = 2\angle APB = 2 \times 35° = 70°$
(3) $\angle x = 2\angle APB = 2 \times 100° = 200°$
(4) 오른쪽 그림과 같이 점 Q를 잡으면
$\overset{\frown}{AQB}$에 대한 중심각의 크기는
$360° - 130° = 230°$
따라서 $\angle x = \frac{1}{2} \times 230° = 115°$

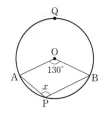

핵심예제 2 $\angle x = 80°$, $\angle y = 40°$

$\angle x = 2\angle ADB = 2 \times 40° = 80°$
$\angle y = \angle ADB = 40°$

2-1 (1) $\angle x = 65°$, $\angle y = 40°$ (2) $\angle x = 70°$, $\angle y = 35°$

(1) $\angle x = \angle DBC = 65°$
$\angle y = \angle ADB = 40°$
(2) $\angle x = 2\angle ADB = 2 \times 35° = 70°$
$\angle y = \angle ADB = 35°$

핵심예제 3 55°

$\angle ADB = \angle ACB = 65°$이므로
$65° + \angle x = 120°$
$\angle x = 55°$

3-1 (1) 100° (2) 35°

(1) $\angle DAC = \angle DBC = 40°$이므로
$\angle x = 60° + 40° = 100°$
(2) $\angle ACB = \angle ADB = 50°$이므로
$\angle x + 50° = 85°$
$\angle x = 35°$

핵심예제 4 65°

$\overline{AB}$는 원 O의 지름이므로 $\angle ACB = 90°$
$\triangle ABC$에서 $\angle x = 180° - (90° + 25°) = 65°$

4-1 (1) $35°$ (2) $50°$

(1) $\overline{AB}$는 원 O의 지름이므로 $\angle ACB=90°$
   $\triangle ABC$에서 $\angle x=180°-(90°+55°)=35°$

(2) $\overline{AB}$는 원 O의 지름이므로 $\angle ACB=90°$
   $\triangle ACB$에서 $\angle x=180°-(40°+90°)=50°$

핵심예제 5 $\angle x=53°$, $\angle y=37°$

$\angle x=\angle ADC=53°$
$\overline{AB}$는 원 O의 지름이므로 $\angle ACB=90°$
$\triangle ABC$에서 $\angle y=180°-(90°+53°)=37°$

5-1 $\angle x=65°$, $\angle y=25°$

$\angle x=\angle ADC=65°$
$\overline{AB}$는 원 O의 지름이므로 $\angle ACB=90°$
$\triangle ACB$에서 $\angle y=180°-(90°+65°)=25°$

핵심예제 6 (1) 24 (2) 20

(1) $\overparen{AB}=\overparen{CD}$이므로 $\angle APB=\angle CQD$
   따라서 $x=24$

(2) $\angle APC:\angle BQC=\overparen{AC}:\overparen{BC}$이므로
   $60°:x°=(8+4):4$
   즉, $60:x=3:1$이므로
   $3x=60$, $x=20$

6-1 (1) 35 (2) 6 (3) 6 (4) 50

(1) $\overparen{AB}=\overparen{CD}$이므로 $\angle APB=\angle CQD$
   따라서 $x=35$

(2) $\angle APB=\angle BPC$이므로 $\overparen{AB}=\overparen{BC}$
   따라서 $x=6$

(3) $\angle APB:\angle BPC=\overparen{AB}:\overparen{BC}$이므로
   $20°:30°=x:9$
   즉, $2:3=x:9$이므로
   $3x=18$, $x=6$

(4) $\angle ABD:\angle BDC=\overparen{AD}:\overparen{BC}$이므로
   $x°:20°=10:4$
   즉, $x:20=5:2$이므로
   $2x=100$, $x=50$

소단원 핵심문제

| 54쪽 |

1 $75°$ **2** (1) $60°$ (2) $50°$ (3) $110°$
3 $\angle x=20°$, $\angle y=38°$ **4** $55°$ **5** 8

1 $\angle AOB=360°-210°=150°$이므로
$\angle x=\dfrac{1}{2}\angle AOB=\dfrac{1}{2}\times150°=75°$

2 (1) $\angle AOE=2\angle ACE=2\times30°=60°$
(2) $\angle EOB=2\angle EDB=2\times25°=50°$
(3) $\angle AOB=\angle AOE+\angle EOB=60°+50°=110°$

3 $\angle x=\angle DBC=20°$
$\triangle AED$에서 $20°+\angle y=58°$, $\angle y=38°$

4 $\overline{AC}$는 원 O의 지름이므로 $\angle ABC=90°$
$\angle ABD=\angle ACD=35°$이므로
$\angle DBC=\angle ABC-\angle ABD=90°-35°=55°$

5 $\angle APC:\angle BQC=\overparen{AC}:\overparen{BC}$이므로
$60°:40°=(4+x):x$
즉, $3:2=(4+x):x$이므로
$3x=8+2x$, $x=8$

02. 원주각의 활용
02. 원주각의 활용

| 55~57쪽 |

핵심예제 7 (1) × (2) ○

(1) $\angle BAC\neq\angle BDC$이므로 네 점 A, B, C, D는 한 원 위에 있지 않다.

(2) 오른쪽 그림과 같이 $\overline{AC}$와 $\overline{BD}$의 교점을 E라 하면 $\triangle ECD$에서
   $70°+\angle DCE=110°$, $\angle DCE=40°$
   따라서 $\angle ABD=\angle ACD$이므로 네 점 A, B, C, D는 한 원 위에 있다.

7-1 (1) ○ (2) ×

(1) $\angle BAC=\angle BDC=90°$이므로 네 점 A, B, C, D는 한 원 위에 있다.

(2) $\triangle ABC$에서 $\angle BAC=180°-(65°+40°)=75°$
   따라서 $\angle BAC\neq\angle BDC$이므로 네 점 A, B, C, D는 한 원 위에 있지 않다.

핵심예제 8 $100°$

네 점 A, B, C, D는 한 원 위에 있으므로
$\angle ACD=\angle ABD=45°$
오른쪽 그림과 같이 $\overline{AC}$와 $\overline{BD}$의 교점을 E라 하면 $\triangle ECD$에서 $\angle x=55°+45°=100°$

8-1 (1) $68°$ (2) $60°$

(1) 네 점 A, B, C, D는 한 원 위에 있으므로
   $\angle x=\angle BDC=68°$

(2) $\triangle ABC$에서 $\angle BAC=180°-(85°+35°)=60°$
   네 점 A, B, C, D는 한 원 위에 있으므로
   $\angle x=\angle BAC=60°$

핵심예제 9 (1) ∠x=60°, ∠y=120° (2) ∠x=55°, ∠y=55°

(1) $\overline{AD}$는 원 O의 지름이므로 ∠ABD=90°

△ABD에서 ∠x=180°−(90°+30°)=60°

□ABCD는 원 O에 내접하므로

60°+∠y=180°, ∠y=120°

(2) $\angle x=\frac{1}{2}\angle BOD=\frac{1}{2}\times 110°=55°$

□ABCD는 원 O에 내접하므로

∠y=∠BAD=55°

9-1 (1) ∠x=125°, ∠y=80° (2) ∠x=70°, ∠y=110°

(3) ∠x=85°, ∠y=85° (4) ∠x=60°, ∠y=60°

(1) □ABCD는 원에 내접하므로

∠x+55°=180°, ∠x=125°

∠y+100°=180°, ∠y=80°

(2) △ABC에서

∠x=180°−(45°+65°)=70°

□ABCD는 원에 내접하므로

70°+∠y=180°, ∠y=110°

(3) ∠x=180°−95°=85°

□ABCD는 원에 내접하므로

∠y=∠x=85°

(4) $\angle x=\frac{1}{2}\angle BOD=\frac{1}{2}\times 120°=60°$

□ABCD는 원에 내접하므로

∠y=∠x=60°

핵심예제 10 ㄷ

ㄱ. ∠A+∠C≠180°이므로 □ABCD는 원에 내접하지 않는다.

ㄴ. ∠A≠∠DCE이므로 □ABCD는 원에 내접하지 않는다.

ㄷ. ∠BAC=∠BDC이므로 □ABCD는 원에 내접한다.

따라서 □ABCD가 원에 내접하는 것은 ㄷ이다.

핵심예제 11 35°

□ABCD가 원에 내접해야 하므로

∠BAD=∠DCE=105°

△ABD에서

∠x=180°−(105°+40°)=35°

11-1 (1) 70° (2) 100°

(1) △ACD에서

∠D=180°−(40°+30°)=110°

□ABCD가 원에 내접해야 하므로

∠x+110°=180°, ∠x=70°

(2) □ABCD가 원에 내접해야 하므로

∠BAD=∠DCF=80°

따라서 ∠x=180°−80°=100°

소단원 핵심문제 | 58쪽 |

1 ②, ③ **2** 75° **3** 95° **4** ⑤ **5** ②, ④

1 ① ∠BAC≠∠BDC이므로 네 점 A, B, C, D는 한 원 위에 있지 않다.

② ∠BAC=∠BDC이므로 네 점 A, B, C, D는 한 원 위에 있다.

③ △BCD에서

∠BDC=180°−(40°+80°)=60°

따라서 ∠BAC=∠BDC이므로 네 점 A, B, C, D는 한 원 위에 있다.

④ ∠ABD≠∠ACD이므로 네 점 A, B, C, D는 한 원 위에 있지 않다.

⑤ 오른쪽 그림과 같이 $\overline{AC}$와 $\overline{BD}$의 교점을 E라 하면 △ABE에서

∠BAE=180°−(35°+90°)=55°

따라서 ∠BAC≠∠BDC이므로 네 점 A, B, C, D는 한 원 위에 있지 않다.

따라서 네 점 A, B, C, D가 한 원 위에 있는 것은 ②, ③이다.

2 □ABCD는 원 O에 내접하므로

∠x+(∠x+30°)=180°

2∠x=150°, ∠x=75°

3 $\overline{BD}$는 원 O의 지름이므로

∠BCD=90°

△BCD에서

∠BDC=180°−(45°+90°)=45°

□ABCD는 원 O에 내접하므로

∠ABE=∠ADC

=∠ADB+∠BDC

=50°+45°=95°

4 오른쪽 그림과 같이 $\overline{CE}$를 그으면

$\angle CED=\frac{1}{2}\angle COD=\frac{1}{2}\times 70°=35°$

이므로

∠AEC=∠AED−∠CED

=110°−35°=75°

□ABCE는 원 O에 내접하므로

∠x+75°=180°

∠x=105°

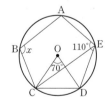

5 정사각형, 직사각형, 등변사다리꼴은 한 쌍의 대각의 크기의 합이 180°이므로 항상 원에 내접한다.

따라서 항상 원에 내접하는 사각형이라 할 수 없는 것은 ②, ④이다.

03. 접선과 현이 이루는 각 | 59~61쪽 |

핵심예제 12 70°

∠BCA=∠BAT=70°이므로 △ABC에서
∠x=180°−(40°+70°)=70°

12-1 (1) 60° (2) 75°

(1) ∠x=∠BAT=60°
(2) ∠CBA=∠CAT=45°이므로 △ABC에서
∠x=180°−(45°+60°)=75°

12-2 110°

∠BCA=∠BAT=55°이므로
∠x=2∠BCA=2×55°=110°

핵심예제 13 (1) 80° (2) 55° (3) 55°

(1) □ABCD는 원에 내접하므로
100°+∠DAB=180°, ∠DAB=80°
(2) △ABD에서
∠BDA=180°−(80°+45°)=55°
(3) ∠x=∠BDA=55°

13-1 (1) 50° (2) 65°

(1) □ABCD는 원에 내접하므로
110°+∠DAB=180°, ∠DAB=70°
△ABD에서
∠BDA=180°−(70°+60°)=50°
따라서 ∠x=∠BDA=50°
(2) ∠BDA=∠BAT=35°
□ABCD는 원에 내접하므로
∠CDA+∠CBA=180°
(30°+35°)+(∠x+50°)=180°, ∠x=65°

핵심예제 14 63°

$\overline{BC}$는 원 O의 지름이므로 ∠CAB=90°
△ABC에서
∠BCA=180°−(90°+27°)=63°
따라서 ∠x=∠BCA=63°

14-1 (1) 38° (2) 57°

(1) $\overline{BC}$는 원 O의 지름이므로 ∠CAB=90°
∠BCA=∠BAT=52°이므로 △ABC에서
∠x=180°−(52°+90°)=38°
(2) $\overline{BC}$는 원 O의 지름이므로 ∠CAB=90°
△ABC에서 ∠CBA=180°−(33°+90°)=57°
따라서 ∠x=∠CBA=57°

14-2 (1) 90° (2) 30° (3) 30°

(1) $\overline{BC}$는 원 O의 지름이므로 ∠CAB=90°
(2) ∠CBA=∠CAP=30°
(3) △BPA에서
30°+∠x+(30°+90°)=180°, ∠x=30°

핵심예제 15 (1) 70° (2) 70° (3) 70° (4) $\overline{CD}$

(1) ∠ATP=∠ABT=70°
(2) ∠CTQ=∠ATP=70°(맞꼭지각)
(3) ∠CDT=∠CTQ=70°
(4) ∠ABT=∠CDT(엇각)이므로
$\overline{AB}$∥$\overline{CD}$

15-1 ∠x=60°, ∠y=60°

∠x=∠ATP=60°
∠CTQ=∠ATP=60°(맞꼭지각)이므로
∠y=∠CTQ=60°

핵심예제 16 (1) 50° (2) 50° (3) $\overline{CD}$

(1) ∠BTQ=∠BAT=50°
(2) ∠CDT=∠CTQ=50°
(3) ∠BAT=∠CDT(동위각)이므로
$\overline{AB}$∥$\overline{CD}$

16-1 ∠x=65°, ∠y=65°

∠x=∠CTQ=65°
∠y=∠BTQ=65°

소단원 핵심문제 | 62쪽 |

| 1 65° | 2 ④ | 3 (1) 68° (2) 22° (3) 46° |
| 4 45° | 5 115° | |

1 ∠BCA=∠BAT=50°
△CAB는 $\overline{AC}$=$\overline{BC}$인 이등변삼각형이므로
∠x=$\frac{1}{2}$×(180°−50°)=65°

2 ∠x=∠BAQ=35°
∠DAB=180°−(60°+35°)=85°이고
□ABCD는 원에 내접하므로
∠y+85°=180°, ∠y=95°
따라서 ∠x+∠y=35°+95°=130°

3 (1) ∠BCA=∠BAT=68°
(2) $\overline{BC}$는 원 O의 지름이므로 ∠CAB=90°
△CAB에서 ∠CBA=180°−(68°+90°)=22°

(3) △BPA에서

$\angle x+22°=68°$, $\angle x=46°$

4 $\angle x=\angle BTQ=\angle DTP=\angle DCT=45°$

5 $\angle x=\angle DTP=40°$

$\angle y=\angle BAT=75°$

따라서 $\angle x+\angle y=40°+75°=115°$

 중단원 마무리 테스트 | 63~65쪽 |

1 ③	**2** 55°	**3** ①	**4** ⑤	**5** ①
6 ⑤	**7** ②	**8** ⑤	**9** 60°	**10** 120°
11 ④	**12** ④	**13** 57°	**14** ㄴ, ㄷ, ㄹ	
15 60°	**16** ②	**17** 70°	**18** 65°	
19 (1) 150° (2) 9 cm²		**20** (1) 58° (2) 32° (3) 26°		

1 $\angle AOB=360°\times\dfrac{4}{12}=120°$이므로

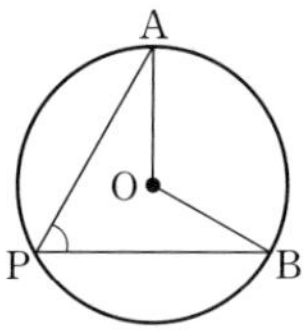

$\angle APB=\dfrac{1}{2}\angle AOB$

$=\dfrac{1}{2}\times120°=60°$

2 오른쪽 그림과 같이 $\overline{OA}$, $\overline{OB}$를 그으면

$\angle OAP=\angle OBP=90°$

□AOBP에서

$\angle AOB=360°-(90°+90°+70°)$

$=110°$

따라서 $\angle x=\dfrac{1}{2}\angle AOB=\dfrac{1}{2}\times110°=55°$

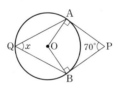

3 오른쪽 그림과 같이 $\overline{QB}$를 그으면

$\angle AQB=\angle APB=25°$

$\angle BQC=\dfrac{1}{2}\angle BOC=\dfrac{1}{2}\times60°=30°$

따라서

$\angle x=\angle AQB+\angle BQC$

$=25°+30°=55°$

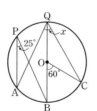

4 $\overline{AB}$는 원 O의 지름이므로 $\angle ADB=90°$

$\angle CDA=\angle CBA=25°$

따라서

$\angle x=\angle BDA-\angle CDA$

$=90°-25°=65°$

5 $\overline{CD}$는 원 O의 지름이므로 $\angle CPD=90°$

즉, $\angle APD=\angle CPD-\angle APC=90°-20°=70°$

또, $\overline{AB}$는 원 O의 지름이므로 $\angle APB=90°$

따라서

$\angle x=\angle APB-\angle APD$

$=90°-70°=20°$

6 $\overset{\frown}{AC}=\overset{\frown}{BD}$이므로

$\angle DCB=\angle ABC=36°$

△PCB에서

$\angle CPB=180°-(36°+36°)=108°$

따라서 $\angle APD=\angle CPB=108°$ (맞꼭지각)

7 오른쪽 그림과 같이 $\overline{BD}$를 그으면

$\angle BDC=\dfrac{1}{2}\angle BOC$

$=\dfrac{1}{2}\times120°=60°$

$\angle ADC:\angle BDC=\overset{\frown}{AC}:\overset{\frown}{BC}$이므로

$\angle x:60°=(4+8):8$

즉, $\angle x:60°=3:2$이므로

$2\angle x=180°$, $\angle x=90°$

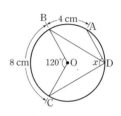

8 네 점 A, B, C, D는 한 원 위에 있으므로

$\angle BAC=\angle BDC=70°$

△ABE에서 $\angle x=70°+45°=115°$

9 오른쪽 그림에서 □ABCD는 원에 내접하므로

$\angle x+(3\angle x-60°)=180°$

$4\angle x=240°$, $\angle x=60°$

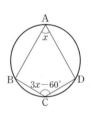

10 $\angle DAP=180°-95°=85°$이므로 △PAD에서

$\angle CDA=35°+85°=120°$

따라서 $\angle CBE=\angle CDA=120°$

11 오른쪽 그림과 같이 $\overline{BD}$를 그으면

$\angle BDC=\dfrac{1}{2}\angle BOC$

$=\dfrac{1}{2}\times70°=35°$

이므로

$\angle BDE=\angle EDC-\angle BDC=100°-35°=65°$

□ABDE는 원 O에 내접하므로

$\angle x+65°=180°$, $\angle x=115°$

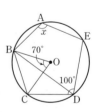

12 □ABQP는 원에 내접하므로

$105°+\angle x=180°$, $\angle x=75°$

□PQCD는 원에 내접하므로

$\angle y=\angle x=75°$

따라서 $\angle x+\angle y=75°+75°=150°$

13 □ABCD는 원에 내접하므로

$\angle QAB=\angle C=\angle x$

△PBC에서 $\angle PBQ=31°+\angle x$

△AQB에서 $\angle x+35°+(31°+\angle x)=180°$

$2\angle x=114°$, $\angle x=57°$

14 ㄴ. 한 외각의 크기가 그와 이웃한 내각의 대각의 크기와 같으므로
□ABCD는 원에 내접한다.

ㄷ. 사각형의 한 변에 대하여 같은 쪽에 있는 두 각의 크기가 같으므로 □ABCD는 원에 내접한다.

ㄹ. 한 쌍의 대각의 크기의 합이 180°이므로 □ABCD는 원에 내접한다.

따라서 □ABCD가 원에 내접하도록 하는 조건인 것은 ㄴ, ㄷ, ㄹ이다.

15 $\angle BCA = 180° \times \dfrac{4}{4+3+5}$

$= 180° \times \dfrac{1}{3} = 60°$

따라서 $\angle BAT = \angle BCA = 60°$

16 $\angle DBA = \angle DAP = 40°$이므로 △ABD에서

$\angle DAB = 180° - (35° + 40°) = 105°$

□ABCD는 원에 내접하므로

$\angle x + 105° = 180°$, $\angle x = 75°$

17 △ADF는 $\overline{AD} = \overline{AF}$인 이등변삼각형이므로

$\angle ADF = \dfrac{1}{2} \times (180° - 70°) = 55°$

이때 $\angle EDB = \angle DFE = 55°$이므로

$\angle x = 180° - (55° + 55°) = 70°$

18 $\angle CDT = \angle CTQ = \angle ATP = \angle ABT = 60°$

△TCD에서

$\angle x = 180° - (55° + 60°) = 65°$

19 (1) $\angle AOB = 2\angle APB = 2 \times 75° = 150°$ ······ ❶

(2) $\triangle OAB = \dfrac{1}{2} \times 6 \times 6 \times \sin(180° - 150°)$

$= \dfrac{1}{2} \times 6 \times 6 \times \dfrac{1}{2} = 9\,(\text{cm}^2)$ ······ ❷

	채점 기준	비율
(1)	❶ ∠AOB의 크기 구하기	40 %
(2)	❷ △OAB의 넓이 구하기	60 %

20 (1) $\angle BCA = \angle BAT = 58°$ ······ ❶

(2) $\overline{BC}$는 원 O의 지름이므로 $\angle CAB = 90°$ ······ ❷

△CAB에서

$\angle CBA = 180° - (58° + 90°) = 32°$ ······ ❸

(3) △BPA에서

$\angle x + 32° = 58°$, $\angle x = 26°$ ······ ❹

	채점 기준	비율
(1)	❶ ∠BCA의 크기 구하기	30 %
(2)	❷ ∠CAB의 크기 구하기	20 %
	❸ ∠CBA의 크기 구하기	20 %
(3)	❹ ∠x의 크기 구하기	30 %

5. 대푯값과 산포도

01. 대푯값

| 68~69쪽 |

핵심예제 1 15분

$\dfrac{9+11+11+12+15+18+20+24}{8} = \dfrac{120}{8} = 15(\text{분})$

1-1 5 cm

$\dfrac{3+8+7+4+6+2}{6} = \dfrac{30}{6} = 5\,(\text{cm})$

핵심예제 2 6

$\dfrac{4+6+8+x+5+7}{6} = 6$이므로

$x + 30 = 36$

따라서 $x = 6$

2-1 89

$\dfrac{82+86+93+x+90}{5} = 88$이므로

$x + 351 = 440$

따라서 $x = 89$

핵심예제 3 7회

자료를 작은 값부터 크기순으로 나열하면

1, 3, 6, 8, 13, 21

따라서 (중앙값) $= \dfrac{6+8}{2} = 7(\text{회})$

4-1 (1) 137 (2) 41

(1) 자료를 작은 값부터 크기순으로 나열하면

98, 116, 120, 137, 146, 168, 196

따라서 (중앙값) $= 137$

(2) 자료를 작은 값부터 크기순으로 나열하면

28, 35, 36, 40, 42, 48, 54, 55

따라서 (중앙값) $= \dfrac{40+42}{2} = 41$

핵심예제 4 265 mm

265가 세 번으로 가장 많이 나타나므로

(최빈값) $= 265$ mm

4-1 (1) 5 (2) 21, 40 (3) 수박

(1) 5가 세 번으로 가장 많이 나타나므로

(최빈값) $= 5$

(2) 21, 40이 각각 두 번으로 가장 많이 나타나므로

(최빈값) $= 21, 40$

(3) 수박이 두 번으로 가장 많이 나타나므로

(최빈값) $=$ 수박

소단원 핵심문제 | 70쪽 |

1 88점 2 (1) 14회 (2) 7회 (3) 중앙값
3 O형 4 (1) 17권 (2) 13권 5 (1) 5 (2) 6

1 수학 성적을 x점이라 하면

$$\frac{90+84+x+92+96}{5}=90$$

$x+362=450$, $x=88$

따라서 수학 성적은 88점이다.

2 (1) (평균)$=\dfrac{7+2+2+8+10+77+4+10+6}{9}$

$\qquad =\dfrac{126}{9}=14$(회)

(2) 자료를 작은 값부터 크기순으로 나열하면

2, 2, 4, 6, 7, 8, 10, 10, 77

따라서 (중앙값)=7회

(3) 77회와 같이 극단적인 값이 있으므로 평균보다는 중앙값이 대

푯값으로 더 적절하다.

3 O형이 12명으로 가장 많으므로

(최빈값)=O형

4 (1) 중앙값은 6번째와 7번째 자료의 값의 평균이므로

$\qquad$ (중앙값)$=\dfrac{15+19}{2}=17$(권)

(2) 13권이 두 번으로 가장 많이 나타나므로

$\qquad$ (최빈값)=13권

5 (1) 주어진 자료의 최빈값이 5이므로 $a=5$

(2) 자료를 작은 값부터 크기순으로 나열하면

3, 5, 5, 7, 8, 9

따라서 (중앙값)$=\dfrac{5+7}{2}=6$

02. 산포도 | 71~73쪽 |

핵심예제 5 (1) 5명 (2) −2명, −1명, 3명, −2명, 2명

(1) (평균)$=\dfrac{3+4+8+3+7}{5}$

$\qquad =\dfrac{25}{5}=5$(명)

(2) 각 변량의 편차는 순서대로

$3-5=-2$(명), $4-5=-1$(명), $8-5=3$(명),

$3-5=-2$(명), $7-5=2$(명)

5-1 (1) 평균: 12, 편차: 1, −2, −3, 1, 3

(2) 평균: 29, 편차: −4, 2, 0, 3, −2, 1

(1) (평균)$=\dfrac{13+10+9+13+15}{5}$

$\qquad =\dfrac{60}{5}=12$

각 변량의 편차는 순서대로

$13-12=1$, $10-12=-2$, $9-12=-3$,

$13-12=1$, $15-12=3$

(2) (평균)$=\dfrac{25+31+29+32+27+30}{6}$

$\qquad =\dfrac{174}{6}=29$

각 변량의 편차는 순서대로

$25-29=-4$, $31-29=2$, $29-29=0$,

$32-29=3$, $27-29=-2$, $30-29=1$

핵심예제 6 3

편차의 합은 0이므로

$-2+1-5+x+3=0$

따라서 $x=3$

6-1 −4

편차의 합은 0이므로

$1+x+4-3+2=0$

따라서 $x=-4$

핵심예제 7 8

(분산)$=\dfrac{2^2+(-5)^2+(-1)^2+1^2+3^2}{5}$

$\qquad =\dfrac{40}{5}=8$

7-1 7

(분산)$=\dfrac{(-2)^2+1^2+2^2+4^2+(-1)^2+(-4)^2}{6}$

$\qquad =\dfrac{42}{6}=7$

핵심예제 8 (1) 2 (2) $\sqrt{2}$시간

(1) (평균)$=\dfrac{6+7+9+8+10}{5}=\dfrac{40}{5}=8$(시간)

이때 각 변량의 편차는 순서대로 −2시간, −1시간, 1시간,

0시간, 2시간이므로

(분산)$=\dfrac{(-2)^2+(-1)^2+1^2+0^2+2^2}{5}$

$\qquad =\dfrac{10}{5}=2$

(2) (표준편차)$=\sqrt{2}$ (시간)

8-1 (1) 분산: 8, 표준편차: $2\sqrt{2}$ (2) 분산: 3, 표준편차: $\sqrt{3}$

(1) (평균)$=\dfrac{20+18+16+24+22}{5}$

$\qquad =\dfrac{100}{5}=20$

이때 각 변량의 편차는 순서대로 0, -2, -4, 4, 2이므로

$(분산) = \dfrac{0^2 + (-2)^2 + (-4)^2 + 4^2 + 2^2}{5}$

$\qquad = \dfrac{40}{5} = 8$

$(표준편차) = \sqrt{8} = 2\sqrt{2}$

(2) $(평균) = \dfrac{9 + 6 + 11 + 9 + 8 + 11}{6}$

$\qquad = \dfrac{54}{6} = 9$

이때 각 변량의 편차는 순서대로 0, -3, 2, 0, -1, 2이므로

$(분산) = \dfrac{0^2 + (-3)^2 + 2^2 + 0^2 + (-1)^2 + 2^2}{6}$

$\qquad = \dfrac{18}{6} = 3$

$(표준편차) = \sqrt{3}$

핵심예제 9 (1) B 반 (2) A 반 (3) B 반

(1) B 반의 평균이 가장 크므로 성적이 가장 높은 반은 B 반이다.

(2) $2\sqrt{3} = \sqrt{12}$, $3 = \sqrt{9}$이므로

$\sqrt{7} < 3 < 2\sqrt{3}$

따라서 A 반의 표준편차가 가장 작으므로 성적이 가장 고르게 분포된 반은 A 반이다.

(3) B 반의 표준편차가 가장 크므로 성적이 가장 고르지 않게 분포된 반은 B 반이다.

9-1 (1) 은지 (2) 인국 (3) 수현

(1) 은지의 평균이 가장 작으므로 운동 시간이 가장 적은 사람은 은지이다.

(2) 인국이의 표준편차가 가장 작으므로 운동 시간이 가장 규칙적인 사람은 인국이다.

(3) 수현이의 표준편차가 가장 크므로 운동 시간이 가장 불규칙적인 사람은 수현이다.

9-2 (1) A 음식: 8점, B 음식: 8점 (2) A 음식: 2, B 음식: 2.8
(3) A 음식

(1) A 음식의 평점의 평균은

$\dfrac{6 + 8 + 7 + 10 + 9}{5} = \dfrac{40}{5} = 8(점)$

B 음식의 평점의 평균은

$\dfrac{7 + 10 + 6 + 7 + 10}{5} = \dfrac{40}{5} = 8(점)$

(2) A 음식의 평점의 분산은

$\dfrac{(6-8)^2 + (8-8)^2 + (7-8)^2 + (10-8)^2 + (9-8)^2}{5}$

$= \dfrac{10}{5} = 2$

B 음식의 평점의 분산은

$\dfrac{(7-8)^2 + (10-8)^2 + (6-8)^2 + (7-8)^2 + (10-8)^2}{5}$

$= \dfrac{14}{5} = 2.8$

(3) (A 음식의 분산) < (B 음식의 분산)이므로 A 음식의 평점이 더 고르다.

소단원 핵심문제
| 74쪽 |

1 (1) 1 (2) 15 ℃ **2** 분산: 14, 표준편차: $\sqrt{14}$ Brix
3 ④ **4** ① **5** ㄴ, ㄷ

1 (1) 편차의 합은 0이므로

$-1 + 1 + x + 2 - 3 = 0$

따라서 $x = 1$

(2) $1 + 14 = 15$ (℃)

2 $(평균) = \dfrac{9 + 11 + 12 + 15 + 17 + 20}{6}$

$\qquad = \dfrac{84}{6} = 14(\text{Brix})$

이때 각 변량의 편차는 순서대로 -5 Brix, -3 Brix, -2 Brix, 1 Brix, 3 Brix, 6 Brix이므로

$(분산) = \dfrac{(-5)^2 + (-3)^2 + (-2)^2 + 1^2 + 3^2 + 6^2}{6}$

$\qquad = \dfrac{84}{6} = 14$

$(표준편차) = \sqrt{14}$ (Brix)

3 편차의 합은 0이므로

$1 - 4 + 5 + x - 3 = 0$, $x = 1$

$(분산) = \dfrac{1^2 + (-4)^2 + 5^2 + 1^2 + (-3)^2}{5}$

$\qquad = \dfrac{52}{5} = 10.4$

따라서 $(표준편차) = \sqrt{10.4}$ (점)

4 $\dfrac{7 + 10 + 9 + 13 + x}{5} = 9$이므로

$x + 39 = 45$, $x = 6$

이때 각 변량의 편차는 순서대로 -2, 1, 0, 4, -3이므로

$(분산) = \dfrac{(-2)^2 + 1^2 + 0^2 + 4^2 + (-3)^2}{5}$

$\qquad = \dfrac{30}{5} = 6$

5 ㄱ. B 영화의 평점의 평균이 A 영화의 평점의 평균보다 크다.

ㄷ. (A 영화의 표준편차) < (B 영화의 표준편차)이므로 A 영화의 평점이 B 영화의 평점보다 더 고르다.

따라서 옳은 것은 ㄴ, ㄷ이다.

1 108 cm   **2** 97점   **3** ⑤   **4** ①   **5** 덕
6 87.5   **7** ②, ④   **8** ④   **9** ⑤   **10** ①
11 ⑤   **12** 4   **13** 다현, 유은
14 평균: 8, 분산: 9   **15** 세윤   **16** ④
17 (1) 2.5 (2) 1 (3) 3.5
18 (1) 평균: 8 ℃, 분산: 3.6 (2) 평균: 14 ℃, 분산: 3.2
　　(3) 제주도

1 (평균)$=\dfrac{112+98+104+113+120+101}{6}$

　　　　$=\dfrac{648}{6}=108$ (cm)

2 5회의 점수를 x점이라 하면

$\dfrac{75+82+86+90+x}{5}=86$

$x+333=430$, $x=97$

따라서 5회의 시험에서 97점을 받아야 한다.

3 각 자료를 작은 값부터 크기순으로 나열하여 중앙값을 구하면 다음과 같다.

① 3, 5, 7, 9, 14이므로 (중앙값)$=7$

② 1, 4, 6, 8, 9, 10이므로

　(중앙값)$=\dfrac{6+8}{2}=7$

③ 2, 4, 7, 9, 14, 21이므로

　(중앙값)$=\dfrac{7+9}{2}=8$

④ 1, 2, 8, 14, 17, 24이므로

　(중앙값)$=\dfrac{8+14}{2}=11$

⑤ 3, 4, 5, 6, 7, 8, 9이므로 (중앙값)$=6$

따라서 중앙값이 가장 작은 것은 ⑤이다.

4 나머지 한 명의 키를 x cm라 하면 6명의 키의 중앙값은 3번째와 4번째 자료의 값의 평균이다.

즉, $\dfrac{x+161}{2}=159$이므로

$x+161=318$, $x=157$

따라서 나머지 한 명의 키는 157 cm이다.

5 덕이 네 번으로 가장 많이 나타나므로

(최빈값)$=$덕

6 최빈값이 90이므로 $x=90$

자료를 작은 값부터 크기순으로 나열하면

80, 80, 85, 85, 90, 90, 90, 95

따라서 (중앙값)$=\dfrac{85+90}{2}=87.5$

7 ② 중앙값은 대푯값이다.

③ 대표값인 평균과 중앙값은 자료에 따라 주어진 변량 중에 존재하지 않을 수도 있다.

④ 최빈값은 여러 개일 수 있다.

따라서 옳지 않은 것은 ②, ④이다.

8 ㄱ. 자료 A의 중앙값은 $\dfrac{8+8}{2}=8$, 최빈값도 8이므로 중앙값과 최빈값은 같다.

ㄴ. 자료 B에는 극단적인 값 100이 있으므로 평균을 대푯값으로 정하는 것이 적절하지 않다.

ㄷ. 자료 C를 작은 값부터 크기순으로 나열하면

12, 17, 21, 26, 30, 32, 44

이므로 (중앙값)$=26$

(평균)$=\dfrac{17+21+30+44+32+12+26}{7}$

　　　$=\dfrac{182}{7}=26$

즉, 자료 C의 중앙값과 평균은 같다.

따라서 옳은 것은 ㄱ, ㄷ이다.

9 편차의 합은 0이므로

$-12+3+a-9+5+b+6=0$

따라서 $a+b=7$

10 학생 B의 평점의 편차를 x점이라 하면, 편차의 합은 0이므로

$1+x-5+4+3=0$, $x=-3$

따라서 학생 B의 평점은

$-3+6=3$(점)

11 ㄱ. 편차의 합은 항상 0이지만 편차의 제곱의 합은 항상 0이라 할 수 없다.

ㄴ. 분산은 편차의 제곱의 평균이다.

ㄷ. (편차)$=$(변량)$-$(평균)이므로 평균보다 작은 변량의 편차는 음수이다.

따라서 옳은 것은 ㄷ, ㄹ이다.

12 (분산)$=\dfrac{(-4)^2+(-1)^2+1^2+0^2+2^2+(-1)^2+3^2+0^2}{8}$

　　　　$=\dfrac{32}{8}=4$

13 다현: (평균)$=\dfrac{19+13+21+12+15}{5}$

　　　　　$=\dfrac{80}{5}=16$(시간)

진우: 자료를 작은 값부터 크기순으로 나열하면

12, 13, 15, 19, 21

이므로 (중앙값)$=15$

유은: 각 변량의 편차는 순서대로 3시간, -3시간, 5시간, -4시간, -1시간이므로

$$(분산) = \frac{3^2 + (-3)^2 + 5^2 + (-4)^2 + (-1)^2}{5}$$
$$= \frac{60}{5} = 12$$

진혁: $(표준편차) = \sqrt{12} = 2\sqrt{3}(시간)$

따라서 바르게 설명한 학생은 다현, 유은이다.

14 a, b, c의 평균이 6이므로

$\dfrac{a+b+c}{3} = 6$, $a+b+c = 18$

따라서 $a+2$, $b+2$, $c+2$의 평균은

$$\frac{(a+2)+(b+2)+(c+2)}{3} = \frac{(a+b+c)+6}{3}$$
$$= \frac{18+6}{3} = 8$$

또, a, b, c의 분산이 9이므로

$$\frac{(a-6)^2 + (b-6)^2 + (c-6)^2}{3} = 9$$

$(a-6)^2 + (b-6)^2 + (c-6)^2 = 27$

따라서 $a+2$, $b+2$, $c+2$의 분산은

$$\frac{(a+2-8)^2 + (b+2-8)^2 + (c+2-8)^2}{3}$$
$$= \frac{(a-6)^2 + (b-6)^2 + (c-6)^2}{3}$$
$$= \frac{27}{3} = 9$$

15 세 사람의 사격 점수는 각각 다음과 같다.

종민: 9점, 9점, 8점, 7점, 7점

정훈: 10점, 9점, 8점, 7점, 6점

세윤: 8점, 8점, 8점, 8점, 8점

따라서 각 자료의 평균은 모두 8점이므로 사격 점수의 분포 상태가 가장 고른 사람은 변량이 평균을 중심으로 가장 밀집되어 있는 세윤이다.

16 ① 주어진 자료에서 학생 수는 알 수 없다.

② 점수가 가장 높은 학생이 어느 반에 있는지 알 수 없다.

③ 2반에 점수가 90점 이상인 학생이 있는지 없는지 알 수 없다.

④ (3반의 표준편차) > (5반의 표준편차)이므로 3반보다 5반의 성적이 더 고르다.

⑤ 4반의 표준편차가 가장 크므로 4반의 성적이 가장 고르지 않다.

따라서 옳은 것은 ④이다.

17 (1) 이용자가 20명이므로 변량을 작은 값부터 크기순으로 나열하면 10번째와 11번째의 변량의 평균이 중앙값이다.

이때 잡은 물고기가 1마리인 이용자는 6명, 2마리인 이용자는 4명, 3마리인 이용자는 5명, 4마리인 이용자는 3명, 5마리인 이용자는 2명이므로 10번째 변량은 2마리, 11번째 변량은 3마리이다.

따라서 $(중앙값) = \dfrac{2+3}{2} = 2.5(마리)$이므로

$a = 2.5$ ...... ❶

(2) 도수가 가장 큰 변량은 1마리이므로 최빈값은 1마리이다.

따라서 $b = 1$ ...... ❷

(3) $a+b = 2.5 + 1 = 3.5$ ...... ❸

	채점 기준	비율
(1)	❶ a의 값 구하기	50 %
(2)	❷ b의 값 구하기	30 %
(3)	❸ $a+b$의 값 구하기	20 %

18 (1) $(평균) = \dfrac{6+6+9+11+8}{5}$
$$= \frac{40}{5} = 8\,(℃)$$

이때 각 변량의 편차는 순서대로 $-2\,℃$, $-2\,℃$, $1\,℃$, $3\,℃$, $0\,℃$이므로

$$(분산) = \frac{(-2)^2 + (-2)^2 + 1^2 + 3^2 + 0^2}{5}$$
$$= \frac{18}{5} = 3.6$$ ...... ❶

(2) $(평균) = \dfrac{12+13+15+17+13}{5}$
$$= \frac{70}{5} = 14\,(℃)$$

이때 각 변량의 편차는 순서대로 $-2\,℃$, $-1\,℃$, $1\,℃$, $3\,℃$, $-1\,℃$이므로

$$(분산) = \frac{(-2)^2 + (-1)^2 + 1^2 + 3^2 + (-1)^2}{5}$$
$$= \frac{16}{5} = 3.2$$ ...... ❷

(3) (서울의 기온의 분산) > (제주도의 기온의 분산)이므로 조사된 시간 동안 기온이 더 고른 지역은 제주도이다. ...... ❸

	채점 기준	비율
(1)	❶ 서울의 기온의 평균, 분산 각각 구하기	40 %
(2)	❷ 제주도의 기온의 평균, 분산 각각 구하기	40 %
(3)	❸ 기온이 더 고른 지역 구하기	20 %

6. 상관관계

01. 산점도와 상관관계 | 80~83쪽 |

핵심예제 1 (1) 3 (2) 2

(1) 실험 점수가 8점인 학생 수는 오른쪽 산점도에서 직선 l 위의 점의 개수와 같으므로 3이다.

(2) 태도 점수가 9점인 학생 수는 오른쪽 산점도에서 직선 m 위의 점의 개수와 같으므로 2이다.

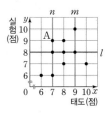

1-1 (1) 2 (2) 9점

(1) A와 태도 점수가 같은 학생 수는 핵심예제 1 의 산점도에서 직선 n 위의 점 중 A를 제외한 점의 개수와 같으므로 2이다.

(2) 실험 점수가 가장 높은 학생의 점수는 10점이고, 이 학생의 태도 점수는 9점이다.

1-2 (1) 몸무게: 50 kg, 윗몸일으키기 횟수: 45

(2) 1 (3) 2 (4) 35

(2) A의 몸무게는 50 kg으로 A와 몸무게가 같은 학생 수는 오른쪽 산점도에서 직선 l 위의 점 중 A를 제외한 점의 개수와 같으므로 1이다.

(3) 윗몸일으키기 횟수가 30인 학생 수는 오른쪽 산점도에서 직선 m 위의 점의 개수와 같으므로 2이다.

(4) 몸무게가 세 번째로 적은 학생은 45 kg이고 이 학생의 윗몸일으키기 횟수는 35이다.

핵심예제 2 (1) 5 (2) 6 (3) 4 (4) 3 (5) 4

(1) 국어 성적이 90점 이상인 학생 수는 오른쪽 산점도에서 직선 l 위의 점의 개수와 직선 l의 오른쪽에 있는 점의 개수의 합과 같으므로 5이다.

(2) 사회 성적이 85점 미만인 학생 수는 오른쪽 산점도에서 직선 m의 아래쪽에 있는 점의 개수와 같으므로 6이다.

(3) 국어 성적과 사회 성적이 모두 80점 이하인 학생 수는 위의 산점도에서 색칠한 부분(경계선 포함)에 속하는 점의 개수와 같으므로 4이다.

(4) 두 과목의 성적이 같은 학생 수는 위의 산점도에서 대각선 n 위의 점의 개수와 같으므로 3이다.

(5) 사회 성적이 국어 성적보다 높은 학생 수는 위의 산점도에서 대각선 n의 위쪽에 있는 점의 개수와 같으므로 4이다.

2-1 (1) 5 (2) 6 (3) 1 (4) 3 (5) 3

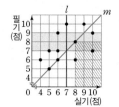

(1) 실기 점수가 7점 초과인 학생 수는 오른쪽 산점도에서 직선 l의 오른쪽에 있는 점의 개수와 같으므로 5이다.

(2) 필기 점수가 7점 이상이고 9점 이하인 학생 수는 오른쪽 산점도에서 색칠한 부분(경계선 포함)에 속하는 점의 개수와 같으므로 6이다.

(3) 실기 점수는 8점 초과이고 필기 점수는 8점 미만인 학생 수는 위의 산점도에서 빗금 친 부분(경계선 제외)에 속하는 점의 개수와 같으므로 1이다.

(4) 실기 점수와 필기 점수가 같은 학생 수는 위의 산점도에서 대각선 m 위의 점의 개수와 같으므로 3이다.

(5) 실기 점수가 필기 점수보다 높은 학생 수는 위의 산점도에서 대각선 m의 아래쪽에 있는 점의 개수와 같으므로 3이다.

핵심예제 3 증가, 양

3-1 감소, 음

핵심예제 4 ㄱ

4-1 (1) ㄱ (2) ㄴ, ㄹ (3) ㄷ (4) ㄴ

핵심예제 5 (1) ○ (2) × (3) ×

(1) 하루 평균 SNS 이용 시간이 길어질수록 수면 시간은 대체로 짧아지므로 하루 평균 SNS 이용 시간과 수면 시간 사이에는 음의 상관관계가 있다.

(2) 하루 평균 SNS 이용 시간이 긴 학생은 수면 시간이 대체로 짧은 편이다.

(3) 학생 A는 학생 B보다 수면 시간이 길다.

5-1 (1) 양의 상관관계 (2) D (3) B

(1) 키가 커짐에 따라 몸무게도 대체로 늘어나므로 키와 몸무게 사이에는 양의 상관관계가 있다.

(2) 키에 비하여 몸무게가 가장 적은 학생은 산점도에서 대각선의 아래쪽에 있는 점 중에서 대각선과 가장 멀리 떨어진 D이다.

(3) 학생 A, B, C, D 중 키도 크고 몸무게도 많이 나가는 학생은 B이다.

소단원 핵심문제 | 84쪽 |

1 (1) 4 (2) 3만 원   2 (1) 3편 (2) 25 % 　 3 ㄷ
4 ①

6. 상관관계 ★ 35

1 (1) 용돈이 7만 원 이상이고 저금액이 4만 원 이상인 학생 수는 오른쪽 산점도에서 색칠한 부분(경계선 포함)에 속하는 점의 개수와 같으므로 4이다.

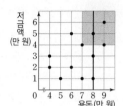

(2) 용돈이 8만 원인 학생은 3명이고 이들의 저금액은 각각 1만 원, 3만 원, 5만 원이므로

$$(평균) = \frac{1+3+5}{3} = \frac{9}{3} = 3(만 원)$$

2 (1) 관객 평점보다 평론가 평점이 높은 영화의 수는 오른쪽 산점도에서 대각선의 위쪽에 있는 점의 개수와 같으므로 3이다.

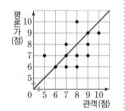

(2) 관객 평점과 평론가 평점이 같은 영화의 수는 위의 산점도에서 대각선 위에 있는 점의 개수와 같으므로 3이다.

따라서 $\frac{3}{12} \times 100 = 25\ (\%)$

3 도시의 인구수가 증가할수록 자동차 수도 대체로 증가하므로 두 변량 사이에는 양의 상관관계가 있다.
따라서 양의 상관관계를 나타내는 산점도는 ㄷ이다.

4 독서량에 비하여 국어 성적이 가장 좋은 학생은 주어진 산점도에서 대각선 위쪽에 있는 점 중에서 대각선과 가장 멀리 떨어진 A이다.

중단원 마무리 테스트

| 85~87쪽 |

1 ② **2** ④ **3** ③ **4** ② **5** ④
6 10 **7** ①, ④ **8** ⑤ **9** ④
10 수원, 서윤   **11** 양의 상관관계
12 진솔, 은찬   **13** ①   **14** ③
15 (1) 5 (2) 25 %   **16** (1) 양의 상관관계 (2) 9년

1 듣기 점수가 가장 낮은 학생의 점수는 3점이고, 이 학생의 말하기 점수는 5점이다.

2 듣기 점수와 말하기 점수가 모두 8점 이상인 학생 수는 오른쪽 산점도에서 색칠한 부분(경계선 포함)에 속하는 점의 개수와 같으므로 6이다.

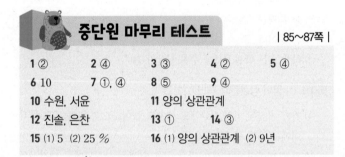

3 ㄱ. 말하기 점수가 9점인 학생 수는 **2**의 산점도에서 직선 l 위에 있는 점의 개수와 같으므로 4이다.
ㄴ. 듣기 점수와 말하기 점수가 같은 학생 수는 **2**의 산점도에서 대각선 m 위에 있는 점의 개수와 같으므로 3이다.

ㄷ. 듣기 점수가 8점 초과이고 10점 미만인 학생 수는 **2**의 산점도에서 두 직선 p, q 사이의 점의 개수와 같으므로 3이다.
따라서 옳은 것은 ㄱ, ㄴ이다.

4 2점 슛은 4개 이상, 3점 슛은 5개 이상을 넣은 선수의 수는 오른쪽 산점도에서 색칠한 부분(경계선 포함)에 속하는 점의 개수와 같으므로 2이다.

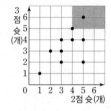

따라서 $\frac{2}{10} \times 100 = 20\ (\%)$

5 습도가 70 %인 날은 4일이고, 이 날들의 최고 기온은 각각 35 ℃, 36 ℃, 37 ℃, 38 ℃이므로

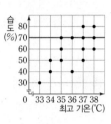

$$(평균) = \frac{35+36+37+38}{4}$$
$$= \frac{146}{4} = 36.5\ (℃)$$

6 떡볶이와 우동의 판매량이 같은 날수는 오른쪽 산점도에서 대각선 위의 점의 개수와 같으므로 2이다.

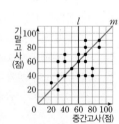

즉, $a = 2$
우동보다 떡볶이의 판매량이 많은 날수는 오른쪽 산점도에서 대각선의 아래쪽에 있는 점의 개수와 같으므로 8이다.
즉, $b = 8$
따라서 $a + b = 2 + 8 = 10$

7 ① 중간고사 성적이 60점 미만인 학생 수는 오른쪽 산점도에서 직선 l의 왼쪽에 있는 점의 개수와 같으므로 8이다.

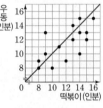

② 기말고사 성적과 중간고사 성적이 같은 학생 수는 오른쪽 산점도에서 대각선 m 위에 있는 점의 개수와 같으므로 5이다.
③ 중간고사보다 기말고사 성적이 향상된 학생 수는 위의 산점도에서 대각선 m의 위쪽에 있는 점의 개수와 같으므로 8이다.

따라서 $\frac{8}{20} \times 100 = 40\ (\%)$

④ 기말고사보다 중간고사를 더 잘 본 학생 수는 위의 산점도에서 대각선 m의 아래쪽에 있는 점의 개수와 같으므로 7이다.
⑤ 기말고사 성적이 80점인 학생은 2명이고, 이들의 중간고사 성적은 각각 70점, 90점이므로

$$(평균) = \frac{70+90}{2} = \frac{160}{2} = 80(점)$$

따라서 옳지 않은 것은 ①, ④이다.

9 주어진 산점도는 음의 상관관계를 나타낸다.
①, ⑤ 양의 상관관계
②, ③ 상관관계가 없다.

④ 음의 상관관계

따라서 주어진 산점도로 나타낼 수 있는 것은 ④이다.

10 민호: 한 변량의 값이 증가할수록 다른 변량의 값도 대체로 증가
한다면 두 변량 사이에는 양의 상관관계가 있다.

따라서 바르게 설명한 학생은 수원, 서윤이다.

11 산점도는 오른쪽 그림과 같다.

이때 x의 값이 증가함에 따라 y의 값도 대
체로 증가하므로 두 변량 x와 y 사이에는
양의 상관관계가 있다.

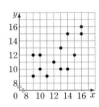

12 최고 기온과 전기 사용량 사이에는 양의 상관관계가 있고, 물놀이
사고 건수와 최고 기온 사이에도 양의 상관관계가 있다.

그러나 전기 사용량과 물놀이 사고 사이에 양의 상관관계가 있는
지 알 수 없다.

그러므로 전기 사용량을 줄이면 물놀이 사고가 나지 않는다고 볼
수 없다.

따라서 바르게 설명한 학생은 진솔, 은찬이다.

13 머리둘레에 비하여 키가 가장 큰 신생아는
오른쪽 산점도에서 대각선의 위쪽에 있는
점 중에서 대각선과 가장 멀리 떨어진 A이
다.

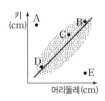

14 ③ D는 C보다 주행 거리가 짧다.

15 (1) 주어진 산점도에서 영어 성적이 수학 성적보다 10점 높은 학생
을 나타내는 점은 (50, 40), (60, 50), (70, 60), (80, 70),
(90, 80)의 5개이므로 학생 수는 5이다.　　…… ❶

(2) $\dfrac{5}{20} \times 100 = 25\,(\%)$　　…… ❷

	채점 기준	비율
(1)	❶ 영어 성적이 수학 성적보다 10점 높은 학생 수 구하기	50 %
(2)	❷ 백분율 구하기	50 %

16 (1) 나이가 늘어남에 따라 수확량도 대체로 늘어나므로 나이와 수
확량 사이에는 양의 상관관계가 있다.　　…… ❶

(2) 수확량이 40 kg 이상인 배나무의 수
는 오른쪽 산점도에서 직선 l 위에
있는 점의 개수와 직선 l의 위쪽에
있는 점의 개수의 합과 같으므로 9
이다.

이 나무들의 나이는 각각 7년, 8년,
8년, 9년, 9년, 10년, 10년, 10년이므로

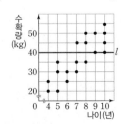

$$(평균) = \frac{7+8+8+9+9+10+10+10+10}{9}$$
$$= \frac{81}{9} = 9\,(년)　　…… ❷$$

	채점 기준	비율
(1)	❶ 상관관계 말하기	40 %
(2)	❷ 배나무 나이의 평균 구하기	60 %

1. 삼각비

01. 삼각비 | 2-3쪽 |

삼각비의 뜻

❶ a ❷ a

1 $\dfrac{5}{13}$ 2 $\dfrac{12}{13}$ 3 $\dfrac{5}{12}$ 4 $\dfrac{12}{13}$ 5 $\dfrac{5}{13}$

6 $\dfrac{12}{5}$ 7 10   8 $\dfrac{4}{5}$ 9 $\dfrac{3}{5}$ 10 $\dfrac{4}{3}$

1 $\sin A = \dfrac{\overline{BC}}{\overline{AC}} = \dfrac{5}{13}$

2 $\cos A = \dfrac{\overline{AB}}{\overline{AC}} = \dfrac{12}{13}$

3 $\tan A = \dfrac{\overline{BC}}{\overline{AB}} = \dfrac{5}{12}$

4 $\sin C = \dfrac{\overline{AB}}{\overline{AC}} = \dfrac{12}{13}$

5 $\cos C = \dfrac{\overline{BC}}{\overline{AC}} = \dfrac{5}{13}$

6 $\tan C = \dfrac{\overline{AB}}{\overline{BC}} = \dfrac{12}{5}$

7 $\overline{AC} = \sqrt{6^2 + 8^2} = 10$

8 $\sin A = \dfrac{\overline{BC}}{\overline{AC}} = \dfrac{8}{10} = \dfrac{4}{5}$

9 $\cos A = \dfrac{\overline{AB}}{\overline{AC}} = \dfrac{6}{10} = \dfrac{3}{5}$

10 $\tan A = \dfrac{\overline{BC}}{\overline{AB}} = \dfrac{8}{6} = \dfrac{4}{3}$

삼각비를 이용하여 변의 길이 구하기

❸ 피타고라스

11 5   12 3   13 4   14 $2\sqrt{5}$ 15 $3\sqrt{7}$

16 12

11 $\cos A = \dfrac{4}{\overline{AC}} = \dfrac{4}{5}$이므로 $\overline{AC} = 5$

12 $\overline{BC} = \sqrt{5^2 - 4^2} = 3$

13 $\sin A = \dfrac{\overline{BC}}{6} = \dfrac{2}{3}$이므로 $\overline{BC} = 4$

14 $\overline{AC} = \sqrt{6^2 - 4^2} = 2\sqrt{5}$

15 $\tan A = \dfrac{\overline{BC}}{9} = \dfrac{\sqrt{7}}{3}$이므로 $\overline{BC} = 3\sqrt{7}$

16 $\overline{AC} = \sqrt{9^2 + (3\sqrt{7})^2} = 12$

직각삼각형의 닮음과 삼각비의 값

❹ $\overline{BD}$

17 $\overline{BC}$, $\overline{AE}$, $\overline{FG}$ 18 $\overline{AC}$, $\overline{AD}$, $\overline{AG}$

19 $\overline{BC}$, $\overline{AD}$, $\overline{FG}$ 20 CBD

21 $\overline{AC}$, $\overline{AC}$, $\overline{CD}$ 22 $\overline{AB}$, $\overline{CD}$, $\overline{CB}$

23 $\overline{AC}$, $\overline{CD}$, $\overline{CD}$ 24 $\angle ABC$ 25 6   26 $\dfrac{1}{2}$

27 $\dfrac{\sqrt{3}}{2}$ 28 $\dfrac{\sqrt{3}}{3}$ 29 $\triangle EBD$ 30 $\angle BCA$ 31 15

32 $\dfrac{15}{17}$ 33 $\dfrac{8}{17}$ 34 $\dfrac{15}{8}$

24 $\triangle ABC$와 $\triangle DAC$에서
$\angle C$는 공통, $\angle BAC = \angle ADC = 90°$이므로
$\triangle ABC \backsim \triangle DAC$ (AA 닮음)
따라서 $\angle DAC = \angle ABC$

25 직각삼각형 ABC에서 $\overline{BC} = \sqrt{(3\sqrt{3})^2 + 3^2} = 6$

26 $\angle ABC = \angle DAC = x$이므로
$\sin x = \dfrac{\overline{AC}}{\overline{BC}} = \dfrac{3}{6} = \dfrac{1}{2}$

27 $\cos x = \dfrac{\overline{AB}}{\overline{BC}} = \dfrac{3\sqrt{3}}{6} = \dfrac{\sqrt{3}}{2}$

28 $\tan x = \dfrac{\overline{AC}}{\overline{AB}} = \dfrac{3}{3\sqrt{3}} = \dfrac{\sqrt{3}}{3}$

29 $\triangle ABC$와 $\triangle EBD$에서
$\angle B$는 공통, $\angle BAC = \angle BED = 90°$이므로
$\triangle ABC \backsim \triangle EBD$ (AA 닮음)

30 $\angle BDE = \angle BCA$

31 직각삼각형 ABC에서 $\overline{AB} = \sqrt{17^2 - 8^2} = 15$

32 $\angle BCA = \angle BDE = x$이므로
$\sin x = \dfrac{\overline{AB}}{\overline{BC}} = \dfrac{15}{17}$

33 $\cos x = \dfrac{\overline{AC}}{\overline{BC}} = \dfrac{8}{17}$

34 $\tan x = \dfrac{\overline{AB}}{\overline{AC}} = \dfrac{15}{8}$

소단원 핵심문제
| 4~5쪽 |

1 ③	2 ③	3 8	4 ③	5 ④
6 ②	7 $\frac{17}{13}$	8 ①	9 ①	10 $\frac{2\sqrt{10}}{7}$

1
① $\sin A = \dfrac{\overline{BC}}{\overline{AB}} = \dfrac{4}{5}$

② $\sin B = \dfrac{\overline{AC}}{\overline{AB}} = \dfrac{3}{5}$

③ $\cos B = \dfrac{\overline{BC}}{\overline{AB}} = \dfrac{4}{5}$

④ $\tan A = \dfrac{\overline{BC}}{\overline{AC}} = \dfrac{4}{3}$

⑤ $\tan B = \dfrac{\overline{AC}}{\overline{BC}} = \dfrac{3}{4}$

따라서 옳지 않은 것은 ③이다.

2 $\overline{BC} = \sqrt{2^2 + 1^2} = \sqrt{5}$이므로

$\cos B = \dfrac{\overline{AB}}{\overline{BC}} = \dfrac{2}{\sqrt{5}} = \dfrac{2\sqrt{5}}{5}$

3 $\sin A = \dfrac{\overline{BC}}{\overline{AB}} = \dfrac{\overline{BC}}{10} = \dfrac{3}{5}$이므로 $\overline{BC} = 6$

따라서 $\overline{AC} = \sqrt{10^2 - 6^2} = 8$

4 $\cos B = \dfrac{8}{17}$인 직각삼각형 ABC를 그리면 오른

쪽 그림과 같으므로

$\overline{AC} = \sqrt{17^2 - 8^2} = 15$

따라서 $\sin B = \dfrac{15}{17}$

5 △ABC와 △DBE에서

∠B는 공통, ∠BAC = ∠BDE = 90°이므로

△ABC ∽ △DBE (AA 닮음)

따라서 ∠DEB = ∠ACB = x이므로

직각삼각형 ABC에서 $\cos x = \dfrac{\overline{AC}}{\overline{BC}}$

직각삼각형 DBE에서 $\cos x = \dfrac{\overline{DE}}{\overline{BE}}$

6 $\sin A = \dfrac{\overline{BC}}{\overline{AB}} = \dfrac{a}{c}$, $\tan B = \dfrac{\overline{AC}}{\overline{BC}} = \dfrac{b}{a}$이므로

$\sin A \times \tan B = \dfrac{a}{c} \times \dfrac{b}{a} = \dfrac{b}{c}$

7 $\overline{AC} = \sqrt{13^2 - 5^2} = 12$이므로

$\sin A = \dfrac{\overline{BC}}{\overline{AB}} = \dfrac{5}{13}$, $\cos A = \dfrac{\overline{AC}}{\overline{AB}} = \dfrac{12}{13}$

따라서 $\sin A + \cos A = \dfrac{5}{13} + \dfrac{12}{13} = \dfrac{17}{13}$

8 $\tan C = \dfrac{\overline{AB}}{9} = \dfrac{\sqrt{3}}{3}$에서 $\overline{AB} = 3\sqrt{3}$이므로

$\overline{BC} = \sqrt{(3\sqrt{3})^2 + 9^2} = 6\sqrt{3}$

따라서 △ABC의 둘레의 길이는

$\overline{AB} + \overline{BC} + \overline{CA} = 3\sqrt{3} + 6\sqrt{3} + 9$

$= 9 + 9\sqrt{3}$

9 $\tan A = \dfrac{1}{2}$인 직각삼각형 ABC를 그리면 오른쪽

그림과 같으므로

$\overline{AB} = \sqrt{1^2 + 2^2} = \sqrt{5}$

① $\sin A = \dfrac{\overline{BC}}{\overline{AB}} = \dfrac{1}{\sqrt{5}} = \dfrac{\sqrt{5}}{5}$

② $\cos A = \dfrac{\overline{AC}}{\overline{AB}} = \dfrac{2}{\sqrt{5}} = \dfrac{2\sqrt{5}}{5}$

③ $\sin B = \dfrac{\overline{AC}}{\overline{AB}} = \dfrac{2}{\sqrt{5}} = \dfrac{2\sqrt{5}}{5}$

④ $\cos B = \dfrac{\overline{BC}}{\overline{AB}} = \dfrac{1}{\sqrt{5}} = \dfrac{\sqrt{5}}{5}$

⑤ $\tan B = \dfrac{\overline{AC}}{\overline{BC}} = \dfrac{2}{1} = 2$

따라서 옳은 것은 ①이다.

10 △ABC와 △DAC에서

∠C는 공통, ∠BAC = ∠ADC = 90°이므로

△ABC ∽ △DAC (AA 닮음)

따라서 ∠ABC = ∠DAC = x

직각삼각형 ABC에서 $\overline{AC} = \sqrt{7^2 - 3^2} = 2\sqrt{10}$

따라서 $\sin x = \dfrac{\overline{AC}}{\overline{BC}} = \dfrac{2\sqrt{10}}{7}$

02. 삼각비의 값
| 6~9쪽 |

30°, 45°, 60°의 삼각비의 값

❶ $\frac{\sqrt{3}}{2}$	❷ 1			
1 $\overline{BC}$, 1	2 $\overline{AB}$, 2	3 $\overline{BC}$, 1, $\sqrt{3}$	4 1	5 $\frac{3\sqrt{3}}{2}$
6 $-\frac{1}{2}$	7 $\frac{\sqrt{3}}{2}$	8 $\frac{\sqrt{6}}{4}$	9 $\frac{\sqrt{6}}{2}$	10 30°
11 45°	12 45°	13 60°	14 60°	15 60°
16 $4\sqrt{2}$ ($\frac{\sqrt{2}}{2}$, $4\sqrt{2}$)	17 $3\sqrt{3}$	18 7		

4 $\sin 30° + \cos 60° = \dfrac{1}{2} + \dfrac{1}{2} = 1$

5 $\cos 30° + \tan 60° = \dfrac{\sqrt{3}}{2} + \sqrt{3} = \dfrac{3\sqrt{3}}{2}$

6 $\cos 60° - \tan 45° = \dfrac{1}{2} - 1 = -\dfrac{1}{2}$

7 $\tan 60° - \sin 60° = \sqrt{3} - \dfrac{\sqrt{3}}{2} = \dfrac{\sqrt{3}}{2}$

8 $\cos 45° \times \sin 60° = \dfrac{\sqrt{2}}{2} \times \dfrac{\sqrt{3}}{2} = \dfrac{\sqrt{6}}{4}$

9 $\sin 45° \times \tan 60° = \dfrac{\sqrt{2}}{2} \times \sqrt{3} = \dfrac{\sqrt{6}}{2}$

10 $\sin 30° = \dfrac{1}{2}$이므로 $x = 30°$

11 $\cos 45° = \dfrac{\sqrt{2}}{2}$이므로 $x = 45°$

12 $\tan 45° = 1$이므로 $x = 45°$

13 $\sin 60° = \dfrac{\sqrt{3}}{2}$이므로 $x = 60°$

14 $\tan 60° = \sqrt{3}$이므로 $x = 60°$

15 $\cos 60° = \dfrac{1}{2}$이므로 $x = 60°$

17 $\cos 30° = \dfrac{x}{6} = \dfrac{\sqrt{3}}{2}$이므로 $x = 3\sqrt{3}$

18 $\tan 45° = \dfrac{x}{7} = 1$이므로 $x = 7$

예각의 삼각비의 값

> ❸ $\overline{AB}$ ❹ $\overline{OD}$
> **19** ㄹ **20** ㄴ **21** ㅂ **22** ㄴ **23** ㄹ
> **24** ○ **25** ○ **26** × **27** $\overline{AB}$, 0.85
> **28** $\overline{OB}$, 0.53 **29** $\overline{CD}$, 1.60 **30** 0.72
> **31** 0.69 **32** 1.04 **33** 0.69 **34** 0.72

19 $\sin x = \dfrac{\overline{AB}}{\overline{OA}} = \dfrac{\overline{AB}}{1} = \overline{AB}$

20 $\cos x = \dfrac{\overline{OB}}{\overline{OA}} = \dfrac{\overline{OB}}{1} = \overline{OB}$

21 $\tan x = \dfrac{\overline{CD}}{\overline{OD}} = \dfrac{\overline{CD}}{1} = \overline{CD}$

22 $\overline{AB} /\!/ \overline{CD}$이므로 $\angle OAB = \angle OCD = y$ (동위각)

$\sin y = \sin(\angle OAB) = \dfrac{\overline{OB}}{\overline{OA}} = \dfrac{\overline{OB}}{1} = \overline{OB}$

23 $\cos y = \cos(\angle OAB) = \dfrac{\overline{AB}}{\overline{OA}} = \dfrac{\overline{AB}}{1} = \overline{AB}$

24 $\tan x = \dfrac{\overline{DE}}{\overline{AD}} = \dfrac{\overline{DE}}{1} = \overline{DE}$

25 $\sin y = \dfrac{\overline{AB}}{\overline{AC}} = \dfrac{\overline{AB}}{1} = \overline{AB}$

26 $\overline{BC} /\!/ \overline{DE}$이므로 $\angle ACB = \angle AED$ (동위각)

따라서 $\cos z = \cos y = \dfrac{\overline{BC}}{\overline{AC}} = \dfrac{\overline{BC}}{1} = \overline{BC}$

30 $\sin 46° = \dfrac{\overline{AB}}{\overline{OA}} = \dfrac{0.72}{1} = 0.72$

31 $\cos 46° = \dfrac{\overline{OB}}{\overline{OA}} = \dfrac{0.69}{1} = 0.69$

32 $\tan 46° = \dfrac{\overline{CD}}{\overline{OD}} = \dfrac{1.04}{1} = 1.04$

33 직각삼각형 AOB에서
$\angle OAB = 180° - (46° + 90°) = 44°$
따라서 $\sin 44° = \dfrac{\overline{OB}}{\overline{OA}} = \dfrac{0.69}{1} = 0.69$

34 $\cos 44° = \dfrac{\overline{AB}}{\overline{OA}} = \dfrac{0.72}{1} = 0.72$

0°, 90°의 삼각비의 값

> ❺ 1 ❻ 0
> **35** 1 **36** 0 **37** -1 **38** 1 **39** 1
> **40** 1 **41** 0

35 $\sin 0° + \cos 0° = 0 + 1 = 1$

36 $\cos 90° + \tan 0° = 0 + 0 = 0$

37 $\tan 0° - \cos 0° = 0 - 1 = -1$

38 $\sin 90° \times \cos 0° = 1 \times 1 = 1$

39 $\sin 0° + \cos 0° - \tan 0° = 0 + 1 - 0 = 1$

40 $3\cos 0° - 4\sin 30° = 3 \times 1 - 4 \times \dfrac{1}{2} = 1$

41 $\sin 90° - \cos 0° \times \tan 45° = 1 - 1 \times 1 = 0$

삼각비의 값의 대소 관계

42 $0° \le x \le 90°$인 범위에서 x의 크기가 커지면 $\sin x$의 값도 커지므로

$\sin 20° < \sin 50°$

43 $0° \le x \le 90°$인 범위에서 x의 크기가 커지면 $\cos x$의 값은 작아지므로

$\cos 10° > \cos 40°$

44 $0° \le x < 90°$인 범위에서 x의 크기가 커지면 $\tan x$의 값도 커지므로

$\tan 40° < \tan 70°$

45 $\sin 35° < \sin 45° = \dfrac{\sqrt{2}}{2}$

$\cos 35° > \cos 45° = \dfrac{\sqrt{2}}{2}$

따라서 $\sin 35° < \cos 35°$

46 $\sin 80° > \sin 45° = \dfrac{\sqrt{2}}{2}$

$\cos 80° < \cos 45° = \dfrac{\sqrt{2}}{2}$

따라서 $\sin 80° > \cos 80°$

47 $\sin 65° < \sin 90° = 1,\ \tan 65° > \tan 45° = 1$
따라서 $\sin 65° < \tan 65°$

48 $\cos 50° < \cos 0° = 1,\ \tan 50° > \tan 45° = 1$
따라서 $\cos 50° < \tan 50°$

삼각비의 표

55 $\sin 56° = 0.8290$이므로 $x = 56°$

56 $\cos 54° = 0.5878$이므로 $x = 54°$

57 $\tan 57° = 1.5399$이므로 $x = 57°$

58 $\sin 57° = 0.8387$이므로 $x = 57°$

59 $\cos 57° = 0.5446$이므로 $x = 57°$

60 $\tan 55° = 1.4281$이므로 $x = 55°$

61 $\sin 54° = 0.8090$이므로 $x = 54°$

62 $\cos 55° = 0.5736$이므로 $x = 55°$

소단원 핵심문제

| 10~11쪽 |

1 $2\sqrt{3}$	2 0.1968	3 (1) $\sqrt{3}$ (2) $\dfrac{3}{2}$		4 ③
5 6.561	6 ⑤	7 ①, ④	8 ⑤	
9 $\sin 15°,\ \cos 40°,\ \sin 90°,\ \tan 48°$			10 33°	

1 직각삼각형 ABC에서 $\tan 60° = \dfrac{\overline{BC}}{\sqrt{2}} = \sqrt{3}$이므로

$\overline{BC} = \sqrt{6}$

직각삼각형 DBC에서 $\sin 45° = \dfrac{\sqrt{6}}{\overline{BD}} = \dfrac{\sqrt{2}}{2}$이므로

$\overline{BD} = 2\sqrt{3}$

2 $\sin 53° = \dfrac{\overline{AB}}{\overline{OA}} = \dfrac{0.7986}{1} = 0.7986$

$\cos 53° = \dfrac{\overline{OB}}{\overline{OA}} = \dfrac{0.6018}{1} = 0.6018$

따라서 $\sin 53° - \cos 53° = 0.7986 - 0.6018 = 0.1968$

3 (1) $(\sin 30° + \cos 60°) \times \tan 60°$

$= \left(\dfrac{1}{2} + \dfrac{1}{2}\right) \times \sqrt{3}$

$= \sqrt{3}$

(2) $(\sin 30° + \cos 0°) \times (\sin 90° + \tan 0°)$

$= \left(\dfrac{1}{2} + 1\right) \times (1 + 0)$

$= \dfrac{3}{2}$

4 ㄱ. $0° \le x \le 90°$인 범위에서 x의 크기가 커지면 $\cos x$의 값은 작아지므로

$\cos 10° > \cos 70°$

ㄴ. $0° \le x < 90°$인 범위에서 x의 크기가 커지면 $\tan x$의 값도 커지므로

$\tan 35° < \tan 50°$

ㄷ. $\tan 55° > \tan 45° = 1,\ \sin 65° < \sin 90° = 1$이므로

$\tan 55° > \sin 65°$

ㄹ. $\sin 25° < \sin 45° = \dfrac{\sqrt{2}}{2},\ \cos 25° > \cos 45° = \dfrac{\sqrt{2}}{2}$이므로

$\sin 25° < \cos 25°$

따라서 옳은 것은 ㄱ, ㄷ이다.

5 $\sin 41° = \dfrac{\overline{BC}}{10} = 0.6561$이므로

$\overline{BC} = 6.561$

6 ① $\sin 30° + \tan 45° = \dfrac{1}{2} + 1 = \dfrac{3}{2}$

② $\cos 30° - \sin 60° = \dfrac{\sqrt{3}}{2} - \dfrac{\sqrt{3}}{2} = 0$

③ $\tan 30° \times \sin 60° = \dfrac{\sqrt{3}}{3} \times \dfrac{\sqrt{3}}{2} = \dfrac{1}{2}$

④ $\sin 45° \div \cos 45° = \dfrac{\sqrt{2}}{2} \div \dfrac{\sqrt{2}}{2} = \dfrac{\sqrt{2}}{2} \times \dfrac{2}{\sqrt{2}} = 1$

⑤ $\cos 60° + \sqrt{2} \sin 45° = \dfrac{1}{2} + \sqrt{2} \times \dfrac{\sqrt{2}}{2} = \dfrac{3}{2}$

따라서 옳지 않은 것은 ⑤이다.

7 ① $\sin 48° = \dfrac{\overline{AB}}{\overline{OA}} = \dfrac{0.7431}{1} = 0.7431$

② $\cos 48° = \dfrac{\overline{OB}}{\overline{OA}} = \dfrac{0.6691}{1} = 0.6691$

③ $\tan 48° = \dfrac{\overline{CD}}{\overline{OD}} = \dfrac{1.1106}{1} = 1.1106$

④ 직각삼각형 AOB에서

$\angle OAB = 180° - (48° + 90°) = 42°$이므로

$\sin 42° = \dfrac{\overline{OB}}{\overline{OA}} = \dfrac{0.6691}{1} = 0.6691$

⑤ $\cos 42° = \dfrac{\overline{AB}}{\overline{OA}} = \dfrac{0.7431}{1} = 0.7431$

따라서 옳지 않은 것은 ①, ④이다.

8 ① $\sin 90° + \tan 0° = 1 + 0 = 1$

② $(\sin 0° + \tan 45°) \times \cos 0° = (0+1) \times 1 = 1$

③ $2 \tan 45° \times \cos 60° = 2 \times 1 \times \dfrac{1}{2} = 1$

④ $\sqrt{2} \sin 45° + \tan 0° = \sqrt{2} \times \dfrac{\sqrt{2}}{2} + 0 = 1$

⑤ $\sin 30° \times \cos 90° - \tan 0° = \dfrac{1}{2} \times 0 - 0 = 0$

따라서 나머지 넷과 다른 것은 ⑤이다.

9 $\sin 15° < \sin 45°$이므로 $\sin 15° < \dfrac{\sqrt{2}}{2}$

$\tan 48° > \tan 45°$이므로 $\tan 48° > 1$

$\cos 0° > \cos 40° > \cos 45°$이므로 $\dfrac{\sqrt{2}}{2} < \cos 40° < 1$

$\sin 90° = 1$

따라서 $\sin 15° < \cos 40° < \sin 90° < \tan 48°$

10 $\cos A = \dfrac{\overline{AC}}{\overline{AB}} = \dfrac{8.387}{10} = 0.8387$이므로

$\angle A = 33°$

2. 삼각비의 활용

01. 길이 구하기

| 12~13쪽 |

직각삼각형의 변의 길이

❶ a　　❷ $\cos A$　　❸ c

1 $x = 5 \cos 42°$, $y = 5 \sin 42°$　　2 $x = 6 \tan 35°$, $y = \dfrac{6}{\cos 35°}$

3 3.08　　　　　4 15

1 $\cos 42° = \dfrac{x}{5}$이므로 $x = 5 \cos 42°$

$\sin 42° = \dfrac{y}{5}$이므로 $y = 5 \sin 42°$

2 $\tan 35° = \dfrac{x}{6}$이므로 $x = 6 \tan 35°$

$\cos 35° = \dfrac{6}{y}$이므로 $y = \dfrac{6}{\cos 35°}$

3 $x = 4 \sin 50° = 4 \times 0.77 = 3.08$

4 $x = \dfrac{9}{\tan 31°} = \dfrac{9}{0.6} = 15$

일반 삼각형의 변의 길이 (1)

❹ $\overline{CH}$

5 $2\sqrt{7}$ ($\mathscr{D}$ 8, 4, 8, $4\sqrt{3}$, $2\sqrt{3}$, 4, $2\sqrt{7}$)　　6 $2\sqrt{5}$　　　7 $3\sqrt{7}$

8 $\sqrt{13}$

6 직각삼각형 ABH에서

$\overline{AH} = 4\sqrt{2} \sin 45° = 4\sqrt{2} \times \dfrac{\sqrt{2}}{2} = 4$

$\overline{BH} = 4\sqrt{2} \cos 45° = 4\sqrt{2} \times \dfrac{\sqrt{2}}{2} = 4$

$\overline{CH} = \overline{BC} - \overline{BH} = 6 - 4 = 2$이므로

직각삼각형 AHC에서

$x = \sqrt{4^2 + 2^2} = 2\sqrt{5}$

7 오른쪽 그림과 같이 꼭짓점 A에서 $\overline{BC}$
에 내린 수선의 발을 H라 하면
직각삼각형 ABH에서

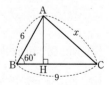

$\overline{AH} = 6 \sin 60° = 6 \times \dfrac{\sqrt{3}}{2} = 3\sqrt{3}$

$\overline{BH} = 6 \cos 60° = 6 \times \dfrac{1}{2} = 3$

$\overline{CH} = \overline{BC} - \overline{BH} = 9 - 3 = 6$이므로
직각삼각형 AHC에서

$x = \sqrt{(3\sqrt{3})^2 + 6^2} = 3\sqrt{7}$

8 오른쪽 그림과 같이 꼭짓점 A에서 $\overline{BC}$에 내린 수선의 발을 H라 하면 직각삼각형 AHC에서

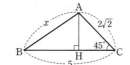

$$\overline{AH}=2\sqrt{2}\sin 45°=2\sqrt{2}\times\frac{\sqrt{2}}{2}=2$$

$$\overline{CH}=2\sqrt{2}\cos 45°=2\sqrt{2}\times\frac{\sqrt{2}}{2}=2$$

$$\overline{BH}=\overline{BC}-\overline{CH}=5-2=3$$이므로

직각삼각형 ABH에서

$$x=\sqrt{3^2+2^2}=\sqrt{13}$$

일반 삼각형의 변의 길이 (2)

❺ $\sin A$ **❻** $\sin A$

9 $2\sqrt{6}$ (✎ $6, 3\sqrt{2}, 60, 2\sqrt{6}$) **10** $2\sqrt{2}$ **11** $3\sqrt{6}$

12 $\dfrac{8\sqrt{3}}{3}$

10 직각삼각형 ABH에서

$$\overline{AH}=4\sin 30°=4\times\frac{1}{2}=2$$

$\angle C=180°-(105°+30°)=45°$이므로

직각삼각형 AHC에서

$$x=\frac{\overline{AH}}{\sin 45°}=2\div\frac{\sqrt{2}}{2}$$

$$=2\times\frac{2}{\sqrt{2}}=2\sqrt{2}$$

11 오른쪽 그림과 같이 꼭짓점 A에서 $\overline{BC}$에 내린 수선의 발을 H라 하면 직각삼각형 ABH에서

$$\overline{AH}=6\sin 60°=6\times\frac{\sqrt{3}}{2}=3\sqrt{3}$$

$\angle C=180°-(60°+75°)=45°$이므로

직각삼각형 AHC에서

$$x=\frac{\overline{AH}}{\sin 45°}=3\sqrt{3}\div\frac{\sqrt{2}}{2}=3\sqrt{3}\times\frac{2}{\sqrt{2}}=3\sqrt{6}$$

12 오른쪽 그림과 같이 꼭짓점 A에서 $\overline{BC}$에 내린 수선의 발을 H라 하면 직각삼각형 ABH에서

$$\overline{AH}=4\sqrt{2}\sin 45°=4\sqrt{2}\times\frac{\sqrt{2}}{2}=4$$

$\angle C=180°-(45°+75°)=60°$이므로

직각삼각형 AHC에서

$$x=\frac{\overline{AH}}{\sin 60°}=4\div\frac{\sqrt{3}}{2}=4\times\frac{2}{\sqrt{3}}=\frac{8\sqrt{3}}{3}$$

삼각형의 높이

❼ a

13 $2\sqrt{3}$ **14** $6(\sqrt{3}-1)$ **15** $\sqrt{3}$ **16** $3(3+\sqrt{3})$

13 직각삼각형 ABH에서

$\angle BAH=90°-30°=60°$이므로

$$\overline{BH}=h\tan 60°=\sqrt{3}h$$

직각삼각형 AHC에서

$\angle CAH=90°-60°=30°$이므로

$$\overline{CH}=h\tan 30°=\frac{\sqrt{3}}{3}h$$

$$\overline{BC}=\overline{BH}+\overline{CH}$$이므로

$$8=\sqrt{3}h+\frac{\sqrt{3}}{3}h, \frac{4\sqrt{3}}{3}h=8$$

따라서 $h=2\sqrt{3}$

14 직각삼각형 ABH에서

$\angle BAH=90°-45°=45°$이므로

$$\overline{BH}=h\tan 45°=h$$

직각삼각형 AHC에서

$\angle CAH=90°-30°=60°$이므로

$$\overline{CH}=h\tan 60°=\sqrt{3}h$$

$$\overline{BC}=\overline{BH}+\overline{CH}$$이므로

$$12=h+\sqrt{3}h, (1+\sqrt{3})h=12$$

따라서 $h=\dfrac{12}{\sqrt{3}+1}=6(\sqrt{3}-1)$

15 직각삼각형 ABH에서

$\angle BAH=90°-30°=60°$이므로

$$\overline{BH}=h\tan 60°=\sqrt{3}h$$

직각삼각형 ACH에서

$\angle CAH=120°-90°=30°$이므로

$$\overline{CH}=h\tan 30°=\frac{\sqrt{3}}{3}h$$

$$\overline{BC}=\overline{BH}-\overline{CH}$$이므로

$$2=\sqrt{3}h-\frac{\sqrt{3}}{3}h, \frac{2\sqrt{3}}{3}h=2$$

따라서 $h=\sqrt{3}$

16 직각삼각형 ABH에서

$\angle BAH=90°-45°=45°$이므로

$$\overline{BH}=h\tan 45°=h$$

직각삼각형 ACH에서

$\angle CAH=120°-90°=30°$이므로

$$\overline{CH}=h\tan 30°=\frac{\sqrt{3}}{3}h$$

$\overline{BC}=\overline{BH}-\overline{CH}$이므로

$6=h-\dfrac{\sqrt{3}}{3}h,\ \dfrac{3-\sqrt{3}}{3}h=6$

따라서 $h=6\times\dfrac{3}{3-\sqrt{3}}=3(3+\sqrt{3})$

소단원 핵심문제

| 14~15쪽 |

1 ②　　　2 ②　　　3 $2\sqrt{21}$　　　4 $15\sqrt{6}$ m

5 ④　　　6 ②　　　7 ④　　　8 $2\sqrt{2}$

9 (1) $5(\sqrt{3}-1)$　(2) $25(\sqrt{3}-1)$　　　10 ①

1 $\angle A=40°$이므로

$\overline{AB}=3\cos 40°$

$\angle C=90°-40°=50°$이므로

$\overline{AB}=3\sin 50°$

2 빌딩의 높이는

$\overline{BC}=30\tan 30°=30\times\dfrac{\sqrt{3}}{3}=10\sqrt{3}$ (m)

3 오른쪽 그림과 같이 꼭짓점 A에서 $\overline{BC}$에
내린 수선의 발을 H라 하면
직각삼각형 AHC에서

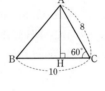

$\overline{AH}=8\sin 60°=8\times\dfrac{\sqrt{3}}{2}=4\sqrt{3}$

$\overline{CH}=8\cos 60°=8\times\dfrac{1}{2}=4$

$\overline{BH}=\overline{BC}-\overline{CH}=10-4=6$이므로
직각삼각형 ABH에서

$\overline{AB}=\sqrt{(4\sqrt{3})^2+6^2}=2\sqrt{21}$

4 오른쪽 그림과 같이 꼭짓점 A에서 $\overline{BC}$
에 내린 수선의 발을 H라 하면
직각삼각형 AHC에서

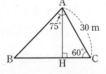

$\overline{AH}=30\sin 60°$

$\quad=30\times\dfrac{\sqrt{3}}{2}=15\sqrt{3}$ (m)

$\angle B=180°-(75°+60°)=45°$이므로
직각삼각형 ABH에서

$\overline{AB}=\dfrac{\overline{AH}}{\sin 45°}=15\sqrt{3}\div\dfrac{\sqrt{2}}{2}=15\sqrt{3}\times\dfrac{2}{\sqrt{2}}=15\sqrt{6}$ (m)

5 $\overline{AH}=h$라 하면
직각삼각형 ABH에서 $\angle BAH=90°-35°=55°$이므로

$\overline{BH}=h\tan 55°$

직각삼각형 ACH에서 $\angle CAH=90°-45°=45°$이므로

$\overline{CH}=h\tan 45°=h$

$\overline{BC}=\overline{BH}-\overline{CH}$이므로

$5=h\tan 55°-h,\ (\tan 55°-1)h=5$

따라서 $h=\dfrac{5}{\tan 55°-1}$

6 ② $\tan A=\dfrac{a}{b}$이므로 $a=b\tan A$

7 오른쪽 그림의 직각삼각형 DCH에서

$\overline{DH}=45\tan 30°=45\times\dfrac{\sqrt{3}}{3}=15\sqrt{3}$ (m)

직각삼각형 CEH에서

$\overline{EH}=45\tan 45°=45\times 1=45$ (m)

따라서 B 빌딩의 높이는

$\overline{DE}=\overline{DH}+\overline{EH}=15\sqrt{3}+45=15(3+\sqrt{3})$ (m)

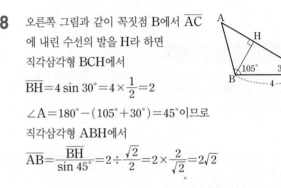

8 오른쪽 그림과 같이 꼭짓점 B에서 $\overline{AC}$
에 내린 수선의 발을 H라 하면
직각삼각형 BCH에서

$\overline{BH}=4\sin 30°=4\times\dfrac{1}{2}=2$

$\angle A=180°-(105°+30°)=45°$이므로
직각삼각형 ABH에서

$\overline{AB}=\dfrac{\overline{BH}}{\sin 45°}=2\div\dfrac{\sqrt{2}}{2}=2\times\dfrac{2}{\sqrt{2}}=2\sqrt{2}$

9 (1) $\overline{AH}=h$라 하면

직각삼각형 ABH에서 $\angle BAH=90°-30°=60°$이므로

$\overline{BH}=h\tan 60°=\sqrt{3}h$

직각삼각형 AHC에서 $\angle CAH=90°-45°=45°$이므로

$\overline{CH}=h\tan 45°=h$

$\overline{BC}=\overline{BH}+\overline{CH}$이므로

$10=\sqrt{3}h+h,\ (\sqrt{3}+1)h=10$

따라서 $h=\dfrac{10}{\sqrt{3}+1}=5(\sqrt{3}-1)$

(2) $\triangle ABC=\dfrac{1}{2}\times 10\times 5(\sqrt{3}-1)=25(\sqrt{3}-1)$

10 오른쪽 그림과 같이 꼭짓점 C에서 $\overline{AB}$에
내린 수선의 발을 H라 하고 $\overline{CH}=h$ m
라 하면
직각삼각형 CAH에서

$\angle ACH=90°-60°=30°$이므로

$\overline{AH}=h\tan 30°=\dfrac{\sqrt{3}}{3}h$ (m)

직각삼각형 CHB에서 $\angle BCH=90°-45°=45°$이므로

$\overline{BH}=h\tan 45°=h$ (m)

$\overline{AB}=\overline{AH}+\overline{BH}$이므로

$30=\dfrac{\sqrt{3}}{3}h+h,\ \dfrac{3+\sqrt{3}}{3}h=30$

$h=30\times\dfrac{3}{3+\sqrt{3}}=15(3-\sqrt{3})$

따라서 지면으로부터 열기구까지의 높이는 $15(3-\sqrt{3})$ m이다.

02. 넓이 구하기

| 16~17쪽 |

삼각형의 넓이

❶ $\sin B$
1 $3\sqrt{3}$ cm² (4, 60, $3\sqrt{3}$)   2 $10\sqrt{2}$ cm²
3 $7\sqrt{3}$ cm² (7, 120, $7\sqrt{3}$)   4 $\dfrac{15}{2}$ cm²

2 $\triangle ABC = \dfrac{1}{2} \times 5 \times 8 \times \sin 45°$
$\quad = \dfrac{1}{2} \times 5 \times 8 \times \dfrac{\sqrt{2}}{2}$
$\quad = 10\sqrt{2}$ (cm²)

4 $\triangle ABC = \dfrac{1}{2} \times 5 \times 6 \times \sin(180° - 150°)$
$\quad = \dfrac{1}{2} \times 5 \times 6 \times \dfrac{1}{2}$
$\quad = \dfrac{15}{2}$ (cm²)

다각형의 넓이

❷ BCD
5 $4\sqrt{3}$ cm²   6 $12\sqrt{3}$ cm²   7 $16\sqrt{3}$ cm²
8 $8\sqrt{3}$ cm²   9 $4\sqrt{3}$ cm   10 $6\sqrt{3}$ cm²
11 $14\sqrt{3}$ cm²

5 $\triangle ABD = \dfrac{1}{2} \times 4 \times 4 \times \sin(180° - 120°)$
$\quad = \dfrac{1}{2} \times 4 \times 4 \times \dfrac{\sqrt{3}}{2}$
$\quad = 4\sqrt{3}$ (cm²)

6 $\triangle BCD = \dfrac{1}{2} \times 4\sqrt{3} \times 4\sqrt{3} \times \sin 60°$
$\quad = \dfrac{1}{2} \times 4\sqrt{3} \times 4\sqrt{3} \times \dfrac{\sqrt{3}}{2}$
$\quad = 12\sqrt{3}$ (cm²)

7 $\square ABCD = \triangle ABD + \triangle BCD$
$\quad = 4\sqrt{3} + 12\sqrt{3}$
$\quad = 16\sqrt{3}$ (cm²)

8 $\triangle ABC = \dfrac{1}{2} \times 4 \times 8 \times \sin 60°$
$\quad = \dfrac{1}{2} \times 4 \times 8 \times \dfrac{\sqrt{3}}{2}$
$\quad = 8\sqrt{3}$ (cm²)

9 직각삼각형 ABC에서
$\overline{AC} = \sqrt{8^2 - 4^2} = 4\sqrt{3}$ (cm)

10 $\triangle ACD = \dfrac{1}{2} \times 4\sqrt{3} \times 6 \times \sin 30°$
$\quad = \dfrac{1}{2} \times 4\sqrt{3} \times 6 \times \dfrac{1}{2} = 6\sqrt{3}$ (cm²)

11 $\square ABCD = \triangle ABC + \triangle ACD$
$\quad = 8\sqrt{3} + 6\sqrt{3} = 14\sqrt{3}$ (cm²)

평행사변형의 넓이

❸ $\sin x$
12 $24\sqrt{2}$ cm²   13 $6\sqrt{3}$ cm²   14 $24\sqrt{3}$ cm²   15 50 cm²

12 $\square ABCD = 6 \times 8 \times \sin 45°$
$\quad = 6 \times 8 \times \dfrac{\sqrt{2}}{2}$
$\quad = 24\sqrt{2}$ (cm²)

13 $\square ABCD = 4 \times 3 \times \sin(180° - 120°)$
$\quad = 4 \times 3 \times \dfrac{\sqrt{3}}{2}$
$\quad = 6\sqrt{3}$ (cm²)

14 $\square ABCD$는 $\overline{BC} = \overline{AB} = 4\sqrt{3}$ cm인 평행사변형이므로
$\square ABCD = 4\sqrt{3} \times 4\sqrt{3} \times \sin 60°$
$\quad = 4\sqrt{3} \times 4\sqrt{3} \times \dfrac{\sqrt{3}}{2}$
$\quad = 24\sqrt{3}$ (cm²)

15 $\square ABCD$는 $\overline{AD} = \overline{AB} = 10$ cm인 평행사변형이므로
$\square ABCD = 10 \times 10 \times \sin(180° - 150°)$
$\quad = 10 \times 10 \times \dfrac{1}{2}$
$\quad = 50$ (cm²)

사각형의 넓이

❹ 180
16 $14\sqrt{2}$ cm²   17 15 cm²   18 $6\sqrt{3}$ cm²   19 $30\sqrt{2}$ cm²

16 $\square ABCD = \dfrac{1}{2} \times 8 \times 7 \times \sin 45°$
$\quad = \dfrac{1}{2} \times 8 \times 7 \times \dfrac{\sqrt{2}}{2}$
$\quad = 14\sqrt{2}$ (cm²)

17 $\square ABCD = \dfrac{1}{2} \times 4\sqrt{3} \times 5 \times \sin 60°$
$\quad = \dfrac{1}{2} \times 4\sqrt{3} \times 5 \times \dfrac{\sqrt{3}}{2}$
$\quad = 15$ (cm²)

18 $\square ABCD = \dfrac{1}{2} \times 4 \times 6 \times \sin(180° - 120°)$
$\qquad = \dfrac{1}{2} \times 4 \times 6 \times \dfrac{\sqrt{3}}{2}$
$\qquad = 6\sqrt{3}\ (\text{cm}^2)$

19 $\square ABCD = \dfrac{1}{2} \times 10 \times 12 \times \sin(180° - 135°)$
$\qquad = \dfrac{1}{2} \times 10 \times 12 \times \dfrac{\sqrt{2}}{2}$
$\qquad = 30\sqrt{2}\ (\text{cm}^2)$

소단원 핵심문제

| 18~19쪽 |

1 30°	**2** ⑤	**3** ①	**4** ④	**5** 8 cm
6 ③	**7** 120°	**8** 15 cm²		**9** 6 cm
10 $22\sqrt{3}$ cm²				

1 $\dfrac{1}{2} \times 8 \times 7 \times \sin A = 14$이므로

$\sin A = \dfrac{1}{2}$

이때 $\sin 30° = \dfrac{1}{2}$이므로

$\angle A = 30°$

2 $\triangle ABC = \dfrac{1}{2} \times 8 \times 4 \times \sin(180° - 135°)$
$\qquad = \dfrac{1}{2} \times 8 \times 4 \times \dfrac{\sqrt{2}}{2}$
$\qquad = 8\sqrt{2}\ (\text{cm}^2)$

3 직각삼각형 ABC에서 $\angle BCA = 90° - 60° = 30°$이고
$\overline{AC} = 10 \cos 30° = 10 \times \dfrac{\sqrt{3}}{2} = 5\sqrt{3}\ (\text{cm})$

$\triangle ABC = \dfrac{1}{2} \times 10 \times 5\sqrt{3} \times \sin 30°$
$\qquad = \dfrac{1}{2} \times 10 \times 5\sqrt{3} \times \dfrac{1}{2} = \dfrac{25\sqrt{3}}{2}\ (\text{cm}^2)$

$\triangle ACD = \dfrac{1}{2} \times 5\sqrt{3} \times 6 \times \sin 30°$
$\qquad = \dfrac{1}{2} \times 5\sqrt{3} \times 6 \times \dfrac{1}{2} = \dfrac{15\sqrt{3}}{2}\ (\text{cm}^2)$

따라서

$\square ABCD = \triangle ABC + \triangle ACD$
$\qquad\qquad = \dfrac{25\sqrt{3}}{2} + \dfrac{15\sqrt{3}}{2} = 20\sqrt{3}\ (\text{cm}^2)$

4 $5 \times \overline{BC} \times \sin 30° = 15$이므로

$5 \times \overline{BC} \times \dfrac{1}{2} = 15$, $\dfrac{5}{2}\overline{BC} = 15$

따라서 $\overline{BC} = 6\ (\text{cm})$

5 $\dfrac{1}{2} \times 5 \times \overline{BD} \times \sin(180° - 135°) = 10\sqrt{2}$이므로

$\dfrac{1}{2} \times 5 \times \overline{BD} \times \dfrac{\sqrt{2}}{2} = 10\sqrt{2}$

따라서 $\overline{BD} = 8\ (\text{cm})$

6 정삼각형은 세 변의 길이가 모두 같으므로

$\triangle ABC = \dfrac{1}{2} \times 6 \times 6 \times \sin 60°$
$\qquad = \dfrac{1}{2} \times 6 \times 6 \times \dfrac{\sqrt{3}}{2}$
$\qquad = 9\sqrt{3}\ (\text{cm}^2)$

7 $\dfrac{1}{2} \times 10 \times 12 \times \sin(180° - A) = 30\sqrt{3}$이므로

$\sin(180° - A) = \dfrac{\sqrt{3}}{2}$

이때 $\sin 60° = \dfrac{\sqrt{3}}{2}$이므로

$180° - \angle A = 60°$

따라서 $\angle A = 120°$

8 오른쪽 그림과 같이 $\overline{AC}$를 그으면

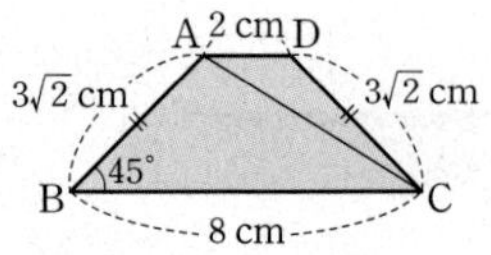

$\triangle ABC = \dfrac{1}{2} \times 3\sqrt{2} \times 8 \times \sin 45°$
$\qquad = \dfrac{1}{2} \times 3\sqrt{2} \times 8 \times \dfrac{\sqrt{2}}{2}$
$\qquad = 12\ (\text{cm}^2)$

$\angle D = 180° - 45° = 135°$이므로

$\triangle ACD = \dfrac{1}{2} \times 2 \times 3\sqrt{2} \times \sin(180° - 135°)$
$\qquad = \dfrac{1}{2} \times 2 \times 3\sqrt{2} \times \dfrac{\sqrt{2}}{2} = 3\ (\text{cm}^2)$

따라서

$\square ABCD = \triangle ABC + \triangle ACD$
$\qquad\qquad = 12 + 3 = 15\ (\text{cm}^2)$

9 마름모의 한 변의 길이를 x cm라 하면

$x \times x \times \sin(180° - 135°) = 18\sqrt{2}$이므로

$x \times x \times \dfrac{\sqrt{2}}{2} = 18\sqrt{2}$, $x^2 = 36$

그런데 $x > 0$이므로 $x = 6$

따라서 마름모의 한 변의 길이는 6 cm이다.

10 $\triangle OBC$에서

$\angle BOC = 180° - (26° + 34°) = 120°$

따라서

$\square ABCD = \dfrac{1}{2} \times 8 \times 11 \times \sin(180° - 120°)$
$\qquad\qquad = \dfrac{1}{2} \times 8 \times 11 \times \dfrac{\sqrt{3}}{2}$
$\qquad\qquad = 22\sqrt{3}\ (\text{cm}^2)$

3. 원과 직선

01. 원의 현 | 20~21쪽 |

현의 수직이등분선

❶ $\overline{BM}$

1 6	2 5	3 $2\sqrt{3}$	4 16
5 $2\sqrt{7}$ (∥ 3, $\sqrt{7}$, $\sqrt{7}$, $2\sqrt{7}$)		6 $6\sqrt{3}$	7 5
8 $\sqrt{13}$	9 $4\sqrt{14}$		

1 $\overline{AM}=\overline{BM}=6$ cm이므로 $x=6$

2 $\overline{BM}=\dfrac{1}{2}\overline{AB}=\dfrac{1}{2}\times10=5$ (cm) 이므로 $x=5$

3 $\overline{AM}=\dfrac{1}{2}\overline{AB}=\dfrac{1}{2}\times4\sqrt{3}=2\sqrt{3}$ (cm)이므로 $x=2\sqrt{3}$

4 $\overline{AB}=2\overline{AM}=2\times8=16$ (cm)이므로 $x=16$

6 직각삼각형 OAM에서
$\overline{AM}=\sqrt{6^2-3^2}=3\sqrt{3}$ (cm)
따라서 $x=2\times3\sqrt{3}=6\sqrt{3}$

7 $\overline{BM}=\dfrac{1}{2}\overline{AB}=\dfrac{1}{2}\times24=12$ (cm)
따라서 직각삼각형 OMB에서
$x=\sqrt{13^2-12^2}=5$

8 $\overline{AM}=\dfrac{1}{2}\overline{AB}=\dfrac{1}{2}\times6=3$ (cm)
따라서 직각삼각형 OAM에서
$x=\sqrt{2^2+3^2}=\sqrt{13}$

9 $\overline{OB}=\overline{OC}=9$ cm
직각삼각형 OBM에서
$\overline{BM}=\sqrt{9^2-5^2}=2\sqrt{14}$ (cm)
따라서 $x=2\times2\sqrt{14}=4\sqrt{14}$

원의 중심과 현의 길이

❷ $\overline{CD}$ **❸ $\overline{ON}$**

10 7	11 8	12 8	13 7	14 4
15 5	16 9	17 52°	18 70°	

10 $\overline{OM}=\overline{ON}$이므로 $\overline{AB}=\overline{CD}$
따라서 $x=7$

11 $\overline{OM}=\overline{ON}$이므로 $\overline{AB}=\overline{CD}$
따라서 $x=8$

12 $\overline{OM}=\overline{ON}$이므로 $\overline{AB}=\overline{CD}$
따라서 $x=2\times4=8$

13 $\overline{OM}=\overline{ON}$이므로 $\overline{AB}=\overline{CD}$
따라서 $2x=14$이므로 $x=7$

14 $\overline{AB}=\overline{CD}$이므로 $\overline{OM}=\overline{ON}$
따라서 $x=4$

15 $\overline{AB}=2\times7=14$ (cm)
$\overline{AB}=\overline{CD}$이므로 $\overline{OM}=\overline{ON}$
따라서 $x=5$

16 $\overline{CD}=2\times10=20$ (cm)
$\overline{AB}=\overline{CD}$이므로 $\overline{OM}=\overline{ON}$
따라서 $x=9$

17 $\overline{OM}=\overline{ON}$이므로 $\overline{AB}=\overline{AC}$
따라서 △ABC는 이등변삼각형이므로
$\angle x=\angle ACB=52°$

18 $\overline{OM}=\overline{ON}$이므로 $\overline{AB}=\overline{AC}$
따라서 △ABC는 이등변삼각형이므로
$\angle x=\dfrac{1}{2}\times(180°-40°)=70°$

소단원 핵심문제

| 22~23쪽 |

1 ③	2 ③	3 12 cm	4 $4\sqrt{3}$ cm	5 40°
6 12 cm²	7 ④	8 ②	9 $4\sqrt{6}$ cm	10 55°

1 직각삼각형 OMB에서
$\overline{BM}=\sqrt{6^2-5^2}=\sqrt{11}$ (cm)
따라서 $\overline{AB}=2\overline{BM}=2\times\sqrt{11}=2\sqrt{11}$ (cm)

2 오른쪽 그림과 같이 $\overline{OA}$를 그으면
$\overline{OA}=\dfrac{1}{2}\overline{CD}=\dfrac{1}{2}\times(8+2)$
$\qquad=5$ (cm)
$\overline{OM}=\overline{OD}-\overline{DM}=5-2=3$ (cm)

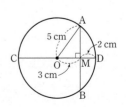

직각삼각형 AOM에서
$\overline{AM}=\sqrt{5^2-3^2}=4$ (cm)
따라서 $\overline{AB}=2\overline{AM}=2\times4=8$ (cm)

3 오른쪽 그림과 같이 원의 중심을 O, 반지름의 길이를 r cm라 하면
$\overline{OA}=r$ cm, $\overline{OD}=(r-4)$ cm,
$\overline{AD}=4\sqrt5$ cm이므로
직각삼각형 AOD에서
$r^2=(r-4)^2+(4\sqrt5)^2$
$8r=96$, $r=12$
따라서 원의 반지름의 길이는 12 cm이다.

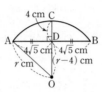

4 직각삼각형 OND에서
$\overline{DN}=\sqrt{4^2-2^2}=2\sqrt3$ (cm)
따라서 $\overline{CD}=2\overline{DN}=2\times2\sqrt3=4\sqrt3$ (cm)
이때 $\overline{OM}=\overline{ON}$이므로
$\overline{AB}=\overline{CD}=4\sqrt3$ (cm)

5 $\overline{OM}=\overline{ON}$이므로 $\overline{AB}=\overline{AC}$
즉, △ABC는 이등변삼각형이므로
$\angle x=180°-2\times70°=40°$

6 오른쪽 그림과 같이 원의 중심 O에서
$\overline{AB}$에 내린 수선의 발을 H라 하면
$\overline{AH}=\overline{BH}=\dfrac12\overline{AB}$
$=\dfrac12\times8=4$ (cm)
$\overline{OA}=\dfrac12\overline{CD}=\dfrac12\times10=5$ (cm)
직각삼각형 OAH에서
$\overline{OH}=\sqrt{5^2-4^2}=3$ (cm)
따라서 $\triangle AOB=\dfrac12\times8\times3=12$ (cm^2)

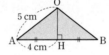

7 $\overline{OC}=\overline{OB}=6$ cm이므로
$\overline{OM}=\dfrac12\overline{OC}=\dfrac12\times6=3$ (cm)
직각삼각형 OMB에서
$\overline{BM}=\sqrt{6^2-3^2}=3\sqrt3$ (cm)
따라서 $\overline{AB}=2\overline{BM}=2\times3\sqrt3=6\sqrt3$ (cm)

8 오른쪽 그림과 같이 원의 중심 O에서 $\overline{AB}$에 내린 수선의 발을 M이라 하고 원 O의 반지름의 길이를 r라 하면
$\overline{OM}=\dfrac12\overline{OB}=\dfrac r2$
$\overline{BM}=\dfrac12\overline{AB}=\dfrac12\times2\sqrt3=\sqrt3$

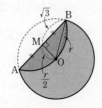

직각삼각형 OBM에서
$r^2=\left(\dfrac r2\right)^2+(\sqrt3)^2$, $r^2=4$
그런데 $r>0$이므로 $r=2$
따라서 원 O의 반지름의 길이는 2이다.

9 직각삼각형 OAM에서
$\overline{AM}=\sqrt{7^2-5^2}=2\sqrt6$ (cm)
따라서 $\overline{AB}=2\overline{AM}=2\times2\sqrt6=4\sqrt6$ (cm)
이때 $\overline{OM}=\overline{ON}$이므로
$\overline{CD}=\overline{AB}=4\sqrt6$ (cm)

10 □AMON에서
$\angle MAN=360°-(90°+110°+90°)=70°$
이때 $\overline{OM}=\overline{ON}$이므로 $\overline{AB}=\overline{AC}$
즉, △ABC는 이등변삼각형이므로
$\angle B=\dfrac12\times(180°-70°)=55°$

02. 원의 접선
| 24~27쪽 |

원의 접선과 반지름

❶ $\overline{PA}$
1 3　　2 13　　3 $2\sqrt6$　　4 $\dfrac52$　　5 $\sqrt{51}$

1 △APO는 $\angle PAO=90°$인 직각삼각형이므로
$x=\sqrt{5^2-4^2}=3$

2 △OAP는 $\angle OAP=90°$인 직각삼각형이므로
$x=\sqrt{5^2+12^2}=13$

3 △AOP는 $\angle OAP=90°$인 직각삼각형이므로
$x=\sqrt{7^2-5^2}=2\sqrt6$

4 $\overline{OA}=x$ cm이고
△OPA는 $\angle PAO=90°$인 직각삼각형이므로
$(4+x)^2=6^2+x^2$, $8x=20$
따라서 $x=\dfrac52$

5 $\overline{OA}=7$ cm이고
△OPA는 $\angle OAP=90°$인 직각삼각형이므로
$(7+3)^2=7^2+x^2$, $x^2=51$
그런데 $x>0$이므로 $x=\sqrt{51}$

원의 접선의 성질

❷ $\overline{PB}$

6 8	7 11	8 5	9 4	10 5
11 7	12 17	13 70°	14 50°	15 80°
16 135°	17 114°	18 50°	19 108°	

6 $\overline{PA}=\overline{PB}$이므로 $x=8$

7 $\overline{PA}=\overline{PB}$이므로 $x=11$

8 $\overline{PA}=\overline{PB}$이므로 $3x-1=14$
따라서 $x=5$

9 $\overline{PA}=\overline{PB}$이므로 $9=2x+1$
따라서 $x=4$

10 $\overline{PB}=\overline{PA}=6\,\text{cm}$이므로
$\overline{QC}=\overline{QB}=11-6=5\,(\text{cm})$
따라서 $x=5$

11 $\overline{QB}=\overline{QC}=3\,\text{cm}$이므로
$\overline{PA}=\overline{PB}=10-3=7\,(\text{cm})$
따라서 $x=7$

12 $\overline{PB}=\overline{PA}=8\,\text{cm}$, $\overline{QB}=\overline{QC}=9\,\text{cm}$이므로
$\overline{PQ}=\overline{PB}+\overline{QB}=8+9=17\,(\text{cm})$
따라서 $x=17$

13 $\overline{PA}=\overline{PB}$이므로 $\triangle ABP$에서
$\angle x=\dfrac{1}{2}\times(180°-40°)=70°$

14 $\overline{PA}=\overline{PB}$이므로 $\triangle APB$에서
$\angle x=180°-2\times65°=50°$

15 $\angle PAO=\angle PBO=90°$이므로 $\square APBO$에서
$\angle x=360°-(90°+100°+90°)=80°$

16 $\angle PAO=\angle PBO=90°$이므로 $\square APBO$에서
$\angle x=360°-(90°+45°+90°)=135°$

17 $\angle PAO=\angle PBO=90°$이므로 $\square APBO$에서
$\angle x=360°-(90°+66°+90°)=114°$

18 $\angle PAO=\angle PBO=90°$이므로 $\square APBO$에서
$\angle x=360°-(90°+130°+90°)=50°$

19 $\angle PAO=\angle PBO=90°$이므로 $\square AOBP$에서
$\angle x=360°-(90°+72°+90°)=108°$

삼각형의 내접원

❸ $\overline{BE}$

20 $x=3$, $y=8$, $z=5$	21 $x=2$, $y=7$, $z=4$	22 9 cm	
23 6 cm	24 15 cm	25 $10-x$	26 $11-x$	27 6
28 6	29 5	30 12	

20 $\overline{AD}=\overline{AF}=3$이므로 $x=3$
$\overline{BE}=\overline{BD}=8$이므로 $y=8$
$\overline{CF}=\overline{CE}=5$이므로 $z=5$

21 $\overline{AF}=\overline{AD}=4$이므로 $z=4$
$\overline{CE}=\overline{CF}=11-4=7$이므로 $y=7$
$\overline{BD}=\overline{BE}=9-7=2$이므로 $x=2$

22 $\overline{AD}=\overline{AF}=4\,\text{cm}$이므로
$\overline{BD}=13-4=9\,(\text{cm})$

23 $\overline{CE}=\overline{CF}=10-4=6\,(\text{cm})$

24 $\overline{BE}=\overline{BD}=9\,\text{cm}$, $\overline{CE}=6\,\text{cm}$이므로
$\overline{BC}=\overline{BE}+\overline{CE}=9+6=15\,(\text{cm})$

25 $\overline{BE}=\overline{BD}=10-x$

26 $\overline{AF}=\overline{AD}=x$이므로
$\overline{CE}=\overline{CF}=11-x$

27 $\overline{BC}=\overline{BE}+\overline{CE}$이므로
$(10-x)+(11-x)=9$, $2x=12$
따라서 $x=6$

28 $\overline{BE}=\overline{BD}=5\,\text{cm}$이므로
$\overline{CF}=\overline{CE}=9-5=4\,(\text{cm})$
$\overline{AD}=\overline{AF}=10-4=6\,(\text{cm})$
따라서 $x=6$

29 $\overline{CF}=\overline{CE}=7\,\text{cm}$
$\overline{AD}=\overline{AF}=13-7=6\,(\text{cm})$
$\overline{BE}=\overline{BD}=11-6=5\,(\text{cm})$
따라서 $x=5$

30 $\overline{AF}=\overline{AD}=2\,\text{cm}$
$\overline{BE}=\overline{BD}=5\,\text{cm}$
$\overline{CE}=\overline{CF}=9-2=7\,(\text{cm})$
$\overline{BC}=\overline{BE}+\overline{CE}$이므로
$\overline{BC}=5+7=12\,(\text{cm})$
따라서 $x=12$

직각삼각형의 내접원

④ 정사각형

31 10   32 $\overline{AF}=6-r$, $\overline{CF}=8-r$ 33 2

34 2   35 1

31 $\overline{AC}=\sqrt{6^2+8^2}=10$

32 $\overline{BE}=\overline{BD}=r$이므로

$\overline{AF}=\overline{AD}=6-r$

$\overline{CF}=\overline{CE}=8-r$

33 $\overline{AC}=\overline{AF}+\overline{CF}$이므로

$10=(6-r)+(8-r)$, $2r=4$

따라서 $r=2$

34 $\overline{CE}=\overline{CF}=r$이므로

$\overline{AD}=\overline{AF}=5-r$

$\overline{BD}=\overline{BE}=12-r$

$\overline{AB}=\overline{AD}+\overline{BD}$이므로

$13=(5-r)+(12-r)$, $2r=4$

따라서 $r=2$

35 $\overline{CF}=\overline{CE}=r$이므로

$\overline{AD}=\overline{AF}=3-r$

$\overline{BD}=\overline{BE}=4-r$

$\overline{AB}=\overline{AD}+\overline{BD}$이므로

$5=(3-r)+(4-r)$, $2r=2$

따라서 $r=1$

원에 외접하는 사각형의 성질

⑤ $\overline{AD}$

36 9   37 3   38 2   39 13

36 $\overline{AB}+\overline{CD}=\overline{AD}+\overline{BC}$이므로

$10+x=6+13$

따라서 $x=9$

37 $\overline{AB}+\overline{CD}=\overline{AD}+\overline{BC}$이므로

$5+9=x+11$

따라서 $x=3$

38 $\overline{AB}+\overline{CD}=\overline{AD}+\overline{BC}$이므로

$6+(x+3)=3+8$

따라서 $x=2$

39 $\overline{AB}+\overline{CD}=\overline{AD}+\overline{BC}$이므로

$18+15=11+(x+9)$

따라서 $x=13$

소단원 핵심문제

| 28~29쪽 |

1 ②   2 $\frac{27}{8}\pi$ cm²   3 ⑤   4 3 cm   5 ①

6 ①   7 ⑤   8 5 cm   9 2 cm   10 11 cm

1 $\angle OTP=90°$이고 $\overline{OT}=\overline{OA}=7$ cm이므로

직각삼각형 OPT에서

$\overline{PT}=\sqrt{(7+4)^2-7^2}=6\sqrt{2}$ (cm)

2 $\angle PAO=\angle PBO=90°$이므로 □APBO에서

$\angle AOB=360°-(90°+45°+90°)=135°$

따라서 색칠한 부분의 넓이는

$\pi\times3^2\times\dfrac{135}{360}=\dfrac{27}{8}\pi$ (cm²)

3 $\overline{BD}=\overline{BE}=9-5=4$ (cm)

$\overline{CF}=\overline{CE}=5$ cm이므로

$\overline{AD}=\overline{AF}=15-5=10$ (cm)

따라서 $\overline{AB}=\overline{AD}+\overline{BD}=10+4=14$ (cm)

4 $\overline{AB}=\sqrt{15^2+8^2}=17$ (cm)

원 O의 반지름의 길이를 r cm라 하면

$\overline{CE}=\overline{CF}=r$ cm

$\overline{AD}=\overline{AF}=(8-r)$ cm

$\overline{BD}=\overline{BE}=(15-r)$ cm

$\overline{AB}=\overline{AD}+\overline{BD}$이므로

$17=(8-r)+(15-r)$

$2r=6$, $r=3$

따라서 원 O의 반지름의 길이는 3 cm이다.

5 $\overline{DH}=\overline{DG}=3$ cm이므로

$\overline{AD}=4+3=7$ (cm)

$\overline{AB}+\overline{CD}=\overline{AD}+\overline{BC}$이므로

(□ABCD의 둘레의 길이)
$=\overline{AB}+\overline{BC}+\overline{CD}+\overline{DA}$
$=2(\overline{AD}+\overline{BC})$
$=2\times(7+12)$
$=38\ (cm)$

6 오른쪽 그림과 같이 $\overline{OA}$를 긋고 원 O
의 반지름의 길이를 r cm라 하면
$\overline{OA}=\overline{OB}=r$ cm이므로
$\overline{OP}=(r+6)$ cm
$\angle OAP=90°$이므로
직각삼각형 AOP에서
$(r+6)^2=r^2+12^2$
$12r=108,\ r=9$
따라서 원 O의 넓이는
$\pi\times9^2=81\pi\ (cm^2)$

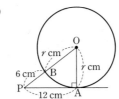

7 $\angle PAO=90°$이므로
$\angle PAB=90°-30°=60°$
$\overline{PA}=\overline{PB}$이므로
$\angle PBA=\angle PAB=60°$
따라서 △APB에서
$\angle APB=180°-2\times60°=60°$

8 $\overline{AF}=x$ cm라 하면
$\overline{AD}=\overline{AF}=x$ cm
$\overline{BD}=\overline{BE}=6$ cm
$\overline{CE}=\overline{CF}=9$ cm
△ABC의 둘레의 길이가 40 cm이므로
$2(x+6+9)=40,\ x=5$
따라서 $\overline{AF}=5$ cm

9 $\overline{AF}=\overline{AD}=3$ cm, $\overline{BD}=\overline{BE}=10$ cm
원 O의 반지름의 길이를 r cm라 하면
$\overline{CE}=\overline{CF}=r$ cm이므로
$\overline{AC}=(3+r)$ cm, $\overline{BC}=(10+r)$ cm
직각삼각형 ABC에서
$(10+3)^2=(10+r)^2+(3+r)^2$
$r^2+13r-30=0,\ (r-2)(r+15)=0$
그런데 $r>0$이므로 $r=2$
따라서 원 O의 반지름의 길이는 2 cm이다.

10 □ABCD가 등변사다리꼴이므로 $\overline{AB}=\overline{CD}$
이때 $\overline{AB}+\overline{CD}=\overline{AD}+\overline{BC}$이므로
$2\overline{AB}=8+14$
따라서 $\overline{AB}=11\ (cm)$

4. 원주각

01. 원주각
| 30~32쪽 |

원주각과 중심각의 크기

❶ $\frac{1}{2}$

1 70°	2 38°	3 35°	4 115°	5 110°
6 90°	7 196°	8 110° (✏ 140, 220, 220, 110)
9 105°	10 260° (✏ 50, 100, 100, 260)	11 210°

1 $\angle x=\frac{1}{2}\angle AOB=\frac{1}{2}\times140°=70°$

2 $\angle x=\frac{1}{2}\angle AOB=\frac{1}{2}\times76°=38°$

3 $\angle x=\frac{1}{2}\angle AOB=\frac{1}{2}\times70°=35°$

4 $\angle x=\frac{1}{2}\times(\overparen{AQB}$에 대한 중심각의 크기$)$
$\quad\quad=\frac{1}{2}\times230°=115°$

5 $\angle x=2\angle APB=2\times55°=110°$

6 $\angle x=2\angle APB=2\times45°=90°$

7 $\angle x=2\angle APB=2\times98°=196°$

9 $\overparen{AQB}$에 대한 중심각의 크기는 $360°-150°=210°$
따라서 $\angle x=\frac{1}{2}\times210°=105°$

11 $\angle AOB=2\angle APB=2\times75°=150°$이므로
$\angle x=360°-150°=210°$

원주각의 성질

❷ 90

12 57°	13 70°	14 $\angle x=32°$, $\angle y=40°$
15 $\angle x=50°$, $\angle y=28°$	16 $\angle x=45°$, $\angle y=30°$	17 25°
18 40°	19 70°	20 55°	21 62°

12 $\angle x=\angle ACB=57°$

13 $\angle x=\angle ACB=70°$

14 $\angle x=\angle ACB=32°$
$\angle y=\angle DAC=40°$

15 $\angle x=\angle ADB=50°$
$\angle y=\angle DAC=28°$

16 $\angle x=\angle \text{APB}=45°$

$\angle y=\angle \text{BRC}=30°$

17 $\overline{\text{AB}}$는 원 O의 지름이므로 $\angle \text{ACB}=90°$

△ABC에서

$\angle x=180°-(90°+65°)=25°$

18 $\overline{\text{AB}}$는 원 O의 지름이므로 $\angle \text{ACB}=90°$

△ABC에서

$\angle x=180°-(90°+50°)=40°$

19 $\overline{\text{AB}}$는 원 O의 지름이므로 $\angle \text{ACB}=90°$

△ACB에서

$\angle x=180°-(90°+20°)=70°$

20 $\overline{\text{AB}}$는 원 O의 지름이므로 $\angle \text{ACB}=90°$

따라서

$\angle x=\angle \text{ACB}-\angle \text{DCB}=90°-35°=55°$

21 $\overline{\text{AB}}$는 원 O의 지름이므로 $\angle \text{ACB}=90°$

따라서

$\angle x=\angle \text{ACB}-\angle \text{ACD}=90°-28°=62°$

원주각의 크기와 호의 길이

❸ 같다 **❹** 정비례

22 26°	23 30°	24 35°	25 30°	26 60°
27 8	28 5	29 50 ($\varnothing$ 25, 3, 50)		30 4
31 4	32 2			

22 $\overset{\frown}{\text{BC}}=\overset{\frown}{\text{DE}}$이므로 $\angle \text{BAC}=\angle \text{DFE}$

따라서 $\angle x=26°$

23 $\overset{\frown}{\text{BC}}=\overset{\frown}{\text{CD}}$이므로 $\angle \text{BAC}=\angle \text{CAD}$

따라서 $\angle x=30°$

24 $\overset{\frown}{\text{AB}}=\overset{\frown}{\text{CD}}$이므로 $\angle \text{ACB}=\angle \text{DBC}$

따라서 $\angle x=35°$

25 $\overset{\frown}{\text{AB}}=\overset{\frown}{\text{CD}}$이므로 $\angle \text{APB}=\angle \text{CPD}=15°$

따라서 $\angle x=2\angle \text{APB}=2\times 15°=30°$

26 오른쪽 그림과 같이 $\overline{\text{PC}}$를 그으면

$\overset{\frown}{\text{AB}}=\overset{\frown}{\text{BC}}$이므로

$\angle \text{BPC}=\angle \text{APB}=30°$

따라서 $\angle x=2\angle \text{BPC}=2\times 30°=60°$

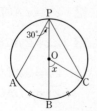

27 $\angle \text{APB}=\angle \text{CQD}$이므로 $\overset{\frown}{\text{AB}}=\overset{\frown}{\text{CD}}$

따라서 $x=8$

28 $\angle \text{ACB}=\angle \text{DBC}$이므로 $\overset{\frown}{\text{AB}}=\overset{\frown}{\text{CD}}$

따라서 $x=5$

30 $\angle \text{APB}:\angle \text{BPC}=\overset{\frown}{\text{AB}}:\overset{\frown}{\text{BC}}$이므로

$60°:20°=12:x$

즉, $3:1=12:x$이므로

$3x=12,\ x=4$

31 $\angle \text{APC}:\angle \text{BQC}=\overset{\frown}{\text{AC}}:\overset{\frown}{\text{BC}}$이므로

$70°:35°=(x+4):4$

즉, $2:1=(x+4):4$이므로

$x+4=8,\ x=4$

32 $\angle \text{APB}:\angle \text{AQC}=\overset{\frown}{\text{AB}}:\overset{\frown}{\text{AC}}$이므로

$45°:60°=6:(6+x)$

즉, $3:4=6:(6+x)$이므로

$3(6+x)=24$

$3x=6,\ x=2$

소단원 핵심문제

| 33~34쪽 |

1 80°	2 ③	3 ⑤	4 50°	5 11
6 ⑤	7 30°	8 (1) 140° (2) 40°		9 65°
10 30°				

1 $\angle x=\dfrac{1}{2}\angle \text{BOD}=\dfrac{1}{2}\times 100°=50°$

$\overset{\frown}{\text{BAD}}$에 대한 중심각의 크기는

$360°-100°=260°$

이므로 $\angle y=\dfrac{1}{2}\times 260°=130°$

따라서 $\angle y-\angle x=130°-50°=80°$

2 오른쪽 그림과 같이 $\overline{\text{OB}}$를 그으면

$\angle \text{AOB}=2\angle \text{AEB}$

$\qquad\quad =2\times 25°=50°$

$\angle \text{BOC}=\angle \text{AOC}-\angle \text{AOB}$

$\qquad\quad =110°-50°=60°$

따라서 $\angle x=\dfrac{1}{2}\angle \text{BOC}=\dfrac{1}{2}\times 60°=30°$

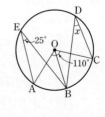

3 $\angle x=\angle \text{DBC}=40°$

$\angle y=70°+40°=110°$

따라서 $\angle x+\angle y=40°+110°=150°$

4 $\overline{\text{BD}}$는 원 O의 지름이므로 $\angle \text{BCD}=90°$

△BCD에서 $\angle \text{BDC}=180°-(40°+90°)=50°$

따라서 $\angle \text{BAC}=\angle \text{BDC}=50°$

5 $\overline{CE}$는 원 O의 지름이므로

$\angle CDE = 90°$

△CDE에서

$\angle CED = 180° - (48° + 90°) = 42°$

$\angle AEB = \angle CED$이므로

$\overparen{AB} = \overparen{CD}$

따라서 $x = 11$

6 ㄴ. $\angle CDA$는 $\overparen{AC}$에 대한 원주각이다.

따라서 옳은 것은 ㄱ, ㄷ, ㄹ이다.

7 $\angle BOC = 2\angle BAC = 2 \times 60° = 120°$

△OBC는 $\overline{OB} = \overline{OC}$인 이등변삼각형이므로

$\angle x = \dfrac{1}{2} \times (180° - 120°) = 30°$

8 (1) $\angle x = 2\angle ACB = 2 \times 70° = 140°$

(2) $\angle OAP = \angle OBP = 90°$이므로 □AOBP에서

$\angle y = 360° - (90° + 140° + 90°) = 40°$

9 오른쪽 그림과 같이 $\overline{AD}$를 그으면

$\angle CAD = \angle CBD = 30°$

$\angle DAE = \angle DFE = 35°$

따라서

$\angle CAE = \angle CAD + \angle DAE$

$\qquad = 30° + 35° = 65°$

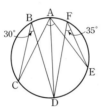

10 $\overline{AB}$는 원 O의 지름이므로

$\angle ACB = 90°$

$\angle OCB = \angle ACB - \angle ACO$

$\qquad = 90° - 60° = 30°$

△OCB는 $\overline{OC} = \overline{OB}$인 이등변삼각형이므로

$\angle x = \angle OCB = 30°$

---

02. 원주각의 활용

|35~37쪽|

네 점이 한 원 위에 있을 조건

❶ ADB

1 ○	2 ×	3 ○	4 ×	5 ×
6 58°	7 40°	8 70°	9 95°	10 40°

1 $\angle BAC = \angle BDC$이므로 네 점 A, B, C, D는 한 원 위에 있다.

2 $\angle BAC \ne \angle BDC$이므로 네 점 A, B, C, D는 한 원 위에 있지 않다.

---

3 △ABC에서 $\angle BAC = 180° - (80° + 45°) = 55°$

따라서 $\angle BAC = \angle BDC$이므로 네 점 A, B, C, D는 한 원 위에 있다.

4 오른쪽 그림과 같이 $\overline{AC}$와 $\overline{BD}$의 교점을 E라 하면 △AED에서

$\angle ADE = 180° - (54° + 90°) = 36°$

따라서 $\angle ADB \ne \angle ACB$이므로 네 점 A, B, C, D는 한 원 위에 있지 않다.

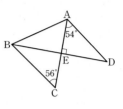

5 오른쪽 그림과 같이 $\overline{AC}$와 $\overline{BD}$의 교점을 E라 하면 △EBC에서

$\angle EBC + 45° = 95°$, $\angle EBC = 50°$

따라서 $\angle DAC \ne \angle DBC$이므로 네 점 A, B, C, D는 한 원 위에 있지 않다.

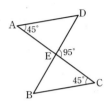

6 네 점 A, B, C, D는 한 원 위에 있으므로

$\angle x = \angle BAC = 58°$

7 네 점 A, B, C, D는 한 원 위에 있으므로

$\angle x = \angle DAC = 40°$

8 △ABC에서 $\angle ACB = 180° - (50° + 60°) = 70°$

네 점 A, B, C, D는 한 원 위에 있으므로

$\angle x = \angle ACB = 70°$

9 네 점 A, B, C, D는 한 원 위에 있으므로

$\angle ABD = \angle ACD = 40°$

△ABD에서 $\angle x = 180° - (40° + 45°) = 95°$

10 네 점 A, B, C, D는 한 원 위에 있으므로

$\angle BAC = \angle BDC = 50°$

오른쪽 그림과 같이 $\overline{AC}$와 $\overline{BD}$의 교점을 E라 하면 △ABE에서

$50° + \angle x = 90°$, $\angle x = 40°$

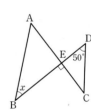

원에 내접하는 사각형의 성질

❷ 180   **❸** DCE

11 $\angle x = 100°$, $\angle y = 112°$	12 $\angle x = 90°$, $\angle y = 55°$
13 $\angle x = 105°$, $\angle y = 75°$	14 $\angle x = 85°$, $\angle y = 95°$
15 $\angle x = 60°$, $\angle y = 120°$	16 $\angle x = 100°$, $\angle y = 200°$
17 88°	18 105° 19 50° 20 63°

11 $\angle x + 80° = 180°$이므로 $\angle x = 100°$

$68° + \angle y = 180°$이므로 $\angle y = 112°$

12 $\angle x + 90° = 180°$이므로 $\angle x = 90°$

$125° + \angle y = 180°$이므로 $\angle y = 55°$

4. 원주각 ★ **53**

13 △ACD에서 ∠x=180°−(35°+40°)=105°
∠y+105°=180°이므로 ∠y=75°

14 △ABD에서 ∠x=180°−(45°+50°)=85°
∠y+85°=180°이므로 ∠y=95°

15 ∠x+120°=180°이므로 ∠x=60°
∠y=2∠x=2×60°=120°

16 ∠x+80°=180°이므로 ∠x=100°
∠y=2∠x=2×100°=200°

17 ∠x=∠DAB=88°

18 ∠x=∠CDE=105°

19 ∠DAB=∠DCE이므로
60°+∠x=110°, ∠x=50°

20 ∠BCD=∠BAE이므로
∠x+42°=105°, ∠x=63°

사각형이 원에 내접하기 위한 조건

❹ 180 ❺ 외각

| 21 × | 22 × | 23 ○ | 24 × | 25 ○ |
| 26 × | 27 104° | 28 80° | 29 85° | 30 65° |

21 ∠A+∠C≠180°이므로 □ABCD는 원에 내접하지 않는다.

22 ∠B≠∠ADE이므로 □ABCD는 원에 내접하지 않는다.

23 ∠BAC=∠BDC이므로 □ABCD는 원에 내접한다.

24 △ACD에서 ∠D=180°−(50°+60°)=70°
따라서 ∠B+∠D≠180°이므로 □ABCD는 원에 내접하지 않는다.

25 △ABD에서 ∠A=180°−(20°+35°)=125°
따라서 ∠A=∠DCE이므로 □ABCD는 원에 내접한다.

26 △ACD에서 ∠D=180°−(30°+30°)=120°
따라서 ∠D≠∠ABE이므로 □ABCD는 원에 내접하지 않는다.

27 □ABCD가 원에 내접해야 하므로
76°+∠x=180°, ∠x=104°

28 □ABCD가 원에 내접해야 하므로
∠x=∠D=80°

29 △ACD에서
∠D=180°−(45°+40°)=95°
□ABCD가 원에 내접해야 하므로
∠x+95°=180°, ∠x=85°

30 △BCD에서
∠C=180°−(25°+40°)=115°
□ABCD가 원에 내접해야 하므로
∠x+115°=180°, ∠x=65°

소단원 핵심문제 | 38~39쪽 |

1 95°	2 125°	3 40°	4 130°	5 ③, ④
6 ∠x=30°, ∠y=50°	7 60°	8 ∠x=80°, ∠y=80°
9 55°	10 ⑤

1 네 점 A, B, C, D는 한 원 위에 있으므로
∠BDC=∠BAC=60°
오른쪽 그림과 같이 $\overline{AC}$와 $\overline{BD}$의 교점을 E라 하면 △ECD에서
∠x=60°+35°=95°

2 ∠BAD=½∠BOD=½×110°=55°
□ABCD는 원 O에 내접하므로
55°+∠x=180°, ∠x=125°

3 □ABCD는 원 O에 내접하므로
∠DAB=∠DCE=100°
∠DAC=∠DAB−∠BAC
=100°−50°=50°
즉, ∠DBC=∠DAC=50°
$\overline{AC}$는 원 O의 지름이므로 ∠ABC=90°
따라서 ∠x=∠ABC−∠DBC=90°−50°=40°

4 오른쪽 그림과 같이 $\overline{BE}$를 그으면
□ABEF는 원에 내접하므로
120°+∠BEF=180°
∠BEF=60°
또, □BCDE는 원에 내접하므로
110°+∠BED=180°
∠BED=70°
따라서 ∠E=∠BEF+∠BED=60°+70°=130°

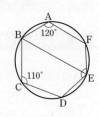

5 ① ∠B+∠D≠180°이므로 □ABCD는 원에 내접하지 않는다.
② ∠DAC≠∠DBC이므로 □ABCD는 원에 내접하지 않는다.

③ $\angle A = \angle DCE$이므로 $\square ABCD$는 원에 내접한다.

④ $\angle ADC = 180° - 120° = 60°$

  즉, $\angle ADC = \angle ABE$이므로 $\square ABCD$는 원에 내접한다.

⑤ $\triangle ACD$에서 $\angle D = 180° - (50° + 30°) = 100°$

  즉, $\angle B + \angle D \neq 180°$이므로 $\square ABCD$는 원에 내접하지 않는다.

따라서 $\square ABCD$가 원에 내접하는 것은 ③, ④이다.

6 네 점 A, B, C, D는 한 원 위에 있으므로

$\angle x = \angle DBC = 30°$

$\triangle ACP$에서 $30° + \angle y = 80°$, $\angle y = 50°$

7 $\square ABCD$는 원에 내접하므로

$105° + \angle C = 180°$, $\angle C = 75°$

$\triangle DPC$에서 $\angle x = 180° - (45° + 75°) = 60°$

8 $\square ABQP$는 원 O에 내접하므로

$100° + \angle x = 180°$, $\angle x = 80°$

$\square PQCD$는 원 O'에 내접하므로

$\angle y = \angle x = 80°$

9 $\triangle ABQ$에서 $\angle PAD = \angle x + 40°$

$\square ABCD$는 원에 내접하므로

$\angle PDA = \angle B = \angle x$

$\triangle PAD$에서 $30° + (\angle x + 40°) + \angle x = 180°$

$2\angle x = 110°$, $\angle x = 55°$

10 ㄴ. $\angle A + \angle BCD = 180°$이므로 $\square ABCD$는 원에 내접한다.

ㄹ. $\angle A = \angle DCE$이므로 $\square ABCD$는 원에 내접한다.

따라서 $\square ABCD$가 원에 내접하기 위한 조건인 것은 ㄴ, ㄹ이다.

03. 접선과 현이 이루는 각

| 40~41쪽 |

접선과 현이 이루는 각

❶ 원주각

1 40°	2 75°	3 110°	4 35°	5 60°
6 45°	7 50°	8 45°	9 45°	10 25°
11 35°				

1 $\angle x = \angle BCA = 40°$

2 $\angle x = \angle CBA = 75°$

3 $\angle x = \angle BCA = 110°$

4 $\angle x = \angle CBA = 35°$

5 $\angle x = \angle BCA = 60°$

6 $\angle x = \angle BAT = 45°$

7 $\angle x = \angle CAT = 50°$

8 $\triangle ABC$에서 $\angle BCA = 180° - (80° + 55°) = 45°$

따라서 $\angle x = \angle BCA = 45°$

9 $\triangle ABC$에서 $\angle CBA = 180° - (95° + 40°) = 45°$

따라서 $\angle x = \angle CBA = 45°$

10 $\angle BCA = \angle BAT = 65°$

$\overline{BC}$는 원 O의 지름이므로 $\angle CAB = 90°$

$\triangle ABC$에서 $\angle x = 180° - (65° + 90°) = 25°$

11 $\angle CBA = \angle CAT = 55°$

$\overline{BC}$는 원 O의 지름이므로 $\angle CAB = 90°$

$\triangle ABC$에서 $\angle x = 180° - (90° + 55°) = 35°$

두 원에서 접선과 현이 이루는 각 (1)

❷ DCT	❸ CTQ	❹ $\overline{CD}$	
12 40° (✏ 40)	13 55°	14 62° (✏ 62)	15 45°

13 $\angle x = \angle BTQ = \angle DTP = \angle DCT = 55°$

15 $\angle x = \angle CTQ = \angle ATP = \angle ABT = 45°$

두 원에서 접선과 현이 이루는 각 (2)

❺ CDT	❻ ATP	❼ $\overline{AB}$	
16 70° (✏ 70)	17 65°	18 55° (✏ 55)	19 60°

17 $\angle x = \angle ATP = \angle DCT = 65°$

19 $\angle x = \angle CTQ = \angle BAT = 60°$

소단원 핵심문제

| 42~43쪽 |

1 ③	2 45°	3 25°	4 ③	5 2
6 40°	7 ②	8 20°		
9 (1) 70° (2) 65° (3) 45°	10 80°			

1 $\angle x = \dfrac{1}{2}\angle AOT = \dfrac{1}{2} \times 110° = 55°$

$\angle y = \angle x = 55°$

따라서 $\angle x + \angle y = 55° + 55° = 110°$

2 □ABCD는 원에 내접하므로
$85°+∠BCD=180°$, $∠BCD=95°$
$∠DBC=∠DCT=40°$이므로 △BCD에서
$∠x=180°-(40°+95°)=45°$

3 $∠ATP=∠ABT=∠x$
$\overline{AB}$는 원 O의 지름이므로
$∠ATB=90°$
△BPT에서
$∠x+40°+(∠x+90°)=180°$
$2∠x=50°$, $∠x=25°$

4 $∠BAT=∠BTQ=∠DTP$
$\qquad\quad=∠DCT=50°$
△ABT에서
$∠x=180°-(50°+70°)=60°$

5 ㄱ, ㄴ. $∠ABT=∠ATP=∠DCT$
ㄷ, ㄹ. $∠BAT=∠BTQ=∠CDT$
따라서 옳은 것은 ㄴ, ㄹ의 2개이다.

6 $\overset{\frown}{AB}=\overset{\frown}{BC}$이므로 $∠ACB=∠BAC$
△ABC에서 $∠BAC=\dfrac{1}{2}×(180°-100°)=40°$
따라서 $∠x=∠BAC=40°$

7 $∠BDC=∠BAC=25°$
□ABCD는 원에 내접하므로
$∠ABC+(55°+25°)=180°$, $∠ABC=100°$
따라서 $∠x=∠ABC=100°$

8 오른쪽 그림과 같이 $\overline{AB}$를 그으면
$∠CBA=∠CAT=55°$
$\overline{BC}$는 원 O의 지름이므로
$∠BAC=90°$
△ABC에서
$∠ACB=180°-(90°+55°)=35°$
△APC에서
$∠x+35°=55°$, $∠x=20°$

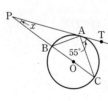

9 (1) $\overrightarrow{PD}$, $\overrightarrow{PE}$가 원의 접선이므로 △APB는 $\overline{PA}=\overline{PB}$인 이등변
삼각형이다.
$\qquad$ 따라서 $∠PAB=\dfrac{1}{2}×(180°-40°)=70°$
(2) $∠CAB=∠CBE=65°$
(3) $∠x=180°-(70°+65°)=45°$

10 $∠CDT=∠CTQ=∠BAT=60°$
△DCT에서
$∠x=180°-(60°+40°)=80°$

---

5. 대푯값과 산포도

01. 대푯값
| 44~45쪽 |

평균

❶ 개수

1 7	2 64	3 9	4 31	5 11
6 80	7 12 (17, 4, 52, 12)	8 69	9 6	
10 85	11 19	12 51		

1 $\dfrac{3+9+2+8+13}{5}=\dfrac{35}{5}=7$

2 $\dfrac{51+64+48+72+85}{5}=\dfrac{320}{5}=64$

3 $\dfrac{9+5+3+26+4+7}{6}=\dfrac{54}{6}=9$

4 $\dfrac{25+19+39+44+36+23}{6}=\dfrac{186}{6}=31$

5 $\dfrac{14+9+11+8+13+15+7}{7}=\dfrac{77}{7}=11$

6 $\dfrac{75+90+80+70+75+95+75}{7}=\dfrac{560}{7}=80$

8 (평균)$=\dfrac{56+x+71+64}{4}=65$이므로
$x+191=260$
따라서 $x=69$

9 (평균)$=\dfrac{5+8+4+7+x}{5}=6$이므로
$x+24=30$
따라서 $x=6$

10 (평균)$=\dfrac{80+x+96+88+91}{5}=88$이므로
$x+355=440$
따라서 $x=85$

11 (평균)$=\dfrac{12+16+14+x+18+11}{6}=15$이므로
$x+71=90$
따라서 $x=19$

12 (평균)$=\dfrac{54+47+x+66+58+60}{6}=56$이므로
$x+285=336$
따라서 $x=51$

중앙값

❷ 중앙값   ❸ 홀수   ❹ 평균

13 8	14 34	15 35
16 14 (✎ 13, 15, 13, 15, 14)	17 6	18 30.5

13 자료를 작은 값부터 크기순으로 나열하면
5, 6, 8, 9, 11
따라서 (중앙값)=8

14 자료를 작은 값부터 크기순으로 나열하면
25, 29, 32, 34, 41, 44, 57
따라서 (중앙값)=34

15 자료를 작은 값부터 크기순으로 나열하면
13, 28, 31, 35, 39, 44, 77
따라서 (중앙값)=35

17 자료를 작은 값부터 크기순으로 나열하면
3, 4, 4, 5, 7, 7, 8, 9
따라서 (중앙값)=$\dfrac{5+7}{2}$=6

18 자료를 작은 값부터 크기순으로 나열하면
21, 24, 28, 29, 32, 36, 36, 43
따라서 (중앙값)=$\dfrac{29+32}{2}$=30.5

최빈값

❺ 최빈값

19 7	20 85	21 54	22 17, 22	23 지우개
24 파				

19 7이 두 번으로 가장 많이 나타나므로
(최빈값)=7

20 85가 세 번으로 가장 많이 나타나므로
(최빈값)=85

21 54가 세 번으로 가장 많이 나타나므로
(최빈값)=54

22 17, 22가 각각 두 번으로 가장 많이 나타나므로
(최빈값)=17, 22

23 지우개가 두 번으로 가장 많이 나타나므로
(최빈값)=지우개

24 파가 세 번으로 가장 많이 나타나므로
(최빈값)=파

소단원 핵심문제

| 46~47쪽 |

1 81 cm	2 (1) 88호 (2) 90호 (3) 최빈값
3 3회	4 중앙값: 54회, 최빈값: 46회, 62회
5 7	6 ㄱ, ㄹ 7 8 8 9 9 4
10 (1) 10 (2) 9편 (3) 10편	

1 학생 B의 앉은키를 x cm라 하면
$\dfrac{76+x+87+80+91}{5}=83$
$x+334=415$, $x=81$
따라서 학생 B의 앉은키는 81 cm이다.

2 (1) (평균)
$=\dfrac{80+90+80+75+95+100+85+95+90+90}{10}$
$=\dfrac{880}{10}=88$(호)
(2) 90호가 세 번으로 가장 많이 나타나므로
(최빈값)=90호
(3) 운동복의 크기이므로 대푯값으로 평균보다 최빈값이 더 적절하다.

3 박물관 방문 횟수는 3회가 5명으로 가장 많으므로
(최빈값)=3회

4 중앙값은 9번째와 10번째 자료의 값의 평균이므로
(중앙값)=$\dfrac{52+56}{2}=54$(회)
46회, 62회가 각각 두 번으로 가장 많이 나타나므로
(최빈값)=46회, 62회

5 주어진 자료의 최빈값이 4이므로 $a=4$
자료를 작은 값부터 크기순으로 나열하면
4, 4, 4, 7, 9, 10, 10
따라서 (중앙값)=7

6 ㄴ. 자료의 개수가 짝수인 경우, 중앙값은 자료를 작은 값부터 크기순으로 나열할 때 한가운데 있는 두 수의 평균이다.
ㄷ. 자료의 값의 개수가 가장 큰 값이 한 개 이상 있으면 그 값이 모두 최빈값이므로 최빈값은 여러 개일 수도 있다.
따라서 옳은 것은 ㄱ, ㄹ이다.

7 $\dfrac{a+b+c}{3}=6$이므로 $a+b+c=18$
따라서 $a+1$, $b+3$, $c+2$의 평균은
$\dfrac{(a+1)+(b+3)+(c+2)}{3}=\dfrac{(a+b+c)+6}{3}$
$=\dfrac{18+6}{3}=8$

8 중앙값은 4번째와 5번째 자료의 값의 평균이므로

$(중앙값)=\dfrac{x+13}{2}=11$

따라서 $x=9$

9 5가 세 번으로 가장 많이 나타나므로 최빈값은 5이고, 최빈값과 평균이 서로 같으므로 평균도 5이다.

즉, $\dfrac{5+7+x+1+5+8+5}{7}=5$이므로

$x+31=35$

따라서 $x=4$

10 (1) 평균이 8편이므로

$\dfrac{10+5+7+9+10+5+x}{7}=8$

$x+46=56$

따라서 $x=10$

(2) 자료를 작은 값부터 크기순으로 나열하면

5, 5, 7, 9, 10, 10, 10

따라서 (중앙값)=9편

(3) 10편이 세 번으로 가장 많이 나타나므로

(최빈값)=10편

02. 산포도

| 48~49쪽 |

편차

❶ 평균 ❷ 0

1~2 풀이 참조   3 평균: 29, 표는 풀이 참조

4 평균: 14, 표는 풀이 참조   5 −2   6 1

1 각 변량의 편차는 순서대로

$9-9=0,\ 13-9=4,\ 8-9=-1,\ 6-9=-3$

따라서 표를 완성하면 다음과 같다.

변량	9	13	8	6
편차	0	4	−1	−3

2 각 변량의 편차는 순서대로

$51-46=5,\ 48-46=2,\ 34-46=-12,$

$43-46=-3,\ 54-46=8$

따라서 표를 완성하면 다음과 같다.

변량	51	48	34	43	54
편차	5	2	−12	−3	8

3 $(평균)=\dfrac{25+21+36+29+34}{5}=\dfrac{145}{5}=29$

따라서 표를 완성하면 다음과 같다.

변량	25	21	36	29	34
편차	−4	−8	7	0	5

4 $(평균)=\dfrac{12+19+15+9+16+13}{6}=\dfrac{84}{6}=14$

따라서 표를 완성하면 다음과 같다.

변량	12	19	15	9	16	13
편차	−2	5	1	−5	2	−1

5 편차의 합은 0이므로

$4-3+0+1+x=0$

따라서 $x=-2$

6 편차의 합은 0이므로

$-5+2+1-3+4+x=0$

따라서 $x=1$

분산과 표준편차

❸ 편차 ❹ 변량 ❺ 분산

7 ×   8 ○   9 ○   10 ×   11 ×

12 (1) 36 (2) 9 (3) 3   13 (1) 30 (2) 6 (3) $\sqrt{6}$

14 (1) 5 (2) 0, −2, 2, 0   (3) 8 (4) 2 (5) $\sqrt{2}$

15 (1) 9 (2) 0, −1, 1, 3, −3 (3) 20 (4) 4 (5) 2

16 (1) 12 (2) $2\sqrt{3}$ 17 (1) 7 (2) $\sqrt{7}$

7 분산, 표준편차는 대푯값이 아니다.

10 평균보다 큰 변량의 편차는 양수이다.

11 $(표준편차)=\sqrt{(분산)}$이므로 분산이 커질수록 표준편차도 커진다.

12 (1) $(편차)^2$의 총합은

$(-3)^2+3^2+3^2+(-3)^2=36$

(2) $(분산)=\dfrac{36}{4}=9$

(3) $(표준편차)=\sqrt{9}=3$

13 (1) $(편차)^2$의 총합은

$3^2+0^2+2^2+(-1)^2+(-4)^2=30$

(2) $(분산)=\dfrac{30}{5}=6$

(3) $(표준편차)=\sqrt{6}$

14 (1) $(평균)=\dfrac{5+3+7+5}{4}=\dfrac{20}{4}=5$

(2) 각 변량의 편차는 순서대로

0, −2, 2, 0

(3) $(편차)^2$의 총합은

$0^2+(-2)^2+2^2+0^2=8$

(4) $(분산)=\dfrac{8}{4}=2$

(5) $(표준편차)=\sqrt{2}$

15 (1) $(\text{평균}) = \dfrac{9+8+10+12+6}{5} = \dfrac{45}{5} = 9$

(2) 각 변량의 편차는 순서대로
  $0, -1, 1, 3, -3$

(3) $(\text{편차})^2$의 총합은
  $0^2 + (-1)^2 + 1^2 + 3^2 + (-3)^2 = 20$

(4) $(\text{분산}) = \dfrac{20}{5} = 4$

(5) $(\text{표준편차}) = \sqrt{4} = 2$

16 (1) $(\text{평균}) = \dfrac{11+15+8+9+17}{5}$

$= \dfrac{60}{5} = 12$

이때 각 변량의 편차는 순서대로 $-1, 3, -4, -3, 5$이므로

$(\text{분산}) = \dfrac{(-1)^2 + 3^2 + (-4)^2 + (-3)^2 + 5^2}{5}$

$= \dfrac{60}{5} = 12$

(2) $(\text{표준편차}) = \sqrt{12} = 2\sqrt{3}$

17 (1) $(\text{평균}) = \dfrac{6+9+10+7+12+4}{6} = \dfrac{48}{6} = 8$

이때 각 변량의 편차는 순서대로 $-2, 1, 2, -1, 4, -4$ 이므로

$(\text{분산}) = \dfrac{(-2)^2 + 1^2 + 2^2 + (-1)^2 + 4^2 + (-4)^2}{6}$

$= \dfrac{42}{6} = 7$

(2) $(\text{표준편차}) = \sqrt{7}$

산포도와 자료의 분포 상태

❻ 평균 　❼ 표준편차

18 ×	19 ○	20 ×	21 ×	22 ○
23 ○				

18 일일 학습 시간이 가장 긴 학생이 어느 반에 속하는지는 알 수 없다.

19 (A 반의 표준편차) > (B 반의 표준편차)이므로 A 반의 일일 학습 시간의 산포도가 B 반의 일일 학습 시간의 산포도보다 크다.

20 (A 반의 표준편차) > (B 반의 표준편차)이므로 B 반의 일일 학습 시간이 A 반의 일일 학습 시간보다 더 고르다.

21 음악 다운로드 횟수가 가장 많은 학생은 평균이 가장 큰 세현이다.

22 음악 다운로드 횟수가 가장 고른 학생은 표준편차가 가장 작은 세현이다.

23 음악 다운로드 횟수가 가장 고르지 않은 학생은 표준편차가 가장 큰 지우이다.

소단원 핵심문제
| 50~51쪽 |

1 ①	2 분산: 5, 표준편차: $\sqrt{5}$	3 12	4 $\sqrt{6}$ g
5 ②, ④	6 171 cm	7 ②, ⑤	8 25	9 ④
10 ㄴ				

1 학생 E의 편차를 x분이라 하면 편차의 합은 0이므로
$5+2-4+2+x=0, \ x=-5$
따라서 학생 E의 통학 시간은
$-5+22=17(\text{분})$

2 $(\text{평균}) = \dfrac{7+4+5+8+1+5}{6} = \dfrac{30}{6} = 5$

이때 각 변량의 편차는 순서대로 $2, -1, 0, 3, -4, 0$이므로

$(\text{분산}) = \dfrac{2^2 + (-1)^2 + 0^2 + 3^2 + (-4)^2 + 0^2}{6}$

$= \dfrac{30}{6} = 5$

$(\text{표준편차}) = \sqrt{5}$

3 편차의 합은 0이므로
$7-3+0-2+1+x=0, \ x=-3$
따라서

$(\text{분산}) = \dfrac{7^2 + (-3)^2 + 0^2 + (-2)^2 + 1^2 + (-3)^2}{6}$

$= \dfrac{72}{6} = 12$

4 $\dfrac{45+46+52+48+x}{5} = 48$이므로

$x+191 = 240, \ x=49$
이때 각 변량의 편차는 순서대로 $-3, -2, 4, 0, 1$이므로

$(\text{분산}) = \dfrac{(-3)^2 + (-2)^2 + 4^2 + 0^2 + 1^2}{5}$

$= \dfrac{30}{5} = 6$

따라서 $(\text{표준편차}) = \sqrt{6} \ (\text{g})$

5 ① 준철이의 최고 점수는 알 수 없다.

② 건우의 점수의 평균이 준철이의 점수의 평균보다 더 크므로 건우의 점수가 준철이의 점수보다 더 우수하다.

③ $(3\sqrt{2})^2 = 18, \ 4^2 = 16$이므로
  $(\text{준철이의 분산}) > (\text{건우의 분산})$

④ $3\sqrt{2} = \sqrt{18}, \ 4 = \sqrt{16}$이므로 $3\sqrt{2} > 4$
  따라서 $(\text{건우의 표준편차}) < (\text{준철이의 표준편차})$이므로 건우의 점수 분포가 준철이의 점수 분포보다 더 고르다.

⑤ 한 경기에서의 최고 점수는 주어진 표에서 알 수 없다.
따라서 옳은 것은 ②, ④이다.

6 $2+169=171 \ (\text{cm})$

7 ① 평균, 중앙값, 최빈값은 대푯값이다.

③ 평균은 표준편차의 크기에 영향을 주지 않는다.

④ 표준편차가 클수록 자료의 분포 상태가 고르지 않다.

따라서 옳은 것은 ②, ⑤이다.

8 (평균) $= \dfrac{5+2+x+y+11}{5} = 5$이므로

$x+y+18=25$, $x+y=7$ ...... ㉠

(분산) $= \dfrac{0^2+(-3)^2+(x-5)^2+(y-5)^2+6^2}{5} = 10$이므로

$9+x^2-10x+25+y^2-10y+25+36=50$

$x^2+y^2-10(x+y)+95=50$

$x^2+y^2=10(x+y)-45$ ...... ㉡

㉠을 ㉡에 대입하면

$x^2+y^2=10\times7-45=25$

9 D반의 표준편차가 가장 작으므로 성적이 가장 고른 반은 D이다.

10 각 자료의 평균은 모두 7이므로 분포 상태가 가장 고른 것은 변량이 평균을 중심으로 가장 밀집되어 있는 ㄴ이다.

6. 상관관계

01. 산점도와 상관관계

| 52~53쪽 |

산점도

❶ 산점도

1 ~ 2 풀이 참조

1 순서쌍 (x, y)를 좌표로 하는 점을 좌표평면 위에 나타내면 오른쪽 그림과 같다.

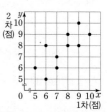

2 순서쌍 (x, y)를 좌표로 하는 점을 좌표평면 위에 나타내면 오른쪽 그림과 같다.

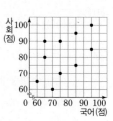

산점도의 이해

❷ $y \geq b$ **❸** $x=y$

3 4 **4** 5 **5** 2 **6** 4 **7** 3

8 3 **9** 4

3 2차의 기록이 7회 미만인 학생 수는 오른쪽 산점도에서 직선 l의 아래쪽에 있는 점의 개수와 같으므로 4이다.

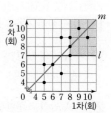

4 1차의 기록은 8회 이상이고 2차의 기록은 7회 이상인 학생 수는 **3**의 산점도에서 색칠한 부분(경계선 포함)에 속하는 점의 개수와 같으므로 5이다.

5 1차와 2차의 기록이 같은 학생 수는 **3**의 산점도에서 대각선 m 위에 있는 점의 개수와 같으므로 2이다.

6 1차보다 2차의 기록이 더 좋은 학생 수는 **3**의 산점도에서 대각선 m의 위쪽에 있는 점의 개수와 같으므로 4이다.

7 맛 점수가 9점 초과인 요리 수는 오른쪽 산점도에서 직선 l의 오른쪽에 있는 점의 개수와 같으므로 3이다.

8 맛 점수와 예술 점수가 모두 7점 이하인 요리 수는 7의 산점도에서 색칠한 부분(경계선 포함)에 속하는 점의 개수와 같으므로 3이다.

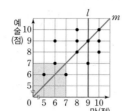

9 예술 점수보다 맛 점수가 더 높은 요리 수는 7의 산점도에서 대각선 m의 아래쪽에 있는 점의 개수와 같으므로 4이다.

상관관계

❹ 양	❺ 음			
10 양	11 음	12 음	13 무	14 양
15 무	16 음	17 ㄷ, ㅂ	18 ㄴ, ㅁ	19 ㄱ, ㄹ
20 ㄷ	21 ㅁ	22 ㄷ		

소단원 핵심문제 | 54~55쪽 |

1 ㄴ, ㄷ	2 ③	3 ④	4 ③	5 65점
6 4명	7 하윤	8 ⑤		

1 ㄱ. 남은 배터리 양이 40 % 미만인 휴대폰의 수는 오른쪽 산점도에서 직선 l의 아래쪽에 있는 점의 개수와 같으므로 3이다.

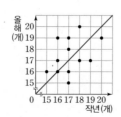

ㄴ. 사용 시간이 4시간 미만인 휴대폰의 수는 오른쪽 산점도에서 직선 m의 왼쪽에 있는 점의 개수와 같으므로 3이다.

따라서 $\dfrac{3}{12} \times 100 = 25$ (%)

ㄷ. 사용 시간은 5시간 이상이고 남은 배터리가 50 % 이하인 휴대폰의 수는 위의 산점도에서 색칠한 부분(경계선 포함)에 속하는 점의 개수와 같으므로 5이다.

따라서 옳은 것은 ㄴ, ㄷ이다.

2 작년에 친 홈런의 개수보다 올해에 친 홈런의 개수가 많은 선수의 수는 오른쪽 산점도에서 대각선의 위쪽에 있는 점의 개수와 같으므로 6이다.

따라서 $\dfrac{6}{12} \times 100 = 50$ (%)

3 주어진 산점도는 양의 상관관계를 나타낸다.

①, ⑤ 상관관계가 없다.

②, ③ 음의 상관관계

④ 양의 상관관계

따라서 주어진 산점도로 나타낼 수 있는 것은 ④이다.

4 자동차 연료량에 비하여 주행 거리가 짧은 자동차는 오른쪽 산점도에서 대각선의 아래쪽에 있는 점 중에서 대각선과 가장 멀리 떨어진 C이다.

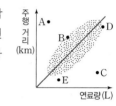

5 수학 성적이 70점 미만인 학생 수는 오른쪽 산점도에서 직선 l의 왼쪽에 있는 점의 개수와 같으므로 4이다.

따라서 수학 성적이 70점 미만인 학생들의 과학 성적이 각각 70점, 65점, 65점, 60점이므로

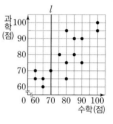

$$(평균) = \frac{70+65+65+60}{4} = \frac{260}{4} = 65(점)$$

6 2차보다 1차의 기록이 더 좋은 선수의 수는 오른쪽 산점도에서 대각선의 아래쪽에 있는 점의 개수와 같으므로 4이다.

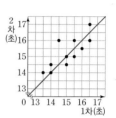

7 B 산점도는 x의 값이 증가할수록 y의 값이 대체로 증가하는지 감소하는지 분명하지 않으므로 상관관계가 없다.

따라서 바르게 설명한 학생은 하윤이다.

8 ⑤ C의 필기 시험 점수는 D의 필기 시험 점수보다 낮다.

메모

메모

메모